问路

毛泽东与1961年全党农村大调查

| 罗平汉 著 |

人民出版社

目 录

一、"大跃进"欲速则不达   1
  1. 超英赶美，以钢为纲   1
  2. "还是办人民公社好"   16
  3. 初步调查与初步纠"左"   31

二、"反右倾"反出严重困难   44
  1. 纠"左"变反右   44
  2. "五风"挫伤农民积极性   58
  3. 实无优越性的"大锅饭"   66
  4. 竭泽而渔的高征购   73
  5. 难以想象的严重困难   81

三、毛泽东号召调查研究   89
  1. 紧急指示信十二条   89
  2. 未解决问题的整风整社   105
  3. "要搞调查研究"   116

4. 浙江农村调查　　　　　　　　　　121
　　5. 湖南广东农村调查　　　　　　　　131

四、"农业六十条"草案　　　　　　　　**141**
　　1. "搞这个条例有必要"　　　　　　　141
　　2. 起草"农业六十条"　　　　　　　　152
　　3. "要下决心搞调查"　　　　　　　　166
　　4. 对公社体制的初步突破　　　　　　175
　　5. "最不得人心的一件事"　　　　　　186

五、听到真话不容易　　　　　　　　　**198**
　　1. 养猪场暂作主席府　　　　　　　　198
　　2. "从前政策上有问题"　　　　　　　205
　　3. 听到真话不容易　　　　　　　　　214
　　4. "不是天灾，是人祸"　　　　　　　223

六、问计普通百姓间　　　　　　　　　**235**
　　1. 周恩来邯郸之行　　　　　　　　　235
　　2. 邓小平、彭真京郊调查　　　　　　252
　　3. 朱德、邓子恢力陈食堂弊端　　　　261
　　4. 陈云青浦农村调查　　　　　　　　269

七、全党农村大调查　　　　　　　　　**279**
　　1. "食堂问题多，在家吃饭好"　　　　279
　　2. "供给制养懒人，养坏人"　　　　　294

  3．"一定要搞好调查研究"　　302
  4．农业"六十条"的重大修改　　308

八、为下放核算单位再调查　　**316**
  1．"三包一奖"解决不了平均主义　　316
  2．毛泽东肯定分配大包干　　324
  3．以生产队为基本核算单位　　339

主要参考文献　　**349**

一、"大跃进"欲速则不达

1. 超英赶美，以钢为纲

说起1961年的全党农村大调查，就不能不提到1958年的"大跃进"和人民公社化运动。

所谓"大跃进"，从字面上理解，就是各项事业实现超常规的发展。"跃进"一词，辞典上有两个解释，一是跳着前进，二是比喻极快的前进。"跃进"本身就有快速发展的意思，而在其前面再加上一个"大"字，可见"大跃进"其实就是高速度的同一语，而且这个速度是超乎异常的。所以1958年发动"大跃进"，就是要实现国民经济发展的高速度，在极短的时间内改变中国贫穷落后的面貌，使中国进入世界上最发达国家的行列，甚至使我们这个古老的国家，率先于各国一步跨进共产主义。

虽然"大跃进"和人民公社化运动都发生在1958年，但这两件事都不是突如其来、毫无源头的。急于求成、片面追求高速度的思想，在此之前就已经有所表现了，最明显的是1956年经济建设中出现的冒进倾向。

1955年夏，在农业合作化速度问题上，毛泽东与当时的中央农村工作部部长邓子恢曾有不同看法。邓子恢主张 1955 年发展到 100 万个合作社，毛泽东主张发展到 130 万个合作社，也就是在 1954 年 65 万个合作社的基础上翻一番。这年 6 月下旬的一天，为了这两个数字，他们曾发生过争论。结果当然可想而知，毛泽东认为邓子恢在发展合作社问题上缩手缩脚，存在比较严重的右倾保守思想。

其实，1955 年适当地控制合作社发展速度，毛泽东原本也是同意的，而且这 100 万个合作社的数字，还得到了中央书记处会议的批准。那么不久，毛泽东为何又认为合作社应当大发展呢？原因是，这年年初提出控制合作社发展数量，主要在于粮食统购统销造成农村形势紧张，加上 1954 年合作社发展快了一点，管理工作跟不上，造成一些地方发生了农民闹粮闹社事件。毛泽东本人也说过，这是生产力暴动的表现，他还提出农业合作社应当采取停、缩、发的方针，发展太快的地方应停止发展，数量过多的地方应通过整顿压缩数量，至于那些过去合作化速度较慢的地方则仍可适当发展。

可是，这年 5 月，毛泽东到南方去视察，发现沿途庄稼长势很好，农民正在积极生产。在此前后，有地方向中共中央和他报告说，经过整顿统购统销，粮食销量大幅度下降，所谓缺粮，主要是少数富裕中农的叫喊声。这样一来，使毛泽东认为原来下面汇报的情况有误，中央农村工作部说农村形势紧张，是夸大其词，粮食问题并不是那么严重，农业合作社还是可以大发展的。所以从南方回来之后，他就找邓子恢谈话，提出加快发展速度的问题。当邓子恢坚持合作社仍按原定的 100 万个发展时，毛泽东认为邓子恢及其领导的中央农村工作部，在农业合作化问题上，如同"小脚女人"走路，不但自己走不快，还老是埋怨别人走快了。于是，他亲自发动了对所谓"小脚女人"即右倾保守思想的批判。

这一批判，就使得农业合作化的速度大大加快，并由此带动了资本主义工商业和手工业社会主义改造的快速进行，原定十五年左右才能完成的社会主义改造任务，实际上只花了三年就完成了。随着社会主义改造的快速完成，又使毛泽东感到，各项建设事业的速度也应当而且也能够加快。在这之后，毛泽东就不断地讲，做事情，至少有两种方法：一种，达到目的比较慢一点，比较差一点；一种，达到目的比较快一点，比较好一点。一个是速度问题，一个是质量问题。不要只考虑一种方法，经常要考虑两种方法。他还由此概括出了两种领导方法，一是又多、又快、又好、又省，一是又少、又慢、又差、又费。不须说，他是大力倡导多快好省方针的，并且要求全党坚决克服少慢差费的右倾保守思想。

从1956年年初开始，各行各业都开展了对右倾保守思想的批判，结果造成了各部门、各地区不顾实际条件、纷纷提高计划指标、追加基建项目的浪潮，使整个国家预算和经济计划都有失控的危险。针对这种情况，从1956年6月起，在周恩来、陈云等人的努力下，对过高的预算和计划指标作了压缩，在实践中形成了"既反对保守，又反对冒进"的经济建设方针，保证了经济建设的健康发展。

对于在经济领域开展反冒进，毛泽东一开始就表示不赞成，表现出不高兴。1956年4月下旬，在一次中央政治局会议上，毛泽东提出要追加这一年的基本建设预算，结果遭到多数人的反对，会上尤其以周恩来发言最多，强调追加预算的各种害处。最后毛泽东仍坚持自己的意见，并宣布散会。会后，周恩来又亲自去找毛泽东，说自己作为总理，从良心上不能同意这个决定。这句话使毛泽东非常生气，不久，他就离开北京去了外地。随后，刘少奇指示中宣部为《人民日报》起草一篇既反保守又反冒进的社论。社论草稿在经刘少奇修改后送给毛泽东审阅。毛泽东只批了三个字："不看了。"后来毛泽东说，那是骂我的，为什么要看？

对于反冒进，毛泽东虽然不赞成，但也没有坚决阻止。这里有两个原因：一是反冒进的后果如何，他还有待观察，何况党内领导层中多数人主张反冒进；二是随后社会主义阵营内部发生了波匈事件，毛泽东的主要精力集中在国际形势的观察和波匈事件的处理上。波匈事件平息后，为了避免类似的事件在中国重演，毛泽东和中共中央于1957年春又决定开展一次全党范围的整风运动。由于各种复杂原因，这一整风，没想到整出一个反右派斗争。所以反冒进提出一年多来，毛泽东对此并无过多的表示。

波匈事件虽然平息了，反右派斗争也被认为取得了完全胜利，但这两件事却对毛泽东发动"大跃进"产生了重大影响。

在毛泽东看来，波兰、匈牙利之所以发生反革命事件，右派之所以在这时向共产党和社会主义制度发动进攻，表明社会主义制度还没有巩固。没有巩固的原因，关键在于经济不发展，物质基础不牢固。毛泽东的这个认识，原本也是对的，但问题出在用什么样的方式发展经济。这时，毛泽东认为，要发展经济，四平八稳不行，一般速度也不行，唯有较高速度，唯有在相对较短的时间里赶超英美这样的发达资本主义国家，才能体现社会主义制度的优越性，才能从根本上解决社会主义同资本主义谁战胜谁的问题。如果仍是低速度，慢腾腾地建设社会主义，形势就会很危急，社会主义制度能否巩固就成问题。

1957年9月18日的《人民日报》社论对毛泽东的这种思想作了充分的发挥，社论说："经济战线上的社会主义革命的胜利同政治、思想战线上的社会主义革命的胜利是相互促进的"，"目前我国社会主义的物质基础还很不充分，这是右派敢于进攻和中间派还在动摇的一个客观原因。只有建立了比较充分的物质基础，我们的国家，我们的社会主义经济制度和政治制度，才算充分巩固"。

于是，毛泽东将反冒进与所谓右派的进攻联系起来。毛泽东认为，反冒进在先，右派进攻在后，反冒进的人说1956年是冒进，右派也说经济建设中的主要危险不是右倾保守，而是冒进，是好大喜功，急功近利。因此，反冒进为右派向共产党进攻提供了借口。

1958年3月，毛泽东在为重印《中国农村的社会主义高潮》一书所写的按语中，将他这种想法明确地表达出来了。按语说："我们没有预料到一九五六年国际方面会发生那样大的风浪，也没有预料到一九五六年国内方面会发生打击群众积极性的'反冒进'事件。这两件事，都给右派猖狂进攻以相当的影响。"[1]

本来，毛泽东就对右派进攻的形势作了过于严重的估计，而右派的进攻在他看来同反冒进又有内在联系，而这时，国内的经济形势发展也比较好，人民群众的建设热情很高。就在这种情况下，毛泽东认为，经济建设的速度本来可以更快一些，1956年夏至1957年的反冒进，恰恰是对群众的积极性泼了冷水，并公开表露出对此前进行的反冒进的不满情绪。

1957年9月20日至10月9日，扩大的中共八届三中全会在北

---

[1]《建国以来毛泽东文稿》第七册，中央文献出版社1992年版，第139页。

京召开。这次全会不仅揭开了批评反冒进的序幕，也揭开了农业"大跃进"的序幕。会上，毛泽东首次对反冒进作了公开的批评。他在会议结束前发表的题为《做革命的促进派》的讲话中说，1956年的反冒进，扫掉了多、快、好、省的口号，扫掉了农业发展纲要四十条[1]，扫掉了促进委员会，对这几项东西要恢复。他还说："我们总的方针，总是要促进的。"从此之后，毛泽东不断地对反冒进提出公开批评。

这时，又发生了一件事，不但进一步使毛泽东感到反冒进是错误的，搞建设就是不能有右倾保守思想，就是要实现高速度，而且在较短的时间里，赶上和超过英美等发达资本主义国家也是可能的。

1957年11月，毛泽东到莫斯科参加十月革命胜利40周年庆典及各国共产党和工人党代表会议。这是毛泽东第二次访问苏联，也是他一生中最后一次出国。这时，毛泽东在社会主义阵营中的威望很高。11月6日，毛泽东出席纪念十月革命胜利40周年大会。大会开了一天，上午由赫鲁晓夫作报告，下午各兄弟党代表团负责人致词或讲话。毛泽东是第一个讲话的。在毛泽东讲话过程中，一次又一次响起长时间的掌声。代表团成员之一的杨尚昆在其日记中写道："今天主席出席在纪念会上，大受欢迎。主席一出场，全体即起立致敬。下午大会时，主席第一个讲话，全场起立。讲话中不断的鼓掌，讲完了全场又起立，为纪念会致最高敬意的表现。其余各兄弟党代

---

[1] 所谓农业发展纲要四十条，是指1956年中共中央制定的1956年至1967年全国农业发展纲要，其中最主要的内容是，在12年以内，粮食每亩平均产量，黄河以北要达到400斤，黄河以南淮河以北要达到500斤，淮河以南要达到800斤，因为纲要共四十条，故简称农业发展纲要四十条。

表讲话,都是鼓掌没有起立。"[1]

这一次莫斯科之行,毛泽东兴致很高。同时,这次会议也进一步提高了他在社会主义阵营中的威望,实际成为各国共产党和工人党代表会议的主角。毛泽东虽然在会上一再讲,要以苏联为首,说有那么多的党,总要有一个为首的。他说:"我们必须有那么一个国家,有那么一个党,它随时可以召集会议。为首同召集会议差不多是一件事。""既然需要一个首,那么,谁为首呢?苏联不为首哪一个为首?按照字母?阿尔巴尼亚?越南,胡志明同志?其他国家?我们中国是为不了首的,没有这个资格。我们经验少。我们有革命的经验,没有建设的经验。我们在人口上是个大国,在经济上是个小国。我们半个卫星都也没有抛上去。这样为首就很困难,召集会议人家不听。"但实际上从这时起,毛泽东就已经有了中国要在社会主义阵营和国际共产主义运动中承担更多责任的想法。当然,毛泽东本人没有明确讲过这样的话,这仅是笔者的分析。

中国领导人当然清楚,中国要在国际舞台上有更多的发言权,实力还不够,还必须在短期内把经济搞上去。当时,人们把钢铁产量的多少作为衡量一个国家经济实力的最主要指标。所以,能否赶超英美,关键是看钢铁产量能否上去。在莫斯科期间,赫鲁晓夫曾告诉毛泽东,在以后的15年中,苏联在主要工业产品的总产量和人均产量方面,将赶上并超过美国。毛泽东对此既感到鼓舞,又感到压力,认为中国也应急起直追。于是,他在各国共产党工人党莫斯科会议上明确表示:苏联15年后可以超过美国,我们中国将用15

---

[1]《杨尚昆日记》上,中央文献出版社2001年版,第287页。

年时间赶上或超过英国。

当然，毛泽东这个表态，也并非没有根据。在莫斯科期间，毛泽东在同英国共产党负责人波立特、高兰的谈话中了解到，15年后，英国的钢产量可能从现在的2000万吨增长到3000万吨，而中国这时的钢年产量约500余万吨，按每5年翻一番计算，再过15年可达到4000万吨。因此，毛泽东认为，作为主要工业产品的钢产量中国15年赶上或英国是可能的。这是中国领导人第一次正式公开宣布15年钢产量赶上并超过英国，1958年喊得十分响亮的"超英赶美"口号由此而来。

1958年元旦，《人民日报》又发表题为《乘风破浪》的社论，强调在我国建立一个现代化的工业基础和现代化的农业基础，从现在算起，还要10年到15年的时间。要在15年左右的时间内，在钢铁和其他重要工业产品产量方面赶上和超过英国；在这以后，还要进一步发展生产力，准备再用20年到30年的时间赶上并且超过美国，以便逐步地由社会主义社会过渡到共产主义社会。到这时，超英赶美和实现共产主义，都有了明确的时间表。

在超英赶美问题上，中国领导人表现出很大的信心。这种信心来自两个方面，一是中国人口多，人多力量大；二是中国共产党过去搞革命有发动群众、组织群众运动的经验。二者结合起来，就会产生巨大的力量。

这个本来就不长的时间表，在"大跃进"发动后又一再被缩短。1958年3月20日，冶金工业部部长王鹤寿向毛泽东送来了《争取有色金属的飞跃，占领有色金属的全部领域》和《钢铁工业的发展速度能否设想的更快一些》两个报告，其中提出，到1962年钢年产量超过 1500 万吨、争取 2000 万吨是可能的，并且认为只要 10 年就可超过英国，再有 10 年也完全可能赶上美国。受其影响，毛泽东在 4 月 2 日接见波兰政府代表团时，便提出要 10 年或更多一点时间赶上英国，再过 20 年赶上美国。

这年 5 月召开的八大二次会议上，国务院副总理李富春在报告中提出："七年赶上英国，十五年赶上美国。"毛泽东在批语中将其修改为："七年赶上英国，再加八年或者十年赶上美国。"这样，原定的 15 年赶上英国的时间缩短到只有 7 年，赶超美国的时间也变为 15 年或 17 年。

同年 6 月 16 日，李富春向中共中央政治局报送的关于第二个五年计划要点的报告提出，5 年超过英国，10 年赶上美国，大力推进技术革命和文化革命，为在 10 年内赶上世界上最先进的科学技术打下基础。6 月 17 日，国务院副总理兼国家经济委员会主任薄一波在给中央政治局的报告中说，1959 年我国的主要工业产品，除电力外，都将超过英国的生产水平。为此，毛泽东在批语中写道："赶超英国，不是十五年，也不是七年，只需要两年到三年，两年是可能的。这里主要是钢。只要 1959 年达到 2,500 万吨，我们就在钢的产量上超过英国了。"[1]

为了能使 1959 年钢产量超过英国，就必须使 1958 年钢产量至少达到 1000 万吨。由于 1957 年全国钢产量为 535 万吨，最后内部确定 1958 年钢产量要达到 1100 万吨，对外宣布是比 1957 年翻一番，达到 1070 万吨。

---

[1]《建国以来毛泽东文稿》第七册，中央文献出版社 1992 年版，第 278 页。

自从"超英赶美"的口号提出来后,毛泽东认为,目前党内的右倾保守思想还没有克服,仍存在少慢差费的问题,而这个问题之所以出现,又是受了此前反冒进的影响。于是,他多次对反冒进作出严厉批评,并且批评的程度一次比一次严重。

1958年元旦刚过,毛泽东就来到了广西南宁,在这里召开部分中央领导人和部分地方负责人参加的中央工作会议。会上,毛泽东在发言中说:不要提反冒进这个名词,这是政治问题。首先没有把指头认清楚,十个指头,只有一个长了包,多用了一些人(工人、学生),多花了一些钱,这些东西要反。当时不要提反冒进,就不会搞成一股风,吹掉了三条:一为多快好省;二为四十条纲要;三为促进委员会。这是属于政治,不属于业务。一个指头有毛病,整一下就好了。他又说:右派的进攻,把一些同志抛到和右派差不多的边缘,只剩50米,慌起来了,什么"今不如昔","冒进的损失比保守的损失大"。他还说:最怕的是6亿人民没有劲,抬不起头来。毛泽东认为,反冒进是泄了6亿人民的气,采取的是资产阶级的方法论,使用的办法是"攻其一点,不及其余"。

这次会议的主要内容本来是讨论1958年的国民经济计划,由于毛泽东对反冒进作了严厉批评,致使一些超过实际的高指标获会议一致通过。南宁会议之后,"大跃进"在全国范围内迅速展开,并由农业领域发展到各个方面。

1958年2月中旬,中共中央政治局召开了一次扩大会议。3月和4月,又分别在成都和武汉召开中央工作会议,5月在北京召开八大二次会议。这些会议的议题很多,但批评反冒进是其中一项重要内容。

在2月中旬的政治局扩大会议上,毛泽东说,以后反冒进的口号不要提,反右倾保守的口号要提。反冒进这个口号不好,吃亏,打击了群众。

在3月成都会议上,毛泽东说,两种方法的比较,一种是马克思主义的冒进,一种是非马克思主义的反冒进。究竟应该采取哪一种,我看应该采取冒进。他还说:反冒进是"寻寻觅觅,冷冷清清,凄凄惨惨戚戚",冒进则是"轰轰烈烈、高高兴兴","不尽长江滚滚来",就是要和反冒进对起来,反对慢的路线。

由于把冒进与反冒进上升到了马克思主义与非马克思主义的高度,试想还有谁敢坚持反冒进?而此前毛泽东曾提出,要用"跃进"一词代替"冒进"一词,不给反对者提供口实。并且认为"跃进"一词是一个伟大的发明,要将博士学位授予发明这一词的那一位或几位科学家。

在4月的武汉会议上,毛泽东说,1956年下半年到1957年来了个反冒进,搞得人不舒服。这个挫折很有益处,教育了干部和群众,是反面教育。因为受了损失,是个马鞍形,两个"高潮"之间一个低潮——反冒进。过去说1957年比1956年实在些,这个话是不合乎事实的。1957年实际上工作差劲了,许多干部抬不起头来。上面骂冒进,下面也骂冒进,所以1957年劲头不大。去年揭开盖子,用整风反掉了右倾保守思想。

在5月的八大二次会议上,刘少奇代表中共中央所作的工作报告中,也认为反冒进损害了群众的积极性,影响了1957年的生产建设,特别是影响了农业的发展,形成了"马鞍形"。报告说:"在反对所谓'冒进'的这种空气下面,多快好省的方针,农业发展纲要四十条，竟然受到了某些人的怀疑。其结果是损害了群众的积极性，影响了一九五七年生产战线上特别是农业战线上的进展。"[1]

在这种情况下，原来主张反冒进的周恩来、陈云、李先念等领导人，只得承认反冒进是"错误"的，并在不同的会议上一再作检讨。

批评反冒进的过程，也是"大跃进"从发动到进入高潮的过程。进入6月之后，"大跃进"如火如荼地开展起来，而各种好消息也不断地传出。

这年6月7日，新华社报道了河南省遂平县卫星农业社第二大队五亩小麦每亩平均实产2105斤的消息。同月12日，《人民日报》再次宣布，该社第一大队又有二亩九分地平均亩产3530斤，超过这块地去年亩产750斤的三倍多。自此之后，各种"卫星"争相竞放，并且产量越放越大。

6月16日，负责计划工作的副总理李富春向中共中央提出了新的《第二个五年计划要点》，认为钢铁为主的几种主要工业产品的产量，有可能用不了3年时间即可赶上和超过英国，原来需要15年才能实现的全国农业发展纲要，也有可能3年基本实现。

几天后，主管农业的政治局委员谭震林报告毛泽东：华东四省一市的粮食产量将达到一千二百几十亿斤，比去年增加500亿斤，人均达到了1000斤，原来计划四五年时间才能实现的指标一年就达到了，全国的粮食产量估计在5000亿斤以上。农业生产战线上的主要任务，就是积极争取今年的秋季和明年的更大丰收，以便争取在两三年内做到丰衣足食。

---

[1]《建国以来重要文献选编》第十一册，中央文献出版社1995年版，第301页。

1958年7月23日,国家农业部发表公报宣布:"今年夏收粮食作物空前丰收。播种面积53900余万亩,总产量达到1010亿斤,比1957年夏收粮食作物增产413亿斤,即增长69%,平均亩产187斤,比1957年增长70%。"[1]

1958年7月23日,《人民日报》发表《今年夏季大丰收说明了什么?》的社论,用"大跃进"时特有的语言表示:"我国小麦产量超过美国跃居世界第二位了。我国小麦增产速度是古今中外历史上所没有的,更是资本主义国家所望尘莫及的。""美帝国主义者说我们人口多是'不堪重负的压力',我们要用更多的事实告诉他们,人口多,生产粮食更多。只要我们需要,要生产多少就可以生产多少粮食出来。"[2]

按照这样的发展速度,中国很快就能赶上并超过世界上最发达的资本主义国家。于是,一个问题摆在中国领导人面前:中国在不长的时间超过英美之后,下一步向什么方向发展,要不要从现在起就考虑向共产主义过渡的问题?

正是在这种情况下,1958年8月,在全国一片"大跃进"的炽热中,中共中央政治局在凉爽宜人的北戴河召开了一次扩大会议,史称北戴河会议。北戴河会议通过并公布了一系列的文件,其中影响最大的,一个是《中共中央政治局扩大会议号召全党全民为生产1070万吨钢而奋斗》的会议公报,一个是《中共中央关于在农村建立人民公社问题的决议》。

那年月,人们是将钢产量的多少,同工业化水平的高低等同起来的。自从制定了"超英赶美"的时间表之后,钢产量是否能超过

---

[1]《东风压倒西风的一个标志》,《人民日报》1958年7月23日。
[2]《今年夏季大丰收说明了什么?》,《人民日报》1958年7月23日。

"大跃进"运动中土高炉炼钢的场面

英国,就成为短期赶超的最主要内容。1958年6月,中共中央确定全年的钢铁生产将比1957年的535万吨翻一番,但直到北戴河会议召开时,还只完成了450万吨。也就是说,在剩下的4个月时间里,却要完成600多万吨的任务,这显然是正规的钢铁企业按常规进行生产所无法完成的。

既然正规钢铁企业无法完成这个任务,于是就想起了老办法——发动群众,开展群众运动。因此,北戴河会议不但正式向全国公布了全年钢产量要达到1070万吨的任务,而且明确提出要来一个大炼钢铁的群众运动。

北戴河会议后,各地大搞"小(小转炉、小土炉)、土(土法炼钢)、群(群众)"运动,兴建了难以数计的小土高炉。炼钢铁需要铁矿、煤等原料,也需要交通运输,于是在地质、煤炭、电力、交通运输等方面,也大搞"小、土、群",出现了全民找矿、全民办小煤窑、全民办交通运输等一系列的"大办"。1958年10月,全国参加"小、土、群"炼钢铁的劳动力达到6000万人,12月则更是增加到9000多万人。

1958年12月21日,新华社正式向全世界宣布:"据冶金工业部12月19日为止的统计,今年全国已经生产钢1073万吨,比1957年的钢产量535万吨增加了一倍挂零。四个月前,在北戴河举行的党中央政治局扩大会议所发出的、要在今年把钢产量翻一番的伟大号召,经过全国人民的艰苦奋战,现在已经胜利地提前、超额完成了。"[1]

1070万吨钢的任务虽然完成了,但付出的代价却是巨大的。

首先,为了全力保钢,当时提出的口号是"停车让路,首先为钢",时称"钢铁元帅升帐",也就是要求各部门、各地方必须将钢铁生产放在首位。结果,近1亿的人民公社社员、机关干部、学校师生等投入钢铁生产中,以致中央各部委的大院里、高等学校的校园里,一些非钢铁企业的车间里,甚至党中央、国务院所在的中南海里,都建起了各式各样的小土高炉。尤其严重的是,几千万农村劳动力在秋收大忙季节,丢下已经成熟的农作物不管,参与炼钢炼铁,大量的粮食未能及时收回而烂在地里。据中共中央农村工作部估计,当年约有10%的粮食在地里没有收回。1958年的确风调雨顺,庄稼长势不错,本是一个多年未见的好年景,但是,丰产并不丰收,成为1959年粮食紧张的重要根源。同时,其他部门也因为给"钢铁元帅""停车让路",造成了工农业比例、工业与交通运输的比例、工业内部各部门间的比例严重失调。

其次,全民大炼钢造成了巨大的浪费。1958年生产的1073万吨

---

[1] 《一年之间钢产加番,在世界钢铁史上写下辉煌的一章》,《人民日报》1958年12月22日。

钢中，合格的只有 800 万吨，其他的是根本不能用的钢坨坨铁疙瘩，而国家却为这些土钢土铁付出了巨额的补贴。当时，每吨生铁的成本，鞍钢为 85.4 元，石景山钢铁厂为 112.6 元，国家规定的调拨价为 150 元，而土高炉每吨铁的成本，多在 250—300 元，高者达 460 多元。为了鼓励群众炼钢炼铁，国家规定"小、土、群"生产的生铁调拨价为每吨 200 元，亏损部分由财政补贴，结果国家为这些无用的铁疙瘩补贴了 40 亿元，占 1958 年财政收入的 1/4 还多，是真正的得不偿失。

2. "还是办人民公社好"

应当承认，这一年全国人民确实以前所未有的热情投入到工农业生产中，全国出现了一片热火朝天的建设场面。在这种情况下，党的领导人认为，中国已经找到了一条快速建设社会主义的好途径，不但能在不长的时间里赶上并超过英美等发达资本主义国家，而且有可能先于苏联进入共产主义。

笔者这样说，还是有所根据的。因为在这年 5 月的八大二次议上，毛泽东曾讲过，在延安的时候，林彪同志向我说，将来中国要赶上苏联，当时我还不相信，我想苏联也在进步呀？现在我相信了。我看我们的共产主义可能提前到来。因为我们的方法比苏联好，速度比苏联快，再加上有 6 亿人口和苏联的技术援助，理所当然要走到苏联的前面去。

从 1958 年 4 月起，党的领导人就开始酝酿共产主义的实现形式问题。

这年 4 月下旬，刘少奇去广州向毛泽东汇报中共八大二次会议的准备情况。据刘少奇后来讲，在火车上，他与周恩来、陆定一、邓力群等吹[1]半工半读，吹教育如何普及，吹公社，吹乌托邦，还吹过渡到共产主义。说建设社会主义这个时候就要为共产主义准备条件，要使前一阶段为后一阶段准备条件，我们搞革命就是这样的，开始搞前一步的时候，就想下一步，为下一步创造条件。我们现在搞社会主义，就要为共产主义创造一些有利条件。此外，还吹托儿所，生活集体化，工厂办学校、学校办工厂，半工半读，等等。车到郑州时，刘少奇还对河南省长吴芝圃说，我们有这样一个设想，你们可以试验一下。

在广州，毛泽东向刘少奇等人谈了他对于农村发展的设想。陆定一在5月19日的八大二次会议上发言时，将这些设想透露出来了。陆定一在发言稿中说："毛主席和少奇同志谈到几十年以后我国的情景时，曾经这样说，那时我国的乡村中将有许多共产主义的公社，每个公社有自己的农业、工业，有大学、中学、小学，有医院，有科学研究机关，有商店和服务行业，有交通事业，有托儿所和公共食堂，有俱乐部，也有维持治安的民警等等，若干乡村公社围绕着城市，又成为更大的共产主义公社。前人的'乌托邦'想法，将被实现，并将超过。我们的教育方针和其他教育事业，也将朝这个目标发展。"[2]

紧接着，毛泽东关于农村基层组织的新设想，由他的秘书、新创刊的《红旗》杂志总编辑陈伯达公开发表出来。1958年7月1日

---

[1] 刘少奇用的是口语，"吹"并非吹嘘，有互相讨论或理论务虚的意思。
[2] 转引自薄一波：《若干重大决策与事件的回顾》下卷，中共中央党校出版社1993年版，第732—733页。

出版的《红旗》第 3 期发表了陈伯达的《全新的社会、全新的人》一文，文章在介绍湖北省鄂城县旭光一社土法办小工厂的经验时说，这是"把一个合作社变成既有农业合作又有工业合作的基层组织单位，实际上农业和工业相结合的人民公社"。这是党的机关刊物第一次使用"人民公社"一词。

同一天，在北京大学庆祝中国共产党成立 37 周年大会上，陈伯达在演讲中称："毛泽东同志说，我们的方向，应该逐步地有次序地把'工（工业）、农（农业）、商（交换）、学（文化教育）、兵（民兵、即全民武装）'组成一个大公社，从而构成我国社会的基本单位。在这样的公社里面，工业、农业和交换是人们的物质生活；文化教育是反映这种物质生活的人们的精神生活；全民武装是为着保卫这种物质生活和精神生活，在全世界上人剥削人的制度还没有彻底消灭以前，这种全民武装是完全必要的。毛泽东同志关于这种公社的思想，是从现实生活的经验所得的结论。"这篇讲话随后以《在毛泽东同志的旗帜下》为题，发表在 7 月 16 日出版的《红旗》杂志第 4 期上。

"大跃进"是率先在农村发动的。1957 年年底至 1958 年年初，全国农村兴起了大办农田水利建设的高潮。于是出现了这样一种情况：水利设施建在甲乡甲社，占用了这里的土地，但受益的却是乙乡乙社。社与社之间围绕用地、劳动力使用等方面出现了一些矛盾。为了解决这个矛盾，1958 年 3 月的成都会议通过了《中共中央关于把小型的农业合作社适当地合并为大社的意见》，并于 4 月 8 日得到了中央政治局会议的批准。《意见》指出："我国农业正在迅速地实现农田水利化，并将在几年内逐步实现耕作机械化，在这种情况下，农业生产合作社如果规模过小，在生产的组织和发展方面势将

一、"大跃进"欲速则不达　19

发生许多不便。为了适应农业生产和文化革命的需要，在有条件的地方，把小型的农业合作社有计划地适当地合并为大型的合作社是必要的。"[1]

在此前后，小社并大社的工作在各地相继开展。到5月下旬，辽宁全省将9272个农业合作社合并为1461个社，基本是一乡一社，平均每社约有2000户，最大的是盖平县花园坨乡由7个社组成的一个大社，这个大社长宽都有40来里，总共有18000多户，95000多人。河南把38286个社合并成2700多个社，平均每社4000户左右。

这些大社成立后，一时间名称五花八门，有的叫大社，有的叫集体农庄，有的叫社会主义大院或社会主义大家庭，有的叫共产主义农场、国营农场、合作农场，也有叫公社的，如这年6月底，浙江诸暨城门乡成立了"红旗共产主义公社"；这年6月底至7月初，辽宁安东县委在该县的前阳地区建立了前阳农业公社；这年7月，河南鲁山县委决定在全县范围内建立"人民生产公社"；这年8月初，河南新乡县七里营大社在全国第一个挂出"人民公社"牌子。不久，这些合并的大社有了一个统一的称呼——人民公社。

1958年8月4日，毛泽东离开北京，决定深入农村去亲自看一看农村"大跃进"的火热场面，实地调查农村新的基层组织的实现形式。下午4点半，毛泽东来到"大跃进"运动中崛起的农业生产先进典型河北徐水县，视察了县城东面的南梨园乡大寺各庄农业社。

"大跃进"发动后，各地不断地报告粮食获得了大丰收，而且一些"卫星"田号称亩产已达数千斤甚至上万斤，因而毛泽东对徐水

---

[1]《建国以来重要文献选编》第十一册，中央文献出版社1995年版，第209页。

《河北日报》关于毛泽东视察徐水安国的报道

的粮食产量很关心。在农业社的俱乐部里，毛泽东问今年的麦子收成如何？农业社的负责人回答说平均每亩产量为754斤。随后，毛泽东又询问夏秋作物的预计产量和全县的总产量有多少。县委书记张国忠说，今年全县夏秋两季一共计划要拿到12亿斤粮食，平均每亩产2000斤。听了张国忠的汇报，毛泽东不觉睁大了眼睛，满脸笑容地看了看屋里的人，说道："要收那么多粮食呀！"又说："你们夏收才拿到9000多万斤粮食呢！秋季要收11亿斤呀！你们全县31万多人口，怎么能吃得完那么多粮食啊？你们粮食多了怎么办？"如果徐水年产粮食真有12亿斤，等于全县31万人平均每人有近4000斤，怪不得毛泽东问他们粮食多了怎么办。

毛泽东这一问，在场的县乡干部一时还愣住了，过了一会儿，有的说粮食多了可以换机器，有的说可用粮食造酒精。毛泽东听后表示："其实粮食多了还是好！多了，国家不要，谁也不要，农业社员们自己多吃嘛！一天吃五顿也行嘛！"[1] 毛泽东与徐水干部这段关于"粮食多了怎么办"的对话，曾被正在这里体验生活的作家康濯写进《毛主席到了徐水》的报道中，并刊登在 8 月 11 日的《人民日报》上。

毛泽东离开徐水的第二天，受中央一位领导同志的委派，中央农村工作部副部长陈正人来到徐水，准备在这里进行过渡到共产主义的试点。据说，陈正人从北京带来了两本书，一是《马恩列斯论共产主义》，一是康有为的《大同书》。为了搞好向共产主义过渡的全面规划，中央有关部门、中共河北省委、保定地委和徐水县委组织了有 100 多人参加的规划班子，对徐水未来 5 年的工农商学兵、政治、经济、文化、人民生活、建筑等全面进行了规划。8 月 22 日，这份题为《关于加速社会主义建设向共产主义迈进的规划草案》编制出来了。8 月 26 日，《徐水报》加以全文刊登。按照这个规划，徐水到 1962 年就可实现共产主义。

8 月 6 日下午 4 时，毛泽东来到了已经成立了人民公社的河南新乡县七里营视察。毛泽东走到公社大院门口，看到了"新乡县七里营人民公社"这块牌子时停下脚步，一字一顿地念起来。新乡县委书记胡少华随即对毛泽东说："这是全县的第一个人民公社。"旁边的新乡地委书记耿起昌问道："他们起这个名字怎么样，行不行呀！"毛泽东用肯定的语气说："人民公社这个名字好！"[2]

---

[1] 康濯：《毛主席到了徐水》，《人民日报》1958 年 8 月 11 日。
[2] 参见林英海主编：《毛泽东在河南》，河南人民出版社 1993 年版，第 156 页。

8月9日，毛泽东来到山东。车过兖州时，并找济宁地委书记高逢五等人谈了话。毛泽东在谈话中询问了"大跃进"的情况，又问参加谈话的地方干部们粮食多了怎么办，并特地问到了农业社的合并问题，认为农业社搞大一点好，可以搞成五六千户万把户。[1]

在省会济南，中共山东省委书记处书记谭启龙、裴孟飞向他汇报了山东各项工作。毛泽东在听取汇报时强调，领导必须多到下面去看，帮助基层干部总结经验，就地进行指导，还讲到了办大社的优越性。随后去历城县的北园乡视察农业合作社。

视察中，毛泽东详细询问了北园农业合作社的水稻种植情况。农业社主任李树诚汇报说，50亩高额丰产田原计划亩产2万斤，现在要争取4万斤，过去1亩只产二三百斤。毛泽东说："好，你这个人，不干就不干，一干就干大的。"[2]

毛泽东还视察了农业社的水稻试验田，在地边的树林稍作休息时，李树诚向毛泽东汇报了"北园大社"的办社情况和社员讨论的意见，请示毛泽东是叫"大社"好呢，还是叫"农场"或"农庄"好？并汇报了办起大社以来生产面貌的变化和今后的打算，毛泽东没有立即回答。陪同视察的山东省委负责人汇报说："现在北园乡准备办大农场。"这时，毛泽东说："还是办人民公社好，它的好处是可以把工、农、商、学、兵结合在一起，便于领导。"[3]

毛泽东在这几天的视察中，最为关注的粮食的产量和乡社合并

---

[1]《谢华同志从济宁给谭启龙同志的来信》，1958年8月10日。

[2]《毛主席视察山东农村》，《人民日报》1958年8月13日。

[3]《山东农业合作化》编辑委员会：《山东省农业合作化史料汇集》下，山东人民出版社1989年版，第118—119页。

一、"大跃进"欲速则不达　23

福建省闽侯县连坂农业社的 2.06 亩试验田，号称亩产 5806 斤，这是当时所谓"验收"时的场景（相知摄，《人民画报》1958 年第 9 期）

问题。这一年风调雨顺，又正值秋季作物长势最旺的时候，他所到之处确实是一片丰收在望的景象。这里有一个值得我们讨论的问题，就是毛泽东真的相信这些高产"卫星"吗？据曾担任过毛泽东兼职秘书的李锐回忆，毛泽东本来对那么高的粮食产量也不相信，但自从看了科学家有关粮食高产的论证后就有些相信了。这年 6 月 16 日，有一位著名科学家在《中国青年报》上发表了一篇《粮食亩产量会有多少？》的短文，其中说，如果把每年射到一亩地上的太阳光能的30%作为植物可以利用的部分，植物经过生长结实，再把其中的五分之一算是可吃的粮食，那么稻麦每年的亩产量就不仅仅是现在的两千多斤或三千多斤，而是两千多斤的20多倍。

可以想象，毛泽东在视察中所看到的，肯定是当地干部精心选择的地方。至于各地的汇报，粮食单产几倍十几倍的增长，总产量成倍的增长。对此，出生于农村的毛泽东未必全然相信，所以他每到一个地方都要询问粮食产量，而且也不止一次地表露出怀疑。可是，他每到一个地方，听到的汇报都差不多，都说粮食大丰收，而且所看到的庄稼确实长得不错，这就不能不使毛泽东觉得，粮食产量即使没有这些地方汇报的那样高，但比过去有较大的增长是没有问题的，从而又使他坚信，通过"大跃进"的方式，可以大大地发展生产力。所以，要说"大跃进"和人民公社化运动的责任，就不能简单地将之归结到某一个人头上。应当说，在当时那种背景下，全国上上下下许多人头脑都在发热。

8月13日，毛泽东结束了对河北、河南、山东三省的视察，回到北京。11日起，新华社相继播发了毛泽东视察三省农村的消息。在8月12日关于毛泽东视察七里营的报道上，特地提到七里营"按照毛主席指示的道路，已经在全乡农业合作化的基础上，建立了七里营人民公社"。13日，《人民日报》在报道毛泽东视察山东时，用了这样的大字标题——《毛主席视察山东农村，强调部署各项工作必须通过群众鸣放辩论，办人民公社的好处是把工农商学兵结合在一起便于领导》，并将他在北园乡关于"还是办人民公社好"的话放在报道的第一段。于是，"办人民公社好"的消息迅速传遍全国。

宁夏回族自治区贺兰县前锋人民公社的成立大会

　　从表面上看，建立人民公社也是经过调查研究的，也遵循了从群众中来到群众中去的工作方法。那么，为什么还是出了问题呢？恐怕与调查研究的方法有关。因为毛泽东在视察前实际上已有了并小社为大社、在农村建立公社的想法，这次调查的目的就是印证自己的想法是否可行。下面的干部们自然投机所好，一路听到的，都是办大社好的汇报，从而使毛泽东坚信建立人民公社的方向是正确的。毛泽东曾有两句名言：一为"没有调查，没有发言权"，二为"不做正确的调查同样没有发言权"。轻率地发动人民公社化运动，实际上是违背了他的第二句名言。当然，客观地讲，由于种种限制，新中国成立后的毛泽东，也确实难以做民主革命时期那样真正深入实际的农村调查了。

　　1958年8月中下旬，中共中央政治局在北戴河召开扩大会议，除了重点研究钢铁生产问题外，还集中讨论了在农村建立人民公社

湖南宁乡县某人民公社的成立大会

的问题。毛泽东在会上多次对公社的形式作了肯定。8月29日，北戴河会议通过了《中共中央关于在农村建立人民公社问题的决议》（以下简称《决议》）。《决议》指出："在目前形势下，建立农林牧副渔全面发展、工农商学兵互相结合的人民公社，是指导农民加速社会主义建设，提前建成社会主义并逐步过渡到共产主义所必须采取的基本方针。"《决议》规定大社统一命名为人民公社，不必搞国营农场，因为农场不好包括工、农、商、学、兵各方面。《决议》虽然承认现阶段是建设社会主义，但又强调建立人民公社首先是为了加快社会主义建设的速度，而建设社会主义是为了过渡到共产主义积极地作好准备。因此，《决议》最后满怀信心地说："看来，共产主义在我国的实现，已经不是什么遥远将来的事情了，我们应该积极地运用人民公社的形式，摸索出一条过渡到共产主义的具体途径。"[1]

---

[1] 中共中央文献研究室：《建国以来重要文献选编》第十一册，中央文献出版社1995年版，第417、450页。

这一段话明白无误地告诉人们，建立人民公社就是为了在中国迅速实现共产主义。当时，各种报刊还发表了大量的文章，论证建立人民公社与实现共产主义的关系。例如，中共河南省委第一书记吴芝圃在《红旗》杂志发表《由农业生产合作社到人民公社》的文章，在谈到人民公社与实现共产主义的关系时说：

"人民公社也是由社会主义社会逐步过渡到共产主义社会的最适合的组织形式。它便于逐步缩小工人和农民的差别、城市和乡村的差别以及脑力劳动和体力劳动的差别。人民公社既然执行工农业并举的方针，那末，农村也便有了工业，农民也就兼做了工人。今后的工业布局，要有计划地把大、中、小工业配合起来，星罗棋布地分散各地，加以城市和乡村的密切协作，城乡的差别就会逐渐消失。"

"由于扫盲，普及小学教育和中学教育，普遍办红专学校，劳动者很快就可以获得科学文化的知识，掌握科学、技术、文化的武器。而知识分子和干部又必须参加体力劳动，使自己工农化。这样，脑力劳动和体力劳动的差别也就会逐渐消失。"

"人民公社的建立，也更有利于冲掉一切个人主义、本位主义、资本主义等旧的思想习惯，提高广大人民的社会主义和共产主义的思想觉悟，培养共产主义的道德品质。这就为逐步过渡到共产主义社会创造了条件。"[1]

1958年的人们以一种十分迫切的心情，期待共产主义社会的早日到来。在一些地方，还搞过渡到共产主义的试点，例如河北的徐水县。还有一些地方，则提出到1962年就要基本实现共产主义，如

---

[1] 吴芝圃：《由农业生产合作社到人民公社》，《红旗》1958年第8期。

山东的寿张县、范县，河南的修武县。那么，当年人们心目中的共产主义，是一个什么样的社会呢？

一位高级干部（按照现在的标准，可列入党和国家领导人）在西安一次干部会议上，对共产主义社会作了这样描述：

第一，吃要吃得很好，不要光吃饱。每顿都有荤，或者吃鸡子，或者吃猪肉，或者吃鱼，或者吃鸡蛋。山珍海味是比较困难的，可以一年吃两次，国庆节、五一节吃吃山珍海味是必要的，也是可能的。要吃的花样更多，而不是更少。就是说不是现在这样只是吃馍，一顿吃一斤，将来一顿吃两片馍就够了，主要吃肉食、吃青菜。就是

河南省委书记吴芝圃发表在《红旗》杂志上介绍河南人民公社的文章

吃的方面，吃要吃得饱、吃得好、吃的花样多，适合于每一个人。

第二是穿，也是应有尽有，各种花色、各式各样都有，不是乌鸦一片黑，也不是一片蓝。将来普通的布作工作服，工作之外，其余的时间都是绫罗绸缎，都是毛料绒衣。当然，每一个人都有一件狐皮大衣恐怕办不到，因为没有那么多狐狸。因此就要发展养狐狸，也要养水獭、老虎，不养老虎不行，不养老虎没有虎皮。总会有那么一天，每个人可以得到一件狐皮大衣，这就看我们养的狐狸多少来决定。这是走向共产主义的穿，生产规划要把这些东西规划进去。

第三是住，要跟现代化城市比。到了第三个五年计划，或者第四个五年计划，这个问题就可以解决。人民公社通通是高楼大厦，通通是现代设备，并且每一个居住的地方都是一座花园，居住的条件、居住的环境要现代化，要比现代化的城市还好。

第四是交通，除了赛跑，凡是走路的都有工具。不赛跑也不行，光坐汽车、火车，那两条腿也成问题了，腿越来越小，身子越来越大。所以每天要跑步，每个人要赛跑，要开展体育运动。但除了赛跑以外，要到什么地方去就有汽车、火车、飞机、轮船。

第五，每个人都受到高等教育，要普及教育。那时候，每个人都是演员，都能够上台演戏。将来要出几万个常香玉，几万个梅兰芳。每个人都是作家，都能够写文章，都能够写剧本，都能够写大的马列主义著作，都能够搞科学研究。每个人都是体育健将，我们把全世界的体育冠军通通拿回来。

共产主义大体就是这样几条：吃、穿、住、行，加上文化娱乐、科学研究、体育，这些总起来叫共产主义。这些看起来在我们国家是很快，不是遥遥无期，不仅在座的同志，你们大多数都是中年人，都可以看到，我们这些老年人也可以看到。

由此观之，1958年"大跃进"和人民公社化运动的失误，最根本的是对何谓社会主义、何谓共产主义的理解发生了偏差，在建成社会主义，实现共产主义上急于求成。

北戴河会议后，人民公社化运动在全国农村迅速展开。据中共中央农村工作部统计，至9月30日，全面实现了农村公社化的省、市和自治区已经有河南、辽宁、广西、青海、河北、北京、陕西、山东、黑龙江、吉林和上海；农村公社化已达90%以上的有山西、广东、湖南、四川、江苏、浙江和甘肃；达到85%左右的有江西、安徽、湖北、福建和内蒙古；贵州和宁夏月底也可实现或基本实现农村公社化。新疆农业区参加公社的农户已达80%，10月初可实现公社化。云南省农村已建成200多个人民公社，10月内也可基本实现公社化。全国农村建立人民公社23397个，参加的农户达总农户的90.4%，平均每社4797户。至此，我国农村基本实现人民公社化。到这年年底，全国原有的74万多个农业社合并成2.6万多个人民公社，入社农户达总农户的99%。所以，现在我们说起人民公社化运动时，常常使用这样的表述："一哄而起的人民公社化运动"。

人民公社的基本特点是：一是大，即规模大，全国平均28个合作社合并成一个公社，小者数千人，大者数万人甚至十几万人。二是公，即公有化程度高，不仅生产资料要归公社所有，就连社员原有的自留地、自养的家畜家禽等也都要收归公社。三是政社合一，人民公社既是农村基层政权组织，也是农村集体经济组织。四是分配上实行供给制与工资制相结合的制度，所谓供给制，通俗的说法是"吃饭不要钱"，其载体就是公共食堂。全国农村在大办人民公社的同时,还大办公共食堂,实现全民公共食堂化。当时,不但提出"吃饭不要钱",还提倡要"放开肚皮吃饭",理由是反正粮食获得空前大丰收,已多得吃不完。

由于人民公社大都是白手起家,但它又是按照工、农、商、学、兵(民兵)五位一体,农、林、牧、副、渔样样齐全的模式构建的,公社建立后,要大办工业,要建立红专大学,要兴办公共食堂、托儿园、敬老院等集体福利事业,这一切都只得通过平调原农业生产合作社和社员的财物才能建立起来。大办人民公社的过程,也是大刮"一平二调"(平均主义和无偿调拨)"共产风"的过程。与之相伴随的,是浮夸风、瞎指挥风、强迫命令风、干部特殊化风盛行。加之在分配上搞所谓的供给和工资相结合,工资部分过小,供给部分过大,而供给制则是典型的平均主义。所以公社化后,不但未将原来高级农业合作社业已存在的平均主义弊端加以克服,反而使之愈演愈烈,严重挫伤了广大农民的生产积极性,出工不出力成为普遍现象,造成农业生产效率普遍低下。

3. 初步调查与初步纠"左"

毛泽东对于建立人民公社是充分肯定的,但也隐约感到公社化运动中存在一些问题。为了解公社化后农村的情况,1958年10月中旬,毛泽东来到天津,连续几天同河北省委、天津市委、保定地委以及徐水、安国、唐县、正定县委的负责人谈话。在谈话中,各县的粮食产量是毛泽东问得最多的问题。其中,安国县委书记刘振宗汇报说,安国东风社搞了千亩小麦"天下第一田",火箭社搞了2万亩的"宇宙最高峰",都是大面积高产小麦。又说计划1959年人均粮食将达1万斤，1960年土地休息一年，集中力量搞建设、学文化。毛泽东对此有些不以为然。他说：安国去年平均亩产464斤，徐水去年平均亩产214斤，100亩才搞2万斤，日后1亩1万斤，98亩就别种了。

徐水县委书记张国忠汇报了该县幸福院、幼儿园和新村建设的试点规划，当谈到夫妇住一处，小孩住一处，老人住一处时，毛泽东对此不以为然，说：太单调了嘛，也要大中小结合，老人不跟壮丁、小孩结合怎么办？整天只有老头对老头行吗？

在谈到徐水的全民所有制问题时，毛泽东说：徐水叫全民所有制，你和鞍山有什么不同？机械化、生产能力不如它，你产品是不是向国家调配？粮食不要，还要什么东西？张国忠回答说：还产麻、苇、油料、甜菜、猪、鱼、鸭、鸭蛋、钢铁、造纸等。毛泽东说：还是和国家交换，不是调配嘛。鞍钢每人生产16000元，成本6000元，包括每人工资800元，给国家上交1万元。你在徐水讲全民所有制，可以讲，你在全国讲，和鞍钢总是还有差别，还有所不同嘛，贡献不同，和天津的国营工业也有不同，你还有奋斗目标。

当然，毛泽东此时对形势的估计仍然比较乐观，对人民公社和供给制也是充分肯定的。在谈话中，他说，我们过去三钱油、三钱盐、一斤半面，结果把日本打跑了，把美国薪金制打败了，是供给制战胜薪金制。搞供给制是一不死人，二不瘦，三很健康。毛泽东还说：社会主义比资本主义好，归根到底还是在大大提高劳动生产率。同样的工具，比他生产得多，我们和美国还不是同样的工具，但我们组织起来了，过去是一家，后来社也小，才几百户，搞他一万多户的一个公社，力量就大了。

尽管如此，毛泽东通过此次天津之行，还是感受到人民公社化运动中，许多人在"急急忙忙往前闯"，有一大堆的混乱思想，必须作深入的调查研究，了解其中的问题，并找到解决的方法。谈话结束时，他指示河北省委派调查组去徐水了解情况，然后向他汇报。

在此之前，毛泽东曾派了中央办公厅机要室的18名工作人员，前往徐水县商庄人民公社前所营村参加秋收种麦劳动，实地考察徐水的"大跃进"和人民公社化运动。10月18日，中办机要室下派人员将他们在徐水劳动中所见所闻向毛泽东作了报告。

报告说，一穷二白，干劲冲天，对明天充满希望和信心，是这里群众的显著特点。但在劳动中也看到一些问题，例如，主观主义和强迫命令现象在局部地区依然存在，有些干部在布置生产任务时，都是以简单的命令下达，遇事很少和社员商量，特别在处理劳动不积极、思想落后等问题时，往往采取简单粗暴的工作方法；由于县里布置任务都是又急又多，下面的干部感到压力太大，因此工作中的虚报现象不少；公社化以后，自留地没有了，吃饭也都在食堂，个人不再喂养鸡鸭，又没有组织集体饲养，长此下去就会吃不到鸡鸭和鸡蛋；提出的一些口号也值得研究，如"1960年建成社会主义，1963年建成共产主义"，"到那时候，吃什么有什么，穿什么有什么，要什么有什么"之类。

看了这个报告后，坚定了毛泽东进一步调查研究的决心。10月19日，他致信陈伯达，要他与时为上海市委宣传部部长的张春桥，前往河南遂平卫星公社进行为期7天至10天的调查，甚至还提出要让中央办公厅为陈伯达等人准备一架专机，将其直接送到郑州。可见当时毛泽东了解人民公社真实情况的心情是何等的迫切。

在毛泽东从天津返回北京的第二天,即10月18日,河北省委立即组织了一个工作组,由省长刘子厚率领,于10月18日至20日到徐水进行了三天的调查。10月21日下午,刘子厚等人就调查了解到的主要问题,去北京向毛泽东作了汇报。

汇报中,刘子厚说,徐水实际上还是集体所有制,不是全民所有制,但他们已经公布了是全民所有制,提法究竟如何为好?毛泽东说,徐水实际上是集体所有制,他们说是全民所有,也不一定公开改,马虎下去就是了。交换问题要向两个方面发展,一方面大范围的内部调拨要发展,另一方面社会主义市场、社会主义商业要发展。必须多产经济作物,好交换,国家好供应,不然就没有交换的东西了。徐水的全民所有,不是全国的全民所有,它有两个不同,一是和过去合作社不同,一是和国营工业也不同。

在谈到供给制问题时,毛泽东说:劳动力多的,恐怕还要补给他一点,使他多得一点,多劳多得还是社会主义原则。对于那些劳力多的,就要多发一点工资,别人发1元,他发1.5元,2元,不行还可3元,使他不锁门,下地多出力。要把劳动力多的积极性调动起来,使他收入多点,工资多点,不要搞平均主义。

对于"共产风"问题,毛泽东说:家具可以不归公,这是一部分生活资料,吃饭集体,衣服、床、桌凳不能集体。私人债务,一风吹,又"共"一次"产"。这是劳动人民内部的劳动所得,把它吹掉不好,群众会说你们不讲信用,说了话不算话。这些私人借贷全吹了,吹了老本了,占有别人的劳动。

在汇报中,刘子厚谈到徐水存在假报产量的问题。对此,毛泽东表示:要实事求是,把猪都并到一起,就不是实事求是了。初看可以,经不起细看，经不起分析，要告诉县里，叫他们不要搞这一套。又说：对虚报的人要进行教育，进行辩论，不要讲假话，是多少就是多少。

通过这次河北省委对徐水情况调查的汇报，毛泽东认为，对于人民公社出现的问题，还需要进一步的了解。10月23日，他再次致信陈伯达，要调查组花一个星期的时间调查"卫星公社"及所属的大队和生产队的各种问题，然后找遂平县委的领导座谈，研究全县的各种问题。

10月26日，他又找新华社社长吴冷西和秘书田家英谈话，要他们各带几个助手，分别去河南的修武县和新乡县七里营，进行为期一个星期的调查，了解公社化后的情况。

在同吴冷西和田家英的谈话中，毛泽东说，中国今年出了两件大事，一是"大跃进"，一是公社化。其实还有第三件大事，这就是炮打金门。他说，"大跃进"是他发动的，公社化是他提倡的。这两件大事到8月间北戴河会议时达到高潮，但那时心思并没有全花在这两件大事上，很大一部分精力被国际问题吸引去了。

毛泽东说，"大跃进"和公社化，搞得好可以互相促进，使中国的落后面貌大为改观；搞得不好，也可能变成灾难。你们这次下去，主要是了解公社化后的情况。北戴河会议时我说过公社的优点是一大二公。现在看来，人们的头脑发热，似乎越大越好，越公越好。

毛泽东要吴冷西和田家英下去调查时带两本书，一本是中国人民大学编辑的《马恩列斯论共产主义社会》，一本是斯大林写的《苏联社会主义经济问题》。出发前要把这两本小册子通读一遍，至少把人民大学编的那本书看一遍，要他们的助手也这么办。毛泽东还特地交代：下去调查时不要各级领导作陪，要找生产队长就只找生产队长,不要公社书记、大队长参加;要找群众谈话就不要找干部参加;要找县委书记也只请他本人来谈。因为人多了谈话就有顾虑。找群众谈话要有各个阶层的人物,尤其要注意中农的态度。还可以找下放干部谈话,他们可能顾虑较少。总之要了解各种人的真实想法。毛泽东还吩咐他们下去不要张扬,要吴冷西带的调查组以新华社记者的名义,田家英带的调查组则以中央办公厅工作人员的名义。

这次谈话后,吴冷西和田家英即各率领一个调查组,前往河南修武县和新乡县进行调查。

接着,毛泽东自己也离开北京,到河北的石家庄地区、邯郸地区和河南的新乡地区作调查,为即将在郑州召开的中央工作会议作准备。

10月31日,毛泽东找石家庄市委负责人谈话。他对农业生产和人民公社的情况十分关心,谈话一开始,他就询问今年的麦子种得怎样,每亩下了多少种,土地深耕了多少,是否具备搞大面积丰产田的条件?他又问人民公社搞得怎么样,食堂办起来了没有,群众是一起吃饭还是各自回家去吃,是否欢迎吃大锅饭?他边问边说,一个食堂,一个托儿所,这两件要注意搞好,搞不好影响生产,饭吃不好就生产不好,小孩带不好影响后一代。又说,每个公社都要种商品作物,如果只种粮食那就不好,就不能发工资。山区可以种核桃、梨,可以养羊,拿到外面去交换。在谈到实行供给制、吃饭不要钱时,毛泽东用商量的口气说,劳多人少的社员不赞成,他们感到吃亏,发工资是否可多发一些,不然,他就不舒服。一家五口人四个劳力,另一家五口人只有一个劳力,这两家就不同了,恐怕要照顾一下劳多的。现在是社会主义,价值法则还是存在的。

一、"大跃进"欲速则不达

11月1日下午,毛泽东来到邯郸,将邯郸地委负责人找来谈话。毛泽东一开头就问当地干部,群众对"大跃进"有什么不满意的吗?地委负责人说,群众反映一个是累,一个是吃不好,对此有些意见。毛泽东建议给社员一个月放两天的假,使他们能好好休息一下。毛泽东又询问今年的粮食产量是多少,明年计划生产多少,当地干部告诉他,今年亩产202斤,明年计划亩产1000斤。毛泽东说,亩产800斤也就好了。

毛泽东还着重谈了带小孩、吃饭和休息的问题,要求把这些事办好。他说:托儿所一定要比家里好些,才能看到人民公社的优越性,如果和家里差不多,就显示不出优越性。这是一件大事,每个省、市、县都要注意后一代的问题。对于社员的吃饭问题,毛泽东同样很关心,指示说:一是吃饱,二是吃好,要不吃冷饭,吃热饭,菜里有油有盐,要比在家庭、在小灶吃得好,这样农民才欢迎大锅饭。要把这个当成大事,吃饭就是劳动力。毛泽东还说,要下个睡觉的命令,至少要睡6个小时。休息好了,劳动力增加了,干活效率会提高。针对一些地方发生了强迫命令,甚至干部打人、骂人、捆人,并将辩论作为对社员的一种处罚,毛泽东在谈话中认为,这是没有把敌我矛盾与人民内部矛盾搞清楚。对人民内部不要压服,要从团结出发,经过斗争达到新的基础上的团结,强迫命令是干不下去的,因为这样群众会不服。

当天下午,毛泽东的专列到了新乡,他又将新乡地委及所属部分县委的负责人找来谈话。毛泽东首先询问了新乡钢铁生产的情况。接着又问种了多少亩麦子,一亩下了多少种,是去年下得多还是今年下得多。当地的干部回答说,去年每亩下种10斤左右,今年都在

30斤左右，还有下了几百斤、上千斤的。毛泽东表示，下得太多了，麦苗会挤不出来。有人回答说，是分层种的，像楼梯一样，麦子在楼梯上站着。听到这里，毛泽东也忍不住笑了起来。

毛泽东又问：食堂办得怎么样？社员能不能吃上热饭，有没有菜，有没有油，有没有肉吃？新乡地委负责人都一一作了回答。当问到有没有人民公社发不出工资时，新乡地委书记耿起昌回答说都能发，毛泽东表示不相信，认为靠不住，并且说，不出经济作物的地方，只产一点粮食，哪里有钱发工资？毛泽东又问有没有信心办好公共食堂，食堂有没有垮台的？耿起昌回答说，没有垮台的，许多妇女办食堂决心很大，把小锅砸了。毛泽东说：这个革命可革得厉害。

最后，毛泽东又问："你们的幸福院究竟幸福不幸福？有没有不愿意去的？老人在幸福院做活不做活？"参加座谈的河南省委书记处书记史向生回答说："有人照顾的不去幸福院，没人照顾的才去幸福院，有的老人闲不住，自动地做点轻活。"毛泽东还询问了社员睡觉的情况，再次表示一定要让社员睡够6小时，说这个问题可以搞点强迫命令，这样的强迫命令老百姓会欢迎。

11月2日，毛泽东到了郑州。11月6日，前往修武、新乡调查的吴冷西、田家英等人向他汇报了所了解到的情况。在汇报中，吴冷西谈到：修武县委书记虽然说一县一社（按：修武县在1958年夏小社并大社时，将全县的所有农业社合并成一个大社，开了全国一县一社的先河）是全民所有制，但他认为公社和国家的关系不同于国营工厂和国家的关系，公社的产品不能全部由国家调拨，国家也不能供给公社需要的所有生产资料和生活资料。因此，这位县委书记提出：如果公社实行同国营工厂一样的全民所有制，那么，有两

七里营人民公社养老院旧址

个问题他担心不易解决：一是遇到灾年，国家能否跟平年一样拨给公社所需的生产资料和生活资料，二是遇到丰年，国家能否全部收购公社的产品。

毛泽东详细询问了县里同国家的经济关系，互相进行哪些交换，以及七里营公社的"十六包"（即社员的衣、食、住、行、生、老、病、死、学、育、婚、乐、理发、洗澡、缝纫、电费全由公社包下来）的具体内容。吴冷西汇报说，修武县同国家的经济往来主要有两种，一是纳税，主要是农业税即公粮，工商税不多；二是交换，主要是向国家交售统购的粮、棉、油料等农副产品，向国家购买生产资料和生活资料，这两种交换都是商品交换，用现金结算的。田家英则认为，七里营的"木十六包"只能说是平均主义，不能说是"按需分配"，更不能说是已经进入共产主义社会。

在听取汇报的过程中，毛泽东不断插话。在谈到修武一县一社时，毛泽东指出，一县一社恐怕太大了，县委管不了那么多具体的事，而且全县各地生产水平很不平衡，平均分配会损害富队富社的积极性。我们现在还是搞社会主义，还是要按劳分配。凡是有利于发展生产的就干，一切不利于发展生产的就不要干。供给制只能搞公共食堂，而且要加强管理，粗细粮搭配，干稀搭配，农忙农闲不同，要学会勤俭过日子，不能放开肚皮大吃大喝，那样肯定维持不下去。其他只搞些公共福利事业，不要采取"包"的办法，量力而为。延安时期的供给制，是属于战时共产主义的办法，是不得已而为之，不能作为分配方式的榜样，所以全国解放后就改行工资制了。

谈到修武的全民所有制时，毛泽东说，修武不同于鞍钢，产品不能调拨，只能进行商品交换，不能称为全民所有制，只能叫做集体所有制，千万不能把两者混同起来。修武县委书记提出的问题，表明他实际上是不赞成搞全民所有制的。县里的产品不能全部调拨给国家，不可能也不必要。尤其是国家对于县，在平常年景也不能完全保证按照县里的需要调给生产资料和生活资料，遇到灾年更加不能保证，这也是明摆着的。如果生产力没有高度发展，产品极为丰富，工业和农业都高度现代化，那么，生产关系上从集体所有制过渡到全民所有制，分配方式从按劳分配过渡到按需分配，是根本不可能的。这两种所有制的接近是一个很长的历史过程。

当得知有些公社将男女老幼分开，搞集体住宿时，毛泽东很生气，明确表示，那种搞法不是给国民党对我们的诬蔑帮了忙吗？凡是这样胡搞的地方我都支持群众起来造反。这些干部头脑发昏了，怎么共产党不要家庭呢？要禁止拆散家庭，还是一家人大、中、小结合为好。

通过半个多月的调查研究，毛泽东发现，"大跃进"和人民公社化运动中存在大量问题，必须使全党对此高度重视，并对那些过"左"的做法加以纠正。只有这样，"大跃进"运动才能健康发展，人民公社才能巩固。在初步调查研究的基础上，中共中央于1958年11月2日至10日，在郑州召开了有部分中央领导人和省委书记参加的会议，史称第一次郑州会议。

会议开始后，毛泽东多次找到会的省委书记谈话，做高级干部的"降温"工作。会上，毛泽东认为，"大跃进把有些人搞得糊里糊涂"，他提醒那些头脑发热的高级干部说，苏联搞了40年的社会主义，还没有宣布进入共产主义，中国才搞几年的社会主义，不要那么急急忙忙地宣布过渡。他还亲自给与会者讲解斯大林的《苏联社会主义经济问题》，并就商品生产和商品交换发表意见。毛泽东指出："我们有些人大有要消灭商品生产之势。他们向往共产主义，一提商品生产就发愁，觉得这是资本主义的东西，没有分清社会主义商品生产和资本主义商品生产的区别，不懂得在社会主义条件下利用商品的作用的重要性。这是不承认客观法则的表现，是不认识五亿农民的问题。"[1]

郑州会议之后，中共中央政治局又于11月21日至27日在武昌召开扩大会议。在会上的讲话中，毛泽东提出，破除迷信，不能把科学当作迷信破除。凡是迷信，一定要破除，凡是真理一定要保护。

---

[1]《毛泽东文集》第七卷，人民出版社1999年版，第437页。

必须老老实实，不要弄虚作假，要压缩空气。他还再次批评了取消商品生产和商品交换的观点，强调不能剥夺农民。对于人民公社和向共产主义过渡问题，毛泽东强调：全民所有制和集体所有制两种形式必须分清，不能混淆。社会主义和共产主义又有一个界限，也必须分清，不能混淆。

在第一次郑州会议和武昌会议的基础上，1958年11月28日至12月10日，中共中央在武昌召开八届六中全会，通过了《关于人民公社若干问题的决议》。这是人民公社历史上的一个重要文件，它强调：农业社变为人民公社，不等于已经把农村中的集体所有制变成了全民所有制，要在全国农村实现全民所有制，还需要一个相当长的时间；由集体所有制变为全民所有制，并不等于社会主义变成共产主义，由社会主义变为共产主义，比集体所有制变为全民所有制需要经过更长的时间。企图过早地否定按劳分配的原则而代之以按需分配的原则，企图在条件不成熟的时候勉强进入共产主义，无疑是一个不可能成功的空想。

接着，中共中央政治局于2月27日至3月5日在郑州再次召开扩大会议，重点研究人民公社问题，史称第二次郑州会议。毛泽东在讲话中强调，在分配中要承认队与队、社员与社员的收入有合理的差别，穷队和富队的伙食和工资应当有所不同。工资应当死级活评。公社应当实行权力下放，三级所有，三级核算，并且以队的核算为基础，在社与社、队与队之间要实行等价交换。

第二次郑州会议后，各省、市、自治区相继召开五级或六级干部会议，传达会议精神。毛泽东为了把郑州会议的精神贯彻下去，在此后不到一个月的时间里，他四次致信各省、市、自治区党委书记，并且连续下发广东、山东等省六级干部会议的经验，对一些关于人民公社整顿的材料作出批示。毛泽东写的这些党内通讯、批示，主要涉及基本核算单位和要不要算旧账两个问题。他指出，人民公社要以生产队，即原高级社为基本核算单位，并且要通过算旧账的方式，对人民公社化运动以来的"共产风"进行认真的清算。

在中共中央和毛泽东的领导下，经过几个月的纠正，一些过高的农业生产指标被降了下来，千军万马大炼钢铁的闹哄哄场面基本停止，严重失调的国民经济比例关系有所改变，上上下下发热的头脑有所冷静。人民公社也逐渐剥去了一些空想色彩，刹住了急于向全民所有制和共产主义过渡的势头，"共产风"得到了初步的遏制，平均主义的分配方式有了一定程度的改变，基本核算单位大体上回到了原来高级社的水平，生产小队得到了一定的自主权，许多混乱不清的政策问题得到了明确，大兵团式的劳动协作基本终止，党同农民的关系有了改善，中共中央、毛泽东以及各级党的组织，为纠正人民公社化过程中的"左"倾错误作了许多努力，形势正在向好的方向发展。

二、"反右倾"反出严重困难

1. 纠"左"变反右

1958年是"大跃进"之年,是全国人民为迅速改变我国贫穷落后面貌努力奋斗的一年,也是党的各级干部极为忙碌辛苦的一年。

虽然对这年的"大跃进"和人民公社化运动所产生的后果,在今天看来,它的消极面要远远大过它的积极面。但是,这一年中,中国人民所表现出的战天斗地的豪情,各级干部所体现出的早日建成社会主义而忘我工作的热情,的确是无法否定的。

为了进一步总结1958年"大跃进"以来的经验教训,解决一些具体问题,同时也使党的高级干部们能有一段时间稍作休息,中共中央政治局决定1959年7月在庐山召开扩大会议。

庐山会议前,即6月12日至13日,毛泽东曾在中南海的颐年堂主持召开了一次政治局扩大会议,中心议题是讨论工业、农业、市场等问题。毛泽东、周恩来在讲话中都指出,"大跃进"的主要问题,就是对综合平衡、有计划按比例发展国民经济重视不够。

毛泽东在会上说,去年的"大跃进",对破除迷信起了很大作用,但是,不讲时间、空间和条件,主观主义大为发展,没有把主观的能动性和客观的可能性结合起来,只讲主观能动性,而且无限扩大,这种做法必须坚决纠正。我过去没有摸工业,只抓了农业。去年才开始接触工业。在这种情况下,犯错误可以说是必然的。人的认识要经过多次反复才能找到比较正确的道路,要总结过去的经验教训。

他还说,本来是一些好事,因为一些指标定得高了,使我们每天处于被动。工业指标、农业指标中,有一部分是主观主义,对客观必然性不认识。世界上的人,自己不碰钉子,没有经验,总是不会转变。他提醒1960年的工业指标切记不可过高,大体按1959年的指标,甚至低一点也可以。

通常所讲的庐山会议实际上是两个会议,即7月2日至8月1日的中共中央政治局扩大会议和8月2日至8月16日的中共八届八中全会。参加政治局扩大会议的有除陈云、邓小平之外的政治局常委,各省、市、自治区的负责人,以及国务院和工交、财贸各部门的负责人。

会议开始时,毛泽东提出了读书、形势、今年的任务、明年的任务、四年的任务、宣传、综合平衡、群众路线等十八个问题。毛泽东在会议开始时说:

国内形势是好是坏?大形势还好,有点坏,但还不至于坏到"报老爷,大事不好"的程度。八大二次会议的方针对不对?我看要坚持。总的说来,像湖南省一个同志所说的,是两句话:"有伟大的成绩,有丰富的经验。""有丰富的经验",说得很巧妙,实际上是:有伟大的成绩,有不少的问题,前途是光明的。

基本问题是:(一)综合平衡;(二)群众路线;(三)统一领导;(四)注意质量。四个问题中最基本的是综合平衡和群众路线。要注意质量,宁肯少些,但要好些、全些,各种各样都要有。农业中,粮、棉、油、麻、丝、烟、糖、菜、果、药、杂都要有。工业中，要有轻工业、重工业，其中又要各样都有。去年"两小无猜"（小高炉、小转炉）的搞法不行，把精力集中搞这"两小"，其他都丢了。去年"大跃进"、大丰收，今年是大春荒。现在形势在好转，我看了四个省，河北、河南、湖南、湖北，大体可以代表全国。今年夏收估产普遍偏低，这是一个好现象。

今年钢的产量是否定1300万吨？能超过就超过，不能超过就算了。今后应由中央确定方针，再交业务部门算账。粮食有多少？去年增产有无三成？今后是否每年增加三成？每年增加1000亿斤，搞到1万亿斤，要好几年。明年钢增加多少？增加400万吨，是1700万吨。后年再增加400万吨。15年内主要工业产品的数量赶上和超过英国的口号还要坚持。总之，要量力而行，留有余地，让下面超过。人的脑子是逐渐变实际的，主观主义减少了。去年做了一件蠢事，就是要把好几年的指标在一年内达到，像粮食的指标10500亿斤，恐怕要到1964年才能达到。

过去安排是重、轻、农，这个次序要反一下，现在是否提农、轻、重？要把农、轻、重的关系研究一下。过去搞过十大关系，就是两条腿走路，多快好省也是两条腿，现在可以说是没有执行，或者说是没有很好地执行。过去是重、轻、农、商、交，现在强调把农业搞好，次序改为农、轻、重、交、商。这样提还是优先发展生产资料，并不违反马克思主义。重工业我们是不会放松的，农业中也有生产资料。如果真正重视了优先发展生产资料，安排好了轻、农，也不一定要改为农、轻、重。重工业要为轻工业、农业服务。过去陈云同志提过：先市场，后基建，先安排好市场，再安排基建。有同志不赞成。现在看来，陈云同志的意见是对的。要把衣、食、住、用、行五个字安排好,这是六亿五千万人民安定不安定的问题。

　　毛泽东还谈到了综合平衡的问题,认为这是"大跃进"的重要教训之一。说是两条腿走路,并举,实际上是没有兼顾。他还说,在整个经济中,平衡是根本的问题,有了综合平衡,才能有群众路线。

　　本来,关于平衡与不平衡的关系问题,曾是毛泽东发动"大跃进"的重要理论依据之一。他在1958年年初写的《工作方法六十条(草案)》中说:"不平衡是普遍的客观规律。从不平衡到平衡,又从平衡到不平衡,循环不已,永远如此,但是每一循环都进到高的一

毛泽东1958年1月作的《工作方法六十条(草案)》

级。不平衡是经常的，绝对的；平衡是暂时的，相对的。我国现在经济上的平衡和不平衡的变化，是在总的量变过程中许多部分的质变。若干年后，中国由农业国变成工业国，那时候将完成一个飞跃，然后再继续量变的过程。"[1]

从哲学上讲，毛泽东的关于平衡与不平衡的辩证法，也许是有依据的。但是，他关于平衡问题的论述，绝不是为了表述某个哲学原理，而在于批评1956年的反冒进没有正确处理平衡与非平衡的关系，是消极的平衡。1958年2月28日的《人民日报》社论《打破旧的平衡，建立新的平衡》，充分体现了毛泽东这种观点。社论说："一种方法，是采取积极的态度解决不平衡，不断地提高落后的指标和定额，使它适应于先进的指标，向先进的定额看齐，这是积极的平衡。另一种方法，是采取消极的态度解决不平衡，总是企图压低先进的指标和定额，使它迁就落后的指标，向落后的定额看齐，这是消极的平衡。"在所谓"打破消极平衡，建立积极的平衡"的口号下，许多不切实际的高指标提出来了，在综合平衡中稳步前进的经济建设方针不坚持了。结果，旧的平衡固然打破了，但新的平衡却没有建立起来，导致了国民经济的比例严重失调。毛泽东在庐山会议开始时关于平衡问题的新论述，说明他对平衡问题的认识要比1958年发动"大跃进"之初深刻多了。

1958年"大跃进"高潮中，为了调动地方的积极性，曾将人事权、财权等下放，结果一些地方任意扩大基本建设规模，摊子铺得很大，随意乱招职工，造成一年内职工队伍翻一番，加剧了国家财政的紧

---

[1]《毛泽东文集》第七卷，人民出版社1999年版，第352—353页。

张程度。在庐山会议上的讲话中,毛泽东特地讲到了体制问题,认为去年权力下放多了一些,快了一些,造成了混乱,有些是半无政府主义,他提出下放的权力要适当收回到中央和省、市、自治区两级,对下放要加以适当的控制。

上面的讲话,其实就是毛泽东对当时形势的基本判断。从毛泽东的讲话中可以看出,他认为1958年的"大跃进"虽然有缺点和不足,如没有搞好综合平衡,一些指标定高了,造成工作的被动,但取得的成绩和存在的问题相比,还是九个指头和一个指头的关系,成绩是主要的,形势正在好转。因为经过第一次郑州会议以来的一系列努力,"共产风"的问题已得到了纠正,综合平衡的问题得到了重视。因此,"多快好省"的总路线还要坚持,"超英赶美"的口号不能放弃。在这样的前提下,要继续纠正"大跃进"以来工作中出现的"左"倾错误,以取得更大的跃进,实现更大的发展。

纠正错误,是为了更大的跃进,这也是第一次郑州会议以来毛泽东致力于纠"左"的原因所在。因此,庐山会议前的纠"左"其实是很不彻底的,最根本的一条,是没有完成指导思想上的纠"左",没有意识到真正"左"的根源,在于总路线、"大跃进"和人民公社"三面红旗"本身。结果,当庐山会议上彭德怀等人对"大跃进"和人民公社问题的批评,超过了所谓"一个指头"的限度的时候,纠"左"就为反右倾所取代了,从而也使此前所有的纠"左"努力付诸东流。

庐山会议的前期有"神仙会"之称。各路"神仙"经过一年多紧张的"大跃进",又经过第一次郑州会议以来的政策调整,从炎热的都市来到这凉爽宜人的庐山,白天开会讨论问题,晚上跳舞看戏,会余游览美景,自然有些神仙般的意味。但是,庐山会议的参加者们这种神仙般的日子并没过多久，一场政治暴风雨便降临了。

会议之初，与会者围绕毛泽东提出的十八个问题进行讨论。大家在拥护总路线、"大跃进"和人民公社的前提下，回顾和总结了一年多来的工作。有人认为，"大跃进"以来存在不少问题，有的问题还相当严重，前一段时间的纠"左"虽然有不少成绩，但还不够，还要进一步深入进行；但也有人认为一味纠"左"会使干部和群众泄气，不能认为"大跃进"破坏了按比例发展的客观规律，现在纠"左"已经纠过了头，出现了右的倾向。

在这种情况下，毛泽东召集各小组组长作了一次谈话。毛泽东说：对形势的看法如不能一致，就不能团结，龙云说我们人心丧尽，天安门工程如秦始皇修长城。党内也有人议论纷纷。"得不偿失"可举几十、几百、上千件，无非是头发夹子、菜、肉、蛋不够，有的买不到了。有人说，就是总路线搞坏了，从根本上否定"大跃进"，即否定总路线。所谓总路线，无非多快好省，多快好省不会错。不能说1958年只有多快而无好省，也有又多又快又好又省的，要作具体分析。对去年的一些缺点错误要承认。从一个局部、一个问题来讲，可能是一个指头或七个、九个指头的问题；但从全局来讲，是一个指头与九个指头、或三个指头与七个指头，最多是三个指头的问题。成绩还是主要的，无甚了不起。一年来有好的经验与坏的经验，不能光讲坏的、错误的经验。

正如薄一波后来在回忆这段历史时所说的，毛泽东此时的精神是："'左'的错误要批评，但不应总是抓住不放；对热心搞'大跃进'的同志，应该是既批评又鼓励，不要挫伤他们的积极性；现在已经批了九个月

二、"反右倾"反出严重困难

的'左',差不多了;应赶快抓工作,争取 1959 年的跃进。"[1]

按照预定的计划,庐山会议将在 7 月 15 日左右结束,各路"神仙"也开始作打道回府的准备。就在这时,中央政治局委员、国防部长彭德怀,却对会议过程中出现的"护短"情况甚为担忧,认为会议并未解决根本问题,用他后来在《自述》中的话说:"我当时对那些'左'的现象是非常忧虑的。我认为当时那些问题如果得不到纠正,计划工作迎头赶不上去,势必要影响国民经济的发展速度。我想,这些问题如果由我在会议上提出来,会引起某些人的思想混乱,如果是由主席再从(重)新提一提两条腿走路的方针,这些问题就可以轻而易举地得到纠正。"[2]基于这样的动机,彭德怀于 7 月 13 日给毛泽东写了一封信。

对于这封信的内容,许多书刊上都有过登载。这封后来被毛泽东冠名为《彭德怀同志的意见书》的信并不长,只有 4000 字左右。信的内容分甲、乙两部分,信的甲部分主要是对 1958 年的"大跃进"进行肯定;信的乙部分则是讲如何总结工作中的经验教训,引起毛泽东不快的也正是这一部分。

彭德怀在信中说,过去一段时间,在思想方法和工作方法方面,暴露出了不少值得注意的问题,彭德怀主要讲了两个问题。

一是"浮夸风较普遍地滋长起来"。信中说:"去年北戴河会议时,对粮食产量估计过大,造成了一种假象。大家都感到粮食问题已经得到解决,因此就可以腾出手来大搞工业了。在对发展钢铁的认识

---

[1] 薄一波:《若干重大决策与事件的回顾》下卷,中共中央党校出版社 1993 年版,第 851 页。
[2] 《彭德怀自述》,人民出版社 1981 年版,第 275 页。

上，有严重的片面性，没有认真地研究炼钢、轧钢和碎石设备，煤炭、矿石、炼焦设备，坑木来源，运输能力，劳动力增加，购买力扩大，市场商品如何安排，等等。总之，是没有必要的平衡计划。这些也同样是犯了不够实事求是的毛病。这恐怕是产生一系列问题的起因。浮夸风气，吹遍各地区各部门，一些不可置信的奇迹也见之于报刊，确使党的威信蒙受重大损失。"[1]

信中讲到的第二个问题是"小资产阶级的狂热性，使我们容易犯'左'的错误"。彭德怀说："在一九五八年的大跃进中，我和其他不少同志一样，为大跃进的成绩和群众运动的热情所迷惑，一些'左'的倾向有了相当程度的发展，总想一步跨进共产主义，抢先思想（按：指抢先于苏联进入共产主义）一度占了上风，把党长期以来所形成的群众路线和实事求是作风置诸脑后了。……有些指标逐级提高，层层加码，把本来需要几年或者十几年才能达到的要求，变成一年或者几个月就要做到的指标。因此就脱离了实际，得不到群众的支持。"[2]

毛泽东看了彭德怀的信后颇为不快。其中的原因，一是他感到信中的有些话特别刺耳，如"小资产阶级的狂热性""由于比例失调而引起各方面的紧张""全民炼钢铁有失有得"等。关于"有失有得"，彭德怀在信的原稿中写的是"有得有失"，是随行参谋在誊写时将其抄成了"有失有得"，后来在批判彭德怀时，彭为了保护随行参谋，对此没有辩解澄清。

二是毛泽东认为经过几个月的纠"左"，"左"的问题已基本上

---

[1]《建国以来重要文献选编》第十二册，中央文献出版社1996年版，第444页。
[2]《建国以来重要文献选编》第十二册，中央文献出版社1996年版，第445页。

二、"反右倾"反出严重困难 53

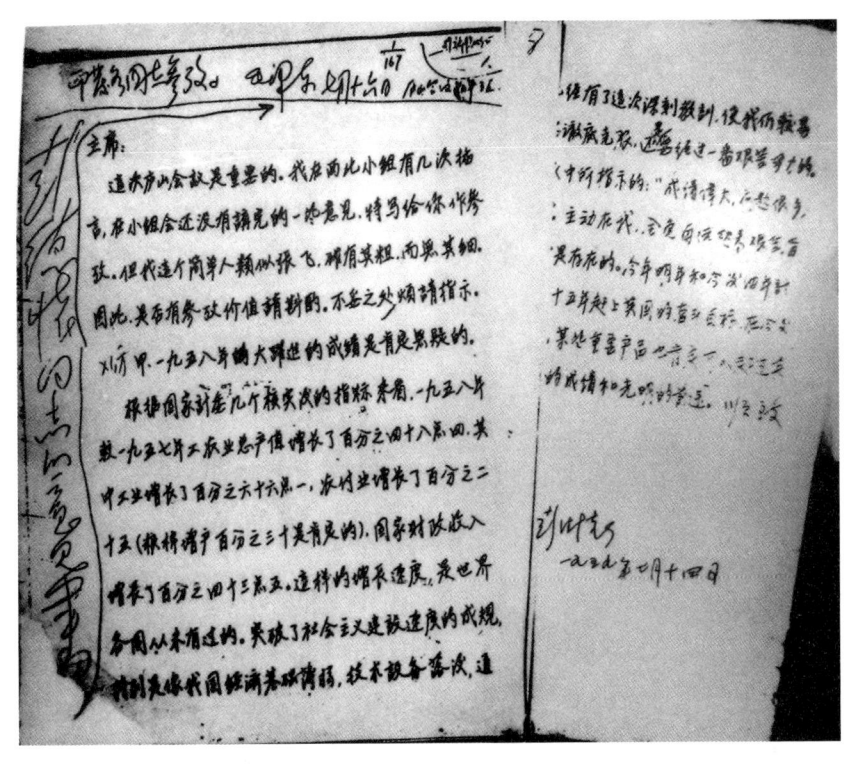

彭德怀写给毛泽东的信及毛泽东的批语

得到解决,形势正在好转,彭德怀早不写信,晚不写信,偏偏在会议即将结束、认识即将统一时,要求进一步纠"左",这实际上是对"大跃进"和人民公社的怀疑与反对,而毛泽东始终认为,"大跃进"和人民公社的问题,只是"一个指头"的问题,成绩还是九个指头。

三是彭德怀和毛泽东之间存在一些未能得到澄清的历史误解,且彭在写信前小组发言时,讲问题时语言比较尖刻,讲过一些不是很妥当的话,而此时国内外对"大跃进"和人民公社都存在一些非议,这就加重了毛泽东对彭德怀的猜疑甚至反感。

尤其是 7 月 21 日张闻天在长篇发言中,不但赞同彭德怀信中的观点，而且对"大跃进"以来"左"倾错误的根源作了系统的理论分析，毛泽东对彭德怀的信更加不满起来。张闻天在发言中说，去年干什么都是"全民"，甚至要求"全民写诗"，搞得老百姓不胜其烦。指标过高、要求过急、比例失调、"共产风"、虚报浮夸、强迫命令等缺点，损害了党和国家在人民群众中以至在国外的信誉。缺点有的已经纠正，有的正在纠正，有的还需要相当长的时间才能纠正，可能有些问题现在还未发现。他还说，对于产生缺点错误的原因，不能只满足于说缺乏经验，而应从思想观点、方法作风上去探讨。有一个时间，把主观能动性强调到了荒谬的程度。张闻天特别强调，民主风气很重要，不要怕没有人歌功颂德，怕的是人家不敢提意见，要造成一种生龙活虎、心情舒畅的局面，才会有战斗力。

毛泽东认为，张闻天的发言表明，党内反对"大跃进"和人民公社的，并非只有彭德怀一人，而是有一股势力，已形成一个以彭为首的右倾集团，右倾已成为当前的主要危险。现在的问题已不是如何纠"左"，而是要反右了。

7月23日，毛泽东主持召开大会并发表长篇讲话。他说：现在是党内外夹攻我们，有党外的右派，也有党内那么一批人。无非是讲得一塌糊涂，要硬着头皮顶住。神州不会陆沉，天不会掉下来，因为我们做了一些好事，腰杆子硬。我劝一部分同志讲话的方向问题要注意，在紧急关头不要动摇。有些同志重复了1956年下半年、1957年上半年犯错误同志的老路，他们不是右派，但是他们把自己抛到右派边缘去了。讲话中他还对彭德怀等人提出的不同意见逐条进行批驳，认为他们不能正确对待革命的群众运动，是在帝国主义的压力下表现出的资产阶级动摇性。

7月26日，毛泽东又在东北协作区委员会办公厅综合组组长李云仲向他反映情况，并批评"左"倾冒险主义错误的信上，写了一段很长的批语，认为"现在党内党外出现了一种新的事物，就是右倾情绪、右倾思想、右倾活动已经增大，大有猖狂进攻之势"。他还说："反右必出'左'，反'左'必出右，这是必然性。时然而言，现在是讲这一点的时候了。不讲于团结不利，于党于个人都不利。现在这一次争论，可能会被证明是一次意义重大的争论。"[1]

毛泽东23日的讲话和26日的批语，实际上给彭德怀等人定了性，在当时党内民主不健全的情况下，会议很快出现了一边倒，开展对彭德怀等人的揭发和批判。

按照毛泽东的建议，8月2日至16日，中共中央在庐山接着召开八届八中全会，在大会小会上开展对彭德怀、张闻天及与之观点相近的黄克诚、周小舟的斗争。批判的调子也越来越高，并联系彭、张的历史，"新账旧账一起算"。诸如"资产阶级民主派"、"民主革命的同路人、社会主义革命的反对派"、"混入党内的投机分子"等帽子都拿出来了，林彪更是指责彭德怀是"伪君子""野心家""阴谋家"。在揭发、批判的过程中，还联系彭德怀在庐山会议前访问过苏联、东欧，苏联的报刊、领导人的讲话中，对中国的"大跃进"和人民公社也有类似的批评，彭、张、黄、周之间不但思想倾向相近，而且在会议期间又有过交往，便无中生有、牵强附会地指责他们"里通外国"，要组织"军事俱乐部"，企图"分裂党"，"逼毛主席下台"，以至最后将他们定性为"反党集团"。

---

[1]《建国以来毛泽东文稿》第八册，中共中央文献出版社1993年版，第379—380页。

八届八中全会作出了《关于以彭德怀同志为首的反党集团的错误的决议》和《为保卫党的总路线、反对右倾机会主义而斗争的决议》，认为彭、张、黄、周等"打着所谓'反对小资产阶级狂热性'的旗号，发动了对总路线、大跃进、人民公社的猖狂进攻"。他们否定总路线的胜利，否定'大跃进'的成绩，反对国民经济的高速发展，反对人民公社化运动，反对全党办工业、政治挂帅的口号，犯了"具有反党、反人民、反社会主义性质的右倾机会主义路线的错误"。决议正式认定"右倾机会已经成为当前党内的主要危险"，认为"团结全党和全国人民，保卫总路线，击退右倾机会主义的进攻，已成为党的当前的主要战斗任务"。[1]

八届八中全会尚未结束，中共中央就于8月7日发出《关于反对右倾思想的指示》，强调"现在右倾思想，已经成为工作中的主要危险"，并认为右倾思想、右倾情绪和右倾作风，如果不加以彻底的批判和克服，党的总路线的贯彻执行、各项事业的继续跃进、今年生产指标和基本建设任务的完成，都是不可能的。因此，各级党组织"必须抓紧八九两月，鼓足干劲，坚决反对右倾思想"，"反右倾，鼓干劲，现在是时候了。机不可失，时不再来"。[2]

这个指示刚刚发出，中共辽宁省委就在8月9日立即向中共中央报送了《关于执行〈中共中央关于反对右倾思想的指示〉的报告》。报告中说，接到中央关于开展反右倾思想的指示后，辽宁省委立即召开了两次常委会议，并向各级党委发出通知，要求组织学习，对消极思想和右倾情绪，加以检查和克服，使干部和群众鼓足干劲，

---

[1]《建国以来重要文献选编》第十二册，中央文献出版社1997年版，第509页。
[2]《建国以来重要文献选编》第十二册，中央文献出版社1997年版，第496、497页。

掀起群众性的增产节约运动的新高潮。报告中还说，本省在年初和5月后落实生产计划的过程中，两度发生了部分干部松劲情绪的右倾思想，经过斗争，工业生产局面又两度好转，从这里可以看出："右倾松劲情绪抬头生产就要下降，鼓足了干劲生产就会上升；这个事实充分证明了气可鼓不可泄的真理"。

毛泽东对这份报告作了充分肯定，他批示道："看来各地都有右倾情绪、右倾思想、右倾活动存在着，增长着。有各种不同程度的情况。有的地方存在着右倾机会主义分子向党猖狂进攻的形势。必须按照具体情况，加以分析，把这种歪风邪气打下去。"[1]

8月27日，《人民日报》发表了八届八中全会的公报，认为"对于实现今年的继续跃进来说，当前的主要危险是在某些干部中滋长着右倾机会主义的思想"，"要求各级党委坚决批判和克服某些干部中的这种右倾机会主义的错误思想，坚持政治挂帅，充分发动群众，鼓足干劲，努力完成和超额完成今年的跃进计划"，[2]公开向全党全国发出了"反右倾"的号召。

为了推动"反右倾"运动的开展，《人民日报》《红旗》杂志还发表了一系列的社论。

9月1日，《人民日报》发表《"得不偿失"论可以休矣》的社论，对所谓"右倾机会主义分子"关于大炼钢铁的群众运动是"小资产阶级狂热性运动""得不偿失""有失无得"等言论进行批驳，说那些批评大炼钢铁不算经济账、不讲经济效益的人是"鼠目寸光"，只

---

[1]《建国以来毛泽东文稿》第八册，中共中央文献出版社1993年版，第438页。
[2]《中国共产党第八届中央委员会第八次全体会议的公报》，《人民日报》1959年8月27日。

算眼前账，不算长远账。社论认为，大炼钢铁的群众运动是一次宏伟的革命运动，是为了摆脱一穷二白面貌而进行的一次伟大斗争，对小高炉在一个时期内给予补贴是值得的。

一个星期后，《红旗》杂志发表题为《驳"国民经济比例失调"的谬论》的社论，不顾客观事实，硬说1958年重工业的发展，基本上保证了基本建设高速增长的需要，同基本建设的扩大也是相适应的，"以钢为纲"不是挤掉了其他部门，而是带动了其他部门。国民收入中积累和消费的比例关系基本上是适应的。

7月23日毛泽东发表讲话后，刘少奇曾主张将有关反右倾的决议只发到省一级，另搞一个继续纠"左"的决议发到县以下单位。他要胡乔木起草文件，胡感到不好写，对他说，是不是同毛泽东谈一下。当时，刘少奇很生气，说你写出来，我自然去谈。胡乔木感到，如果写出来，刘少奇也可能被牵涉到反右倾中去，就请彭真同刘少奇谈，最后决定不写反"左"的文件了。

庐山会议后，反右倾的决议逐步传达到全党，并在全国范围内展开了一场大规模的反右倾斗争。结果，使大批的敢于讲真话、敢于反映真实情况、敢于对弄虚作假现象提出批评的干部，被定性为右倾机会主义分子，受到错误的批判和组织处分。据1962年甄别平反时的统计，当时被列为重点批判对象、定为右倾机会主义分子的党员和干部，有365万人之多。

2. "五风"挫伤农民积极性

庐山会议后的"反右倾"运动造成的严重的后果是，它打断了第一次郑州会议以来的纠"左"进程，使"大跃进"和人民公社化运动中许多已被指出的、有待纠正的错误重新发展起来。在农村，人民公社的优越性再次被鼓吹到了无以复加的地步，各地纷纷撰写了一大批关于公社优越性的调查报告。在"巩固人民公社"的过程中，社员的自留地被收回，家庭副业被取消，解散了的食堂重新恢复。在不少地方，又开始搞由基本队有制到基本社有制的过渡，于是各式各样的"大办"一哄而起，与之相伴随的，是"共产风"等"五风"再度泛滥成灾。

1960年11月，湖北省沔阳县委给湖北省委写了一份关于整风整社试点情况的报告。在讲到"共产风"的严重危害时，报告说：

"'共产风'，从1958年下半年以来，虽然年年在处理，但始终没有停止，还是日复一日、年复一年地在刮，而且越来越严重。开始，只有县、公社、生产队刮，到后来，省、专两级也刮，社员和社员之间也刮。开始刮大的，如土地、房屋、资金、粮食等，到了后来，就像群众所说的，'见钱就要，见物就调，见屋就拆，见粮就挑'。"

"上边刮，下边也跟着刮，公私、你我都不分了。社员的房屋被拆毁，家具被拿走，自留地被没收，小杂粮被抄跑，'上至树梢，下至浮土'，什么东西都刮到了。"

"'共产风'把人们刮糊了，闹不清什么叫社会主义，认为'一拉平'，不分你我，就是社会主义。加上这两年生活比较困难，有些人就认为，共产党只喜欢穷不喜欢富，这真是天大的误解。"[1]

据中共广西区党委办公厅对邕宁县五塘公社的调查，在这个公社范围内的自治区、专区和县直属单位14个及公社直属企事业单位

---

[1] 中华人民共和国国家农业委员委员会办公厅：《农业集体化重要文件汇编（一九五八——一九八一）》，中共中央党校出版社1981年版，第393—394、396页。

21个，也没有一个不刮"共产风"的。被刮走的东西，有土地、劳力、农具、房屋、木料、砖瓦、小镰刀、资金等。全公社据不完全统计，被刮的有：土地1.17万亩，鱼塘316亩，劳动力651个，耕牛94头，马47匹，猪52头（7个队统计），鸡、鸭321只（3个队统计），房屋44间（3个队材料），砖9万块（4个队材料），木材7000多条，胶轮木车352架，粮食24万多斤，拆毁房屋235间（4个队材料）。

五塘公社的许多单位，是完全靠刮"共产风"起家的。这个公社1959年11月建立一个马车站，有马47匹，牛2头，车42架，53个人，全是从16个大队抽调上来的。因为这些家当是"共产风"不费吹灰之力刮来的，所以一点也不加以爱护，不到一年的时间，就只剩下29匹马，21架车，其余的马不是累死就是病死，马车则烂成废物了。

公社下面的大队刮社员的"共产风"也很厉害。如沙平大队提出"大办钢铁拆砖房，大办粮食拆泥房"的口号，仅1960年就拆房两次。3月间，炼油厂拆了4户社员18间砖房，只要好砖不要碎砖，油厂给了1000元补偿，全部被大队没收。9月间，为了消灭三类禾，大队拆毁51户社员房屋117间，其中17户被全部拆光。拆房仅是为了将房子的泥墙泥作为肥料，群众对此极为不满。[1]

河南许昌市榷涧人民公社自1958年公社化以来，大的"共产风"刮过3次，小的"共产风"刮过28次，群众说："'共产风'年年有，季季有，连续不断小高潮。"这个公社1958年下半年大炼钢铁、搞食堂化时刮了一次"共产风"；1959年下半年，在大办社有经济时

---

[1]《当代中国农业合作化》编辑室：《建国以来农业合作化史料汇编》，中共党史出版社1992年版，第690—691页。

又刮了一次；1960年春季搞"五化"（即机械化、电气化、水利化、化学化、绿化），再一次大刮"共产风"。

据统计，在历次"共产风"中，大队、生产队和社员被平调的物资有150多种，大的如土地、农具、机械、牲口、房屋，小的如铜钱、铜扣、妇女梳头用的铜卡子、老人吸烟用的铜烟袋嘴。平调的单位有省、专、县、公社、大队、生产队六级，从各级党政领导机关、各级企事业单位，直至农村小学都有平调。1958年公社修发电站，要求水潮店大队在一天之内送砖5万块，大队没有这么多的砖，只好扒社员的房子和拆过路桥才完成任务。1960年公社为了搞运输小铁轨，又将全社的20部水车砸毁铸成铁轨。

据后来整风整社时的估算，这几年来，这个公社各级被平调的物资折款1423287元，全社人均达37元，其中生产资料折款544295元，占38.2%；生活资料折款246491元，占17.3%；建筑材料286000元，占20%；劳动日折款296302元，占20.8%；家禽家畜折款50199元，占3.5%。在刮"共产风"的过程中，拆毁社员住房1257间，损坏各种树木52676棵，造成牲口死亡和丢失1894头，各种农具和家具丢失损坏46100件。[1]

河北安国县的博野公社（原博野县1958年并入安国县，1961年又设博野县）的"共产风"，也是从公社成立起就一直在刮，并从县刮到小队，层层都刮到了。平调的项目有土地、劳力、房屋、机器、工具、耕畜、粮食、树木，甚至盆、勺、碗、筷等。据后来整风整社时统计，全社共平调土地6515亩，劳力856个，房屋1018间，

---

[1]《许昌市榃涧人民公社关于贯彻中央十二条政策彻底纠正"五风"的初步总结》，1960年12月25日。

粮食99716斤，大牲畜120头，猪14620口，羊161只，机器30台，树木86450根，大小车322辆，砖瓦642729块，款33576元，大缸1767个，小家具9597件。[1]

由于上下都刮"共产风"，公私、你我不分，社员的房屋被拆毁，家具被拿走，自留地被没收，小杂粮被抄跑。尤其是第二次刮"共产风"时，1959年夏季分给社员的自留地，社员开荒得来的小块土地，以及房前屋后的零星土地，全都成了公共食堂的菜地；社员自养的猪、鸡、鸭等，刮进了公社的"万猪场""万鸡场"。与此同时，按劳分配吹了，多劳多得不管用了，农村的超支户越来越多，有的生产队竟户户超支。社员说："一年忙到头，汗水白白流，年终搞决算，落个癞痢头。"

在庐山会议后的第二次"大跃进"中，农村除了大刮"共产风"外，生产瞎指挥风、干部强迫命令风等问题也十分严重。

湖北省沔阳县通海口公社"生产瞎指挥的问题，严重到难以置信的地步"：

这个公社的干部，生怕把生产权力交下去，自己没事干，或者就会天下大乱，因而采取了统一指挥生产。怎么指挥？群众称之为"电气化"，就是靠电话。

公社统一派活，一道命令，全公社社员都得服从调动，不管这件事干完没干完，都要转去干新的。

在同一块田里，往往有半截苗高一尺，有半截苗低三寸，

---

[1] 中共保定市委：《关于安国博野公社整风整社试点工作情况向省委的第一次报告》，1960年11月12日。

有半截插上秧了，有半截是光板。这就是全社统一行动的结果，对此，群众称之为"一刀切"的领导方法。

有时公社一天得开几次电话会。晚上，见天欲下雨，电话会上布置明天插秧。清早起来，天却晴了，紧急的电话会又布置打麦子，社员丢下秧苗，来到场上，就又接到第三次调动的命令："土晒干了，应该除草灭茬。"对此，群众称之为"孙猴子"的领导方法。

活干完了，新的命令没有下来，社员催干部，干部说："别慌，待我去打电话问问。"有时候，电话失灵，一等半天。[1]

湖南省衡山县沙泉公社1960年为了实现"全部双季稻化"，竟将各小队的中稻种全部收到大队，已经浸了的种也要捞出来，结果使一些不能种双季稻的冷浸田也种上了双季稻。该公社的双全大队有30多亩冷浸田，以前种单季稻，亩产有600斤，改种双季稻，两季一共也只收了56斤，而每亩种子则花去了42斤。[2]

据中共吉林省委农村工作部的调查，吉林省海龙县曙光公社"在1960年从春到秋，特别是夏锄阶段，对生产的瞎指挥达到十分严重的程度"。在夏锄中，这个公社搞"大兵团作战"，有的是几个生产队的劳动力在一起，有的是全管理区劳动力集中起来，这样互相调来调去。有的管理区为了报进度、报成绩，把锄草变成"田间运动会"，

---

[1] 中华人民共和国国家农业委员会办公厅：《农业集体化重要文件汇编（一九五八——一九八一）》，中共中央党校出版社1981年版，第366页。
[2] 中共湖南省委衡山重点县工作队：《衡山县沙泉公社整风、整社的情况(第三次报告)》，1960年12月。

在田间每隔一百米插一红旗,所有的劳动力在地边站成一排,干部一声令下,就直冲向红旗,谁抢到的红旗多谁就是"英雄"。为了适应所谓"大兵团作战",这个公社的李炉管理区把八个生产队的食堂全部集中到田间,几百个人一起吃饭,每顿饭吃三四个小时也吃不完。连山管理区有十多公顷地种上了玉米,但公社要求非改种水田不可,结果减产2万多斤。宝山管理区只有三四公顷的水田,公社提出"旱田要给水田让路",晴天也不让锄旱田,等水田的草拔完了,旱田也荒了。[1]

吉林省吉林市郊区的九站公社大红土管理区,1960年夏将100多名男劳力集中在一起吃饭、睡觉、干活,家家户户都标号成为男女宿舍,搞吃饭一条龙,一顿饭就花两个多小时,100多个劳动力一天却只能锄30亩地。这个公社搞什么都强调统一行动,如要求水田插秧时旱田不见人,锄旱地时不让下菜田。秋收时要割哪块庄稼,一律平推,很多未成熟的插花地也被割倒了。播种也不是因地制宜,而是由公社统一安排。该公社的下洼子管理区地势低洼,却被分配种了840亩洋葱,光种子就花了10800元,而收入仅700元,群众说:"这样干,连老婆孩子都得赔进去。"[2]

"一平二调"的"共产风"和生产的瞎指挥,必然是通过强迫命令才能进行。有些素质不高的社队干部,动辄对社员加以停止吃饭、打骂等处罚。据中共湖南省委监察委员会1960年12月中一份材料透露,该省祁阳县1959年以来死亡2556人,其中与干部违法乱纪

---

[1] 中共吉林省委农村工作部工作组:《关于海龙县曙光人民公社党委整风情况的报告》,1961年3月25日。

[2] 中共吉林省工作组:《关于九站公社整风整社情况的报告》,1961年5月18日。

有关的 926 人，计打死烧死 56 人，逼死 102 人，饿死 216 人，折磨致死 554 人。

又据 1961 年春中央、省、地、县联合调查组对湖南湘潭县的调查，"大跃进"以来，这个县原作业组长以上干部 18097 人，打人的有 4021 人，占 22.3%，被打群众 34466 人。当场被打死的 52 人，打后死的 549 人，扣饭饿死的 400 人，打后自杀的 125 人，被打成残废的 332 人，打后流产的妇女 187 人，因被打和扣饭而外逃的 12676 人。

河南省长葛县和尚桥公社从 1957 年社会主义教育运动开始后，公社生产队以上的干部 1018 人中有 257 人打人骂人，占干部总数的 22%。被打伤的群众 145 人，残废的 11 人，逼死的 7 人，因打致死的 4 人，打跑了的 125 人。

湖北广济县花桥公社民政干事刘某，1958 年以来在罗培堂生产队主持"炒豆子"（即把被批斗者围在人群中反复推搡）16 次，"炒"了之后，又把社员抬起来往下掉，再让被"炒"的人站在一起，面对面地相互吐痰，吐完之后在冬天还要脱掉衣服，用手摸心，看是否变了"真心"，全生产队因此先后有 20 户社员被迫外逃。

这里列举的虽然都是极端的例子，但强迫命令风以及由此造成的对部分干部、社员的随意批斗，打骂体罚，停止吃饭等，绝非是个别现象。

庐山会议后，因为要进行各种"大办"，许多地方除了搞"一平二调"外，浮夸风和形式主义又再度盛行起来。湖南辰溪县 1959 年的粮食产量只有 1.6 亿斤，虚报为 2.6 亿斤，虚报 60%。1960 年全县栽红薯季节上报说已栽 6 万亩，结果过了两个月上级去检查，还只栽了3万亩。

干部的特殊化风也严重存在。湖南省祁阳县潘家村公社作业组长以上干部,一年之内大吃大喝的各种物资,折合金额达47374元,这在当时可不是一个小数目。河南省许昌县榆林桥公社高庄大队5个干部,1959年一年内吃夜饭用去面粉600斤,肉200多斤,粉条200多斤,白酒40多斤。黑龙江省双城县朝阳公社有专门的干部食堂,干部们经常在食堂喝牛奶,吃鸡蛋鲜鱼。1961年"五一"节,公社为了"改善干部生活",从大队调来一口猪杀了会餐。有些大队干部也不在食堂吃饭而另立小灶。这个公社的诚明大队党支部书记、副书记等人,从1959年至1960年,在一年多的时间里,吃掉白面4000斤,猪肉700斤,油300多斤,鸡蛋1200多个,白酒420斤。湖北沔阳县通海口公社1959年至1960年两年间,各级干部多吃多占有数可算的,有粮食36197斤,猪肉4178斤,鱼6859斤,油626斤,蛋431斤,多占群众粮票10941斤,社员形容干部多吃多占是"要鱼就打,要米就拿,要柴就拉,要菜就拔"。

3. 实无优越性的"大锅饭"

自1958年人民公社建立以来,各地还大办公共食堂,几乎全体社员都吃喝在食堂,在分配上搞所谓的工资制与供给制相结合,这实际上是变相在刮"共产风"。

1957年年底,全国农村掀起了大办农田水利建设的高潮,以此为标志,农村"大跃进"迅速展开。在这一过程中,一些大中型水利工程建设打破了社、乡的界限,集中众多的劳动力进行大兵团作战。随着钢铁指标的不断加码,大量的农村劳动力被投入到找矿、挖煤、砍树烧炭、修土铁路等与钢铁生产有关的工作中。在这种情况下,农村劳动力显得十分紧张。为了弥补劳动力的不足,客观上要求更多的农村妇女脱离家务劳动,投入生产第一线。于是,一些地方与减少家务劳动有关的公共食堂、托儿所(组)等相继办了起来。

在1958年的人民公社化过程中,河南有两个人民公社典型,一为遂平县嵖岈山卫星人民公社,一为新乡县七里营人民公社。前者制定了《嵖岈山卫星人民公社试行简章(草稿)》,其中第十七条规定:"公社要组织公共食堂、托儿所和缝纫小组,使妇女从家务劳动中解放出来。"[1] 后者出台的《七里营人民公社章程草案》第六十二条规定:"公社实行生活集体化,以生产单位建立全民食堂,并不断提高管理水平,使之日臻完善。"[2] 这两个人民公社当时的党报党刊曾大加宣传介绍,成为全国办人民公社的样板,各地的人民公社实际上是按照这两个章程,依样画瓢建立起来的。在大办人民公社的过程中,公共食堂也就如同雨后春笋般地涌现出来。

办公共食堂的做法也得到了中共中央的充分肯定。1958年8月北戴河政治局扩大会议通过了《中共中央关于在农村建立人民公社问题的决议》,明确规定:"公共食堂、幼儿园、托儿所、缝衣组、理发室、公共浴堂、幸福院、农业中学、红专学校等,把农民引向了更幸福的集体生活,进一步培养和锻炼着农民群众的集体主义思想。"[3] 这样,伴随着人民公社的高潮,公共食堂也就在全国迅速普及。到1958年10月底,全国农村共办公共食堂265万个。到1958年年底,

---

[1] 《建国以来重要文献选编》第十一册,中央文献出版社1995年版,第394页。
[2] 《七里营人民公社章程草案》,《农村工作通讯》1958年第11期。
[3] 《建国以来重要文献选编》第十一册,中央文献出版社1995年版,第447页。

全国农村共建立公共食堂 340 多万个,在食堂吃饭的人口占全国农村总人口的 90%。

公共食堂办起来以后,各地相继总结出了食堂的种种优越性或好处。1958 年 7 月 8 日,《人民日报》发表了《促进文明和集体主义思想成长,农业社办食堂一箭双雕》的通讯,介绍了湖南邵阳、桃源县及湖北公安县和福建安溪县部分农业社办公共食堂受到群众欢迎的情况,其中列举了公共食堂的八大好处,比如:吃饭时间一致了,社员出工开会不再因为互相等待而耽误时间;使妇女从家务劳动中解放出来;解决了单身汉无人做饭的问题;计划用粮,不吃过头粮,等等。这是中央级报刊上最早报道公共食堂优越性的文章。

1958 年第 7 期的《红旗》也发表了该社编辑李有九的《河南信阳来信》,对公共食堂的优越性大为赞扬:"一、解放妇女;二、节省劳动力;三、改善伙食,节省粮食;四、节省柴禾;五、节省灯油;六、节省家具;七、免得失火;八、免得家里吵嘴;九、好除四害;十、好监督二流子;十一、便于开会,便于领导;十二、好割资本主义尾巴。我觉得最大的好处是头一条和末一条。"

当时人们认为,举办公共食堂,使家务劳动社会化和生活集体化,不但适合于集体生产劳动,而且由于家庭生活诸如育儿、养老之事,都变成了公共事业,这就大大地削弱乃至逐渐根除家庭私有观念,克服并防止资本主义思想的滋长,从而巩固社会主义思想并加速共产主义精神的培养。因为社员吃喝在公共食堂,不仅粮食交给了食堂,而且自留地、家庭副业也上缴给集体了,这样,家庭私有制也就彻底瓦解了。不但如此,公共食堂建立起来了,托儿所、幼儿园也建立起来了,中小学生实行集体住校集体就餐,少年儿童也过上了集体生活,这样就容易使他们的集体主义习惯和共产主义品质成长起来,从而培养出共产主义全新的人。[1]

人民公社建立后,在分配方式上,实行所谓工资制与供给制相结合。嵖岈山卫星人民公社简章第十五条说:"在粮食生产高度发展、全体社员一致同意的条件下,实行粮食供给制。全体社员,不论家中劳动力多少,都可以按照国家规定的粮食供应标准,按家庭人口得到免费的粮食供应。"[2]七里营人民公社章程第二十二条关于供给制的内容是:"在保证满足公社全体人员基本生活需要的基础上,实行按劳分配的定级工资制。即从全年总收入中首先扣除税金、生产费用、公共积累,然后再由公社统一核定标准,扣除全社人员基本生活费用(包括吃饭、穿衣、住房、生育、教育、医疗、婚丧等一切开支),实行按劳评级按级定工资加奖励的分配办法。"[3]

人民公社推行的供给制,当时有三种类型。一种是粮食供给制,这是各地普遍推行的方式,其办法是在公社预定分配给社员个人的消费基金中,口粮部分按国家规定的留粮指标,统一拨给公共食堂,社员无代价地到公共食堂用饭,菜金和副食品部分仍由社员出钱负担。嵖岈山卫星人民公社实行的就是这种供给制。如果将副食品也包括在供给的范围之内,就变成了第二种类型,即伙食供给制。第三种类型是基本生活供给制,如七里营人民公社的供给范围包括伙食、衣服、住房等十六项内容,简称"十六包",当然也有"八包"、"十包"的。

---

[1] 杜任之:《我国农民生活大变样——略论家务劳动社会化和集体化》,《新建设》1958年第10期。
[2] 《建国以来重要文献选编》第十一册,中央文献出版社1995年版,第394页。
[3] 《建国以来农业合作化史料汇编》,中共党史出版社1992年版,第487页。

北戴河会议通过的《中共中央关于在农村建立人民公社问题的决议》中，虽然仍规定："人民公社建成以后，也不必忙于改变原有的分配制度，以免对生产发生不利的影响。"同时表示，在条件成熟的地方可以改行工资制，在条件不成熟的地方，仍旧实行按劳动日计酬的制度，在条件成熟后再加以改变。[1]但是，这个文件的倾向性是十分明显的，即提倡和鼓励实行供给制的办法，只是要看条件。可是，当年不论干什么都鼓吹打破条件论，甚至提出"不怕做不到，就怕想不到"，北戴河会议后，各地便不论条件成熟与否，争先恐后地推广起供给制来。

当时，党内、党外，干部、群众，都存在急于实现共产主义的心理。要实现共产主义，一则需要丰富的物质条件，二则需要共产主义的思想觉悟。"大跃进"过程中盛行的说大话、浮夸风，使相当多的人认为，第一个条件已经不成问题。对于共产主义思想觉悟，除进行宣传教育外，可通过改变人们的生活习惯和分配方式来解决。中共河北省委宣传部关于农村人民公社实行半供给制半工资制问题的宣传提纲中，对供给制概括了十大好处，其中第一条是有利于巩固人民公社，巩固生活集体化，有利于最后消灭私有制度的残余；第三条是有利于培养人们集体劳动、共同幸福的共产主义、集体主义精神，培养人们为大公、爱大公，为集体、爱集体，我为人人，人人为我的高尚的共产主义道德品质。[2]如此一来，供给制就自然成了分配方面向共产主义社会过渡的理想形式。

---

[1]《建国以来重要文献选编》第十一册，中央文献出版社1995年版，第450页。
[2]《中共河北省委宣传部关于农村人民公社实行半供给制问题的宣传提纲》，《河北日报》1958年10月7日。

二、"反右倾"反出严重困难　71

山东掖县先锋人民公社把公共食堂办到了田间地头（王复遵摄，《人民画报》1958年第12期）

公共食堂与供给制的种种"好处"或"优越性"，今天看来大多是想当然地总结出来的。前者使亿万农民吃着名副其实的大锅饭，不但造成了粮食、劳力、燃料等的极大浪费，而且实际上限制了社员的吃饭自由；后者是在分配上搞彻底的平均主义，由于人民公社成立后一切都"大办"，实行高积累，加之公社底子薄，实际上并无工资可发，分配上真正起作用的是供给制，这就严重地挫伤了广大社员生产劳动的积极性。

人民公社化后不久，公共食堂和供给制的弊端暴露出来。在庐山会议前纠"左"的过程中，在公共食堂问题上有所松动，强调食堂应坚持自愿参加、积极办好的原则，许多地方相继解散了公共食堂。至于供给制，则仍在勉强维持。

云南省丽江县玉龙人民公社黄山大队的公共食堂（安彤摄，《民族画报》1959 年第 1 期）

在庐山会议后的反右倾过程中，维持公共食堂与供给制再次被上升到"社会主义阵地"的高度。

1959 年 9 月 20 日，《人民日报》转发了《中国妇女》杂志的专论《办得对，办得好，办得适时》，其中说：在人民公社化运动中，"食堂遍及各个农村，入食堂农户达到 90% 以上。其他各种生活福利事业都有很大发展。请问右倾机会主义者，像这样几亿人民的群众运动，如果没有客观需要，不是群众要求，哪一个人能够下一个命令就办起来了呢？哪一个人能够一阵风吹起来呢？恰恰相反，这种顺乎天理，应乎人情，适乎潮流，合乎需要的东西，你们要想吹垮也是不可能的。""集体生活福利事业所以垮不了，正说明它是合乎历史要求，合乎群众需要。不是办早了，办快了，办多了，而是办得适时，办得对，办得好，今后还要努力更加办好。"

9月22日,《人民日报》发表《公共食堂前途无量》的社论。社论一开头就如是说：1958年中国出了许多新鲜事情,公共食堂在广大农村普遍建立就是其中的一桩。社论在论证了公共食堂的若干"优越性"后说,公共食堂是一件"令人高兴的大喜事",而"那些机会主义分子,口口声声讲群众利益,甚至讲共产主义,可是对于这件解放妇女劳动力,促进家务社会化的事业不但没有鼓掌欢迎,热烈支持,却在一旁大肆攻击。这些资产阶级和小资产阶级的代言人,尽管也自称为共产主义者,何尝有半点共产主义气味"。

庐山会议后全党"反右倾"的过程中,一些原来支持解散食堂的干部被打成"右倾机会主义分子",党员干部为形势所迫,只得不遗余力地大办公共食堂。农民们对加入食堂并不情愿,但经不住所谓大辩论,谁也不敢戴上"走资本主义道路""破坏人民公社"的大帽子,而且所谓粮食分配到户,仅是把指标分到户,实物却放在食堂,也就不得不去食堂吃饭。因此,在"反右倾"的强大政治攻势下,一度散伙的公共食堂又相继恢复。至1959年年底,全国农村已办公共食堂391.9万个,参加食堂吃饭的约4亿人,占人民公社总人数的72.6%。

4. 竭泽而渔的高征购

由于大刮"共产风"等"五风",加之公共食堂限制了吃饭自由,供给制是典型的平均主义,极大地挫伤了广大农民的生产积极性,而1959年以来部分地区自然灾害又较来为严重,因此,从1959年起,我国粮食产量连续三年下降,农民生活异常艰难。

1958年经过南宁会议和成都会议对反冒进的批评,以高指标为特征的"大跃进"在农业生产领域全面启动。一些所谓高产典型也不断涌现,时称放"卫星"。当时,全国上上下下对这年粮食的超正常"增产"深信不疑。这年8月北戴河会议结束时,新华社发表的新闻稿正式向全世界乐观地宣布:1958年农业生产的"大跃进",将使中国粮食作物的总产量达到6000亿斤至7000亿斤,比1957年增产60%至90%,全国每人占有粮食的平均数将达到1000斤左右。[1] 9月30日,新华社再次发布消息:"小麦、水稻和早秋

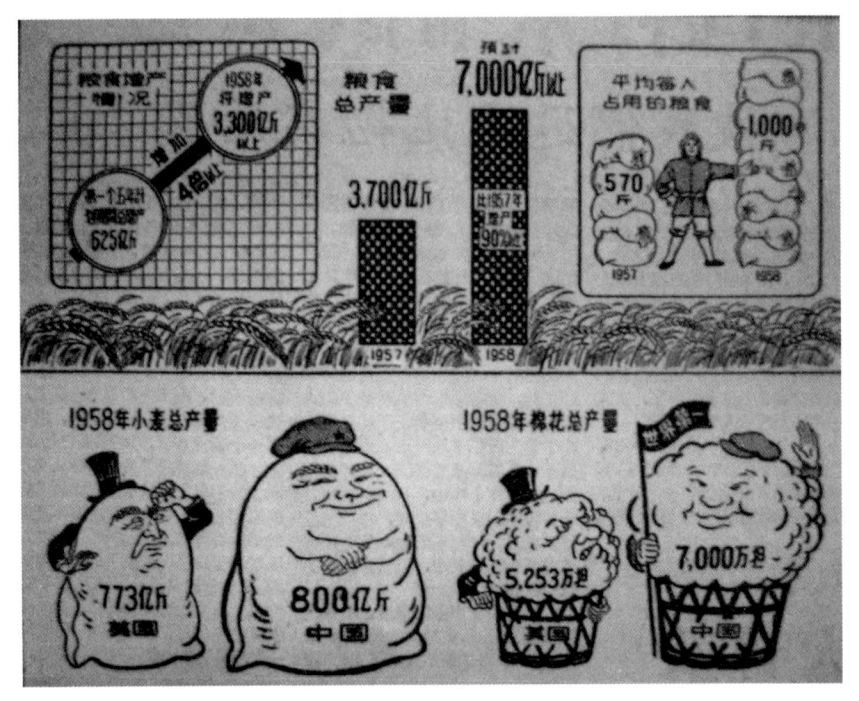

当年《人民日报》发表的中美1958年粮棉产量对比图

---

[1]《中共中央政治局扩大会议提出今年宏伟目标,为生产一千零七十万吨钢而奋斗》,《人民日报》1958年9月1日。

玉米等夏秋粮食作物已经普遍丰收，不久即将收获的薯类作物和南方晚稻、北方晚秋也呈现一片丰收景象，今年我国粮食获得了全面的大丰收，总产量将达到7000亿斤以上的空前纪录。这比1957年的粮食总产量（3700亿斤），跃进增产了一倍左右。"[1]根据国家统计局后来的核实，1958年的粮食总产量实际只有4000亿斤。

在1958年所谓粮食"大丰收"的基础上，1959年4月召开的第二届全国人大第一次会议批准了国务院提交的1959年度国民经济计划。该计划提出："一九五九年发展农业的任务，是用最大的努力，争取粮食产量跃进到一万零五百亿斤，棉花产量跃进到一亿担，提前实现全国农业发展纲要关于粮棉增产的要求，并且使各类经济作物和林业、畜牧业、副业、渔业都得到普遍的发展。"[2]这个粮食产量计划数字比1958年公布的粮食总产量增长40%，比1958年的实际粮食产量增长两倍多。

这自然是一个无法完成的计划。后来有关部门意识到了这一点，对这个过高的计划作了调整。1959年8月，第二届全国人大常委会第五次会议同意了国务院关于调整1959年国民经济计划主要指标和开展增产节约运动的报告，批准1959年的粮食产量计划为在1958年核实产量（即4000亿斤）的基础上增产10%。实际上，1959年的粮食总产量仅3400亿斤，比1958年核实的产量减少了600亿斤，减幅达15%。

造成1959年粮食大幅度减产的一个重要原因，是粮食播种面积的减少。

---

[1]《五亿农民高举粮食帅旗，一年实现十年增产指标》，《人民日报》1958年10月1日。
[2]《建国以来重要文献选编》第十二册，中央文献出版社1996年版，第245页。

表一　1958年至1962年的粮食作物播种面积（单位：万亩）[1]

年份	总播种面积	粮食作物播种面积	占总播种面积的百分比	比上年增减面积
1958	227992	191420	84.0	−9030
1959	213607	174034	81.5	−17386
1960	225863	183644	81.3	+9610
1961	214821	182165	84.8	−1479
1962	210343	182431	86.7	+266

1959年的播种面积之所以比1958年减少了17386万亩，原因就在于1958年高产"卫星"造成了从此可以少种多收的假象。既然一亩地的产量由原来的几百斤变成几千斤甚至上万斤，自然没有必要种那么多的地。毛泽东在北戴河会议上提出，现在全国平均每人三亩地，苦战三年之后，土地的观念要改变，种那样多的地干什么？将来可以拿三分之一的土地种树，然后过几年再缩一亩。[2] 1958年9月，刘少奇视察江苏城乡。在同淮阴地委领导人座谈时，刘少奇说："我在河北、河南视察的时候，有些县委书记认为少种多收比广种薄收要节省得多，应该把丰产田的经验推广，集中使用人力和物力来种好用地。这样再过几年，就可以用1/3的地种粮食，1/3种树，1/3休闲。"[3]

1958年12月召开的八届六中全会为此在决议中郑重表示："过

---

[1] 中华人民共和国农业部计划司：《中国农村经济统计大全（1949—1986）》，农业出版社1989年版，第130、147页。

[2] 李锐：《大跃进亲历记》下，南方出版社1999年版，第94页。

[3] 《少奇同志视察江苏城乡，对工业、农业、教育和劳动制度等工作提出重要意见》，《人民日报》1958年9月30日。

去人们经常忧愁我们的人口多、耕地少。但是一九五八年农业大丰产的事实,把这种论断推翻了。只要认真推广深耕细作、分层施肥、合理密植而获得极其大量的高额丰产的经验,耕地就不是少了,而是多了,人口就不是多了,而是感到劳动力不足了。这将是一个极大的变化。应当争取在若干年内,根据地方条件,把现有种农作物的耕地面积逐步缩减到例如三分之一左右,而以其余的一部分土地实行轮休、种牧草、肥田草,另一部分土地植树造林,挖湖蓄水,在平地、山上和水面都可以大种其万紫千红的观赏植物,实行大地园林化。""这是一个可以实现的伟大理想,全国农村中的人民公社都应当为此而努力。"[1]

正因为这个"伟大理想"被认为是可以实现的,在当年"大跃进"的特殊背景下,"少种、高产、多收"成了粮食生产的重要方针,理由是:"实行这种少种、高产、多收的耕作制度之后,不但可以腾出部分土地加速绿化,而且可以节省出部分劳动力投入工业和其他方面的生产建设"。[2]所以1959年的播种面积比1958年减少了8%,按1959年平均每亩产量186斤计算,1959年减少的播种面积等于减少粮食340多亿斤。

1960年4月二届全国人大二次会议批准的1960年粮食计划,是在1959年实产的基础上增长10%,即达到3740亿斤。但这个增产计划仍未能实现,这年粮食产量仅为2870亿斤,不但未能增产,反而又比上年减少了15.6%,降到1958年至1962年几年间粮食产量的最低点。

---

[1]《建国以来重要文献选编》第十一册,中央文献出版社1995年版,第609页。
[2]《农业生产上的一个革命措施》,《人民日报》1958年10月24日社论。

表二 1958年至1962年的粮食作物产量[1]

年份	总播种面积（万亩）	平均亩产（公斤）	总产量（万吨）	总产量比上年增减百分比（％）
1958	191420	105	20000	2.5
1959	174034	98	17000	−15.0
1960	183644	78	14350	−15.6
1961	182165	81	14750	2.8
1962	182431	88	16000	8.5

粮食单产的下降也是造成这几年粮食总产量减少的一个原因。1960年比1958年平均每亩减产54斤，按1960年总播种面积193644万亩计算，减少产量达990亿斤。

表三 1958年至1962年全国主要粮食作物及平均亩产量（单位：公斤）[2]

年份	平均亩产	比上年增减	稻谷	比上年增减	小麦	比上年增减
1958	105	+7	171	−9	59	+2
1959	98	−7	160	−11	63	+4
1960	78	−20	134	−26	54	−9
1961	81	+3	149	+15	41	−13
1962	88	+7	162	+13	46	+5

单产下降的原因，除了自然灾害、农民生产积极性受挫的因素外，也与对土地的投入不够、牲畜和肥料的减少有关。

1957年年底全国牲畜总计为6361.2万头，1958年为5906.9万头，

---

[1]《中国农村经济统计大全（1949—1986）》，农业出版社1989年版，第146—147页。
[2]《中国农村经济统计大全（1949—1986）》，农业出版社1989年版，第150、152页。

1960年减少到5744.3万头，1961年再减至5500.5万头。[1]虽然耕畜总量较之1957年减少不是很多，但由于粮食的减产致使饲料不足，牲畜掉膘严重，畜力下降。当年农业生产施用的肥料主要是有机肥，化肥施用量不大。据统计，1958年至1962年的化肥施用量分别为270.8万吨、253.3万吨、316.4万吨、224.2万吨、310.5万吨。[2]以化肥施用量最大的1960年为例，这年全国总播种面积为225863万亩，平均每亩化肥施用量为2.4斤。当时，就大多数地方而言，农作物主要施有机肥，而养猪又是农村有机肥的一个重要来源。1958年至1961年，全国的生猪存栏数也是连年下降。1958年年末，全国生猪存栏数为13828.9万头，1959年年末为12041.6万头，1960年下降到8226.5万头，1961年再降到7552万头。[3]

1958年的所谓粮食大丰收，还给人们造成一种错觉，认为中国的粮食问题已经解决，今后重点是发展工业，提出要大办工业，从中央到地方，一大批的工业和基本建设项目纷纷上马，致使大量的青壮年劳动力脱离农业生产第一线。在1958年至1960年3年间，共增加职工2800万人，其中来自农村的有近2000万人。这样一来，人民公社直接用于农业生产特别是粮食生产的劳动力大为减少。根据典型调查，1957年全国农业生产第一线劳动力有1.53亿人，到1960年上半年只有1.2亿人，减少了3300万人。农业生产第一线的劳动力减少，除了工业部门招工过多外，公社内部非农业战线过长和国家调用民工过多也是重要原因。农村从事非农业第一线的劳动

---

[1]《中国农村经济统计大全（1949—1986）》，农业出版社1989年版，第246页。
[2]《中国农村经济统计大全（1949—1986）》，农业出版社1989年版，第340页。
[3]《中国农村经济统计大全（1949—1986）》，农业出版社1989年版，第244页。

力，1957年为3700万人，1960年上半年增加到8900万人。此外，1958年到1960年的3年间，国家调用民工的数量经常保持在1000万人次以上。

由于非农业人口迅速增加，而1959年以后粮食产量又连续下降，国家为了保证城镇居民基本的粮食供应，不得不对农民生产的粮食实行高量征购。

据粮食部门的估算，1959年全国需要4300亿斤原粮才能保证粮食消费的基本需要。这笔账是这样算的（一律以原粮计算）：（一）农村口粮，全国平均每人按440斤计算，5.7亿农民需要口粮2508亿斤；（二）种子，每亩平均按20斤计算，20亿亩粮食播种面积需要400亿斤；（三）猪饲料，每头平均100斤计算，2亿头猪需要饲料200亿斤；（四）大家畜饲料，每头按300斤计算，1亿头牲畜需要饲料300亿斤；（五）城市销售510亿斤贸易粮食，折合原粮600亿斤；（六）出口85亿斤贸易粮，折合原粮100亿斤；（七）增加国家周转库存170亿斤贸易粮，折合原粮200亿斤；（八）军粮15亿斤贸易粮，折合原粮17亿斤。以上八项需要原粮4325亿斤。如果1959年粮食产量能达到5000亿斤，这样计算下来还余675亿斤。这部分粮食留在农村，在完成了全年国家征购任务，并且把产量查实以后，就可以用来增加口粮、饮料和副业用粮，并适当搞一点储备。[1]

然而，1959年的粮食总产量实际只有3400亿斤，比庐山会议预计的5000亿斤少了1600亿斤。结果，这年的征购率高达39.6%。1960年，全国粮食总产量进一步下降，仅为2870亿斤，而1960年

---

[1]《陈国栋同志关于1959—1960年度粮食分配和粮食收支计划调整意见的报告》，1959年7月4日。

度全国共征购粮食1021亿斤，虽然征购量比上年度有所减少，但由于粮食总产量的下降，这年的征购率仍高达35.6%。

5. 难以想象的严重困难

在粮食产量大幅度下降的情况下，如此高的征购率，使农村留粮大为减少。在完成国家征购任务之后，农民连基本口粮都难以保证。1960年，全国农村共留粮1849亿斤，平均每个农业人口仅有176公斤，比1957年减少37.1%。当然，如果单纯看这个平均数，似乎人均粮食占有量仍不低，每个农业人口每天有将近1市斤的粮食，但这里的农村人均粮食中，包括种子、饲料用粮等。

据河北省3.5万多个生产队1960年4月的统计，社员平均吃粮水平达到1斤（以16两为1斤，下同）以上的有7759个，占21.7%，12两以上1斤以下的有21292个队，占59.6%；半斤以上12两以下的有5316个队，占14.9%；不到半斤的有1346个，占3.8%；最少的只吃3.4两。这个3.4两是什么概念，相当于今天的2.5—3两。[1]

到1960年冬，河北农村的吃粮标准被进一步降低。这年11月，宣化市农村人均每天粮食消费只有5.4两。其中，3—4两的有109个食堂22565人，4—5两的有805食堂139316人，5—6两的286个食堂61780人。徐水县老河头公社（今属安新县）截至1960年11月17日，全社的132个食堂中，吃5两的共有76个食堂，6两的31个食堂，6两以上的25个食堂。全公社存粮仅有2467333斤，这点粮食就是全社至1961年6月夏收前的口粮。按此计算，到1961

---

[1] 中共河北省委农村工作部：《关于农村人民公社生活安排情况的报告》，1960年4月29日。

年6月底，每人每天平均只有3.2两粮。其中1两以下的有6个队，1—2两的有13个队，2—3两的有6个队，3—4两的有11个队，4—5两的有5个队，5—6两的有1个队，6—7两的有3个队，7两以上的有2个队。

河南叶县旧县公社的老鸦张管理区1959年受灾较重，全年粮食除完成征购任务外，口粮本来就不足，加之管理不善，用粮没有计划，以至这年11月起就开始缺粮。缺粮之初，由于干菜、蔬菜较多，生活尚能勉强维持。到了1960年2月，干蔬菜吃完，粮食更缺，在全管理区的7个大队中，5个大队有8天平均每人每天吃二三两豆子，有9天每天吃二两谷子，其余的时间大部分也是每天吃4两粮，最多吃到6两。粮食不够，群众只得找雁屎、树皮、青苗、坏红薯充饥。

粮食的极度匮乏，营养的不足，加上劳累过度，致使第二次大办公共食堂不久，全国农村出现了严重人口外逃、浮肿病和非正常死亡。

1960年2月18日，河北省委向中共中央报告说：到1960年2月15日，全省有44个县、235个公社、5600多个村庄（约占全省村庄的10%），发现浮肿病人5.9万多人，已病故450多人。其中唐山地区最为严重，仅玉田、宝坻两个县就发现浮肿病人1.9万多人，保定、石家庄地区发现的浮肿病人也在万人以上。[1]

1960年冬，河北省曲周县80%的生产队每人每天只能吃到4两粮食、2两代食品，这还算好的。据河北省生活福利办公室给省生

---

[1]《河北省委关于防治浮肿病情况的报告》，1960年2月18日。

活领导小组的报告中说，静海县子牙公社的大黄庄、东坛头管理区的 64 个食堂，已停伙的有 18 个，粮食已发给群众，食堂只给干粮的有 7 个，时开时停的 3 个，一天只开一顿饭的 32 个。

由于食堂办得不好，这些队人口死亡和发病情况严重。大黄庄管理区 8 个生产队中，有较重浮肿病人 119 人，轻度浮肿病人 74 人，伤寒 36 人，子宫下垂 2 人，其他疾病 129 人，共计患病人数为 360 人，占 8 个队总人口的 6.9%。仅 1960 年 12 月 29 日至 1961 年 1 月 4 日一个星期，就死亡 30 人。静海县城关公社八里庄生产队，有 1285 人，5 个食堂，这里的物质条件还是比较好的。1960 年 12 月底，全队贮存了 12 万斤白菜，17 多万斤萝卜，人均蔬菜 228 斤，以每人每天 2 斤计，可吃到 4 月末，按国家核定的统销指标，1、2 月份有粮 5 两，3、4 月有粮 6 两。可就是这个生产队，仅 1960 年 11 月 23 日至 1961 年 1 月 14 日，死亡 30 人，占总人口的 2.39%。大多数家庭有浮肿病人，其中有一个生产小队 68 户，家有浮肿病人的 64 户。

1961 年 3 月底，中共河南新乡地委在给省委的报告中说，尽管开展了整风整社运动，生活方面采取了紧急措施，但全地区 2 月份每日平均死亡人数仍有 420 名，比 1 月份每日平均 562 名下降了 25.2%。全地区尚有 9000 万斤的粮食缺口。尤为严重的是全地区 48% 的食堂没有菜吃，31.8% 的食堂只能吃到 3 月底。滑县从 1960 年 11 月至 1961 年 1 月 13 日，全县共死亡 2872 人，并有各种病人 37656 人，严重的有六种病：浮肿、腹泻、瘫痪、心脏、干瘦、胃病。有的食堂一个多月的时间全吃红薯干，没有一点细粮，也没有菜。该县白道口公社一个大队，有 1393 人，病号 600 余人，1960 年 12 月死亡 17 人，1960 年 1 月 13 日一天就死亡 9 人。

河南长葛县的周庄大队本是个老红旗单位,全大队共有399户,1551口人。该大队的白庄生产队有230口人,1960年春天粮食紧张时吃草根、树皮、麦苗,1961年春天则吃榆树皮、皮绳头、杂草、白菜疙瘩、柿子疙瘩,群众因此面黄肌瘦,身体虚弱,不能维持生产。1960年春天以来,全大队共死亡58人,其中老人8人,病死29人,因粮食不够饥饿而死者16人,其他原因死亡5人。1960年8、9月情况最严重时,这个大队的食堂一天吃一顿饭,全队得浮肿病者不下40%,35名适龄生育妇女中,因营养不良有31人闭经。

河南偃城县老棗公社宋庄大队有6个生产队,634户,3003人,从1960年1月初至5月中旬,发生浮肿病人451人,占总人口的15.02%,其中病情严重的378人,死亡259人。在死亡人数中,由于营养不良发生浮肿病而死的105人,占总人口的3.5%;过去患有各种疾病,加之生活不好、营养不良而死者101人,占总人口的3.36%。这个大队因生活问题不到年龄而出嫁的少女有10人,因丈夫死亡改嫁的妇女27人,送出小孩9人,外流劳力58个。

河南鲁山县瓦屋公社刘相公庄大队有245户,1524人,1960年1月至4月20日这100天的时间里,全队共有各种病人787人,其中2月份发病人数最多,达377人,占总人数的47.9%。在患病的人当中,有浮肿病人459人,占病人总数的58.4%。病人当中,未治或未治好而死亡的有198人,占原有人口的13%。

河南省信阳地区是全国最早实现人民公社化和食堂化的地方之一,风光一时的嵖岈山卫星人民公社就在信阳下辖的遂平县境内(遂平今属驻马店市)。信阳也是三年困难时期情况最为严重的地区之一。由于天灾加上严重的人祸,信阳的生产连年下滑,粮食大幅度减产。1959年6月至1960年6月，遂平县嵖岈山卫星人民公社就饿死2762人，打死398人，逼死148人，冻死105人，其他原因死亡192人；1960年6月至1961年1月，死亡282人。从1959年6月至1961年1月一年多的时间里，这个公社共死亡4887人，占总人口40929人的12%。[1]

山东即墨县七级公社湍湾大队从1960年1月至5月，共死亡159人，占总人口的5.19%；外流200人，占总人口的6.25%；浮肿病380人，占总人口的12.3%；牲畜死亡86头，占42%。在得浮肿病的人员中，属病理性浮肿的17人，占发病人数的4.5%；属营养性浮肿的363人，占95.5%。在死亡的159人中，除了因疾病死亡者外，多数是因为浮肿，或因浮肿引发其他疾病，或生活困难家庭不和，或家人侵占本人粮食自己外出讨饭饿死等。[2]

据四川资中县卫生科的统计，该县龙结区在1960年11月下旬有浮肿病人4899人，占全区总人口的5.4%。据对白鹤、顺河、龙结、球溪四个公社所属的10个食堂280名经期妇女的调查，停经的167人，占59%。又据四川省委查检组对该县1138个食堂共361379人中的调查，共死亡27502人，死亡率7.07%，个别落后的生产小队，死亡率高达百分之二十几、百分之三十。该县的公民区从1960年1月至12月10日，非正常死亡的人口占全区人口的9.9%。张家公社检查组调查了16个大队81个食堂，共有人口13288人，这年1

---

[1] 贾艳敏：《大跃进时期乡村政治的典型——河南嵖岈山卫星人民公社研究》，知识产权出版社2006年版，第231页。
[2] 《中共山东省委印发即墨县七级人民公社湍湾大队人口死亡情况的两个调查报告》（1960年8月3日），《山东省农业合作化史》编辑委员会：《山东省农业合作化史料集》上册，山东人民出版社1989年版，第388—340页。

月至 11 月的死亡率占被调查人口的 11.1%。该县天竺公社二大队三小队食堂，1960 年 3、4 月时，由于断粮，有几天只烧一锅盐开水，由社员自己挖花猪草、马草等野菜充饥。另一个有 140 人吃饭的食堂，每天只煮 8 斤小麦、两斤油桔，这样连续吃了十多天。

四川省潼南县的塘坝、三汇两区，有 1600 多户社员吃观音土，其中的长兴、复兴公社的个别生产队和作业组，几乎百分之百的户挖吃观音土。复兴公社第三大队有 307 户，1337 人，吃观音土的有 154 户，占总户数的 46%，该大队第五生产队 69 户社员，就有 52 户吃观音土。不吃观音土的，则吃树皮、树根、野菜、野草。吃了这些东西后，大部分人发生头痛、肚胀、大便结燥。

1961 年 3 月，胡乔木率中央调查组到毛泽东的家乡韶山调查，邻近的湘乡县龙洞公社的谷阳、城前、平里等大队的群众，纷纷到韶山找工作组反映这几个大队死人严重的情况。湖南省委得知后，立即电告湘乡县委查明情况后报告中央工作组。湘乡县委旋即派监委副书记率工作组进驻龙洞公社调查。4 月 12 日，湘乡县委向中央调查组报告说：这三个大队由 1958 年 9 月建立公社时的 5851 人降至 5254 人，此间死亡 707 人，死亡率为 12%。4 月 13 日，胡乔木到湘乡陈赓公社的四个大队进行了访问调查，并听取了县委关于三年来病人、死人情况的汇报。4 月 14 日，胡乔木在写给毛泽东的信中说："去湘乡楠香大队、七星大队、水底大队、石江大队看了一下，情况也很严重。楠香和石江大队，三年来死亡率都在 20% 左右。据县委说，全县三年来死亡三万人，去年死亡二万人，全县病人去年底达七万人，现已减至一万余。"[1]

---

[1] 转引自中共湘乡市委党史联络组等：《中共湘乡地方史（1949—2002）》，中共党史出版社 2004 年版，第 160 页。

上面列举的，或许是极端的个别现象。但是，有一点是可以肯定的，庐山会议后的第二次大办公共食堂的过程中，各地食堂的口粮标准是一再降低，有的已低至生命承受力的极限。连一向供应比较好的广东，1959年至1960年，农村普遍一个月一人吃不到10斤原粮，不少地方一人一天只有三四两米，肉、油基本见不到，青菜也少。吃糠、蕉苋、甘蔗渣、红薯藤的事，到处都有发生。由于口粮不足，营养不良，广东全省农村出现了不少的浮肿病人。1960年4月20日，广东省民政厅统计全省浮肿病人达127821人。最严重时，据广东农业办公室不完全的统计，全省浮肿病人在80万人以上。1960年年底，广东农业办公室对31个县市不完全统计，死亡人数占总人口的2.25％，大大超过了正常年份。

就全国而言，1960年人口死亡率为2.543％，出生率为2.086％，这年的全国人口自然增长率为－0.457％。1959年至1961年三年全国共有多少人因饥荒而浮肿自然无法统计，非正常死亡也一直缺少准确的统计数字。下面是1954年至1961年全国人口的统计情况：

年份	总人口（万人）	出生率（‰）	死亡率（‰）	自然增长率（‰）
1954	60266	37.97	13.18	24.79
1955	61465	32.60	12.28	20.32
1956	62828	31.90	11.40	20.50
1957	64633	34.03	10.80	23.23
1958	65994	29.22	11.98	17.24
1959	67207	24.78	14.59	10.19
1960	66207	20.86	25.43	－4.57
1961	65859	18.02	14.24	3.78

从上表中可以看出，1954年至1957年的四年间，全国总人口增加了4437万人，平均每年增加1109.25万人。1958至1961年的四年间，总人口不但没有增加，反而减少了105万人，平均每年减少了26.25万人。也就是说，如果按照正常年份，这四年间增加的人口也应该大致在4000万，而实际结果是，总人口非但没有增加，反而减少了100多万人。

三、毛泽东号召调查研究

1. 紧急指示信十二条

面对农村因粮食短缺而造成的农民生活极度困难，全党上下采取了一系列克服困难的措施。

1960年5月15日，中共中央发出《关于在农村中开展"三反"运动的指示》，要求在农村中开展反贪污、反浪费、反官僚主义的运动，以普遍地提高干部的政治思想水平，改善其工作作风，进一步密切党和广大群众的关系，同时对隐藏在干部队伍中的坏分子加以清理，以纯洁组织。

同一天，中共中央还发出《关于农村人民公社分配工作的指示》，要求人民公社正确处理国家、集体、个人的关系，正确处理积累和消费的关系，年终分配在春季前一律结束，不拖尾巴。这个指示一方面仍肯定工资制与供给制相结合的分配制度，是人民公社化运动中的一个创造，但也强调供给部分一般应不少于30%，也不要多于40%，要通过搞好分配工作来促进生产的发展。

8月10日，中共中央又发出《关于全党动手　大办农业　大办粮食的指示》，要求全党全民，一致努力，大办农业，大办粮食，要坚决从各方面挤出一切可能挤出的劳动力,充实农业战线,首先是粮食生产战线,保证在农忙季节参加农业生产的,至少达到农村劳动力总数的80%以上,并且搞好秋田管理,力争秋季丰收,特别是粮食丰收。在搞好粮食生产的基础上,把粮食管好、用好,安排好人民生活。口粮标准必须从低,其他消费标准也必须从低。同时,大搞瓜菜,大搞副食品,大搞代食品和代用品(简称"瓜菜代")。

然而,农村的紧张形势并未因这些指示的发出而迅速好转。1960年9月,中共中央在下发给各省、市、自治区党委的一份指示中说:"山东某些地方在麦收以后,肿病、非正常死亡和人口外流的现象还在继续发生,偷青吃青现象很严重","夏粮估产偏高、留粮不足、偷青吃青、人口外流的现象,在河南、山西、安徽、江苏等省也有发生,浮肿病和非正常死亡在个别地方也发生过。"[1]。

为了缓解日益紧张的粮食供需矛盾,1960年9月7日,中共中央发出《关于压低农村和城市的口粮标准的指示》(以下简称《指示》),承认受自然灾害的影响,1960年某些省区,粮食势将比上年减产。全国夏收粮食和早稻的产量,包括春小麦在内,比去年还少一点。全年的粮食产量预计可能达不到北戴河会议所估计的4500亿斤(这一年实际只有2870亿斤)。"因此,全国必须立即采取压低城乡口粮标准的方针,要求农村少吃,城市也要少吃,丰收区少吃,灾区更要少吃"。[2]

《指示》还具体规定了农村的口粮标准:淮河以南直到珠江流域的地区,应当维持平均每人全年原粮360斤。遭灾的地方应当更低些。

---

[1]《建国以来重要文献选编》第十三册,中央文献出版社1996年版,第565页。
[2]《建国以来重要文献选编》第十三册,中央文献出版社1996年版,第567页。

丰收的地方在完成原定外调和为支援灾区而增加外调的粮食任务以后，还有余粮，口粮标准可以提高到原粮380斤，最多不能超过原粮400斤。淮河以北地区的口粮标准，应当压低到平均每人全年原粮300斤左右，东北等一部分严寒地区可以稍高一点；而各省的重灾区，则应当压低到平均每人300斤以下。在压低农村口粮标准的同时，城市供应标准也必须相应地降低。除了高温、高空、井下和担负重体力劳动的职工以外，其余的全部城市人口，每人每月必须压低口粮标准两斤左右（商品粮）。

尽管在农村开展了"三反"运动，降低用粮指标，提出"低标准、瓜菜代"的方针，有的地方为了解决公共食堂问题，还专门召开"吃饭大会"，甚至还"创造"了各种各样的所谓"粮食增量法"，但这些治标措施并不能改变农村日益严重的困难局面。要从根本上解决农村问题，就必须调整党的农村政策。

在当时发动"大跃进"、建立人民公社的时候，全国上下都以为自此找到了一条建设社会主义的捷径，中国将在不长的时间里建成社会主义并实现共产主义。但事与愿违，1958年以来连续三年"大跃进"，给中国带来的却是国民经济比例的严重失调和人民生活水平的大幅度降低。严酷的现实使人们发热的头脑开始得以冷静。

1960年6月，中共中央政治局在上海召开扩大会议。会上，毛泽东指出，1958年、1959年我们曾讲数量，今后要讲质量、品种，要把质量、品种放在第一位。还说，真正的大跃进是留有余地的，真正的留有余地不是口头上的。只有留有余地，才能鼓起劲来。

会议期间，刘少奇在主持有各大区和各省、市、自治区以及中央一些部门主要负责人参加的座谈会上也说：最近半年以来，我们

毛泽东1960年6月写的《十年总结》

在工作中发生了比较多的问题，这些问题是比较严重的，有粮食问题，浮肿病问题，非正常死亡问题，事故问题，计划完成情况问题，还有一些其他的问题。大家一番热情，总想多一点，快一点，盘子摆得大一点，基本建设项目多上一点，许多同志主要的想法是这方面。一方面，我们应该敢想、敢说、敢做，但是还要切实可靠，充分可靠，一切经试验，实事求是，冷热结合。[1]

6月18日，毛泽东写了《十年总结》一文，试图对十年的社会主义革命和建设经验做一个初步的总结。他在文章中虽然对人民公社作了充分肯定，认为庐山会议打退了"右倾机会主义的猖狂进攻"，

---

[1]《刘少奇年谱》下卷，中央文献出版社1996年版，第488页。

"使我们基本清醒了"。但他同时指出,时至今时,党内管农业的同志,以及管工业、商业的同志,"在这一段时间内,思想方法有一些不对头,忘记了实事求是的原则,有一些片面思想(形而上学思想)"。他还承认自己"也有过许多错误","有些是和当事人一起犯的"。他还提出:"郑重的党在于重视错误,找出错误的原因,分析所以犯错误的客观原因,公开改正。"他提醒全党:对于社会主义时期的革命和建设,还有一个很大的盲目性,还有一个很大的未被认识的必然王国,对此,要以第二个十年的时间去调查它,去研究它,从中找出它的固有的规律,以便利用这些规律为社会主义革命和建设服务。[1]

囿于当时的主客观条件,毛泽东的这篇文章还不可能对1958年"大跃进"运动以来的"左"倾错误,进行全面的反思、深刻的剖析和彻底的清理,并且对所谓的"三面红旗"加以否定。但是,毛泽东在全党面前公开承认自己也犯了错误,强调一段时间以来思想方法不对头,忘记了实事求是原则,号召全党上下认真总结社会主义革命和建设的规律,这对于全党冷静地思考"大跃进"和人民公社化运动以来经济生活中存在的问题及其原因,并对随后制订"调整、巩固、充实、提高"的八字方针,对国民经济进行大幅度的调整,仍意义重大。

上海会议后不久,中共中央于7月5日至8月10日在北戴河召开工作会议。会上,毛泽东针对苏联撕毁合同、撤走专家的问题,强调要坚持独立自主、自力更生的原则。对于国内问题,他强调要抓好粮食生产,搞好秋收秋种,尽可能地多打粮食,多种粮食。对

---

[1]《建国以来重要文献选编》第十三册,中央文献出版社1996年版,第419—421页。

于人民公社，他指出，农村以生产队（即生产大队）为基本核算单位的三级所有制，至少五年不变，要搞个死规定，五年以后再说。他还说，要有部分人的个人所有制，总要给每个社员留有自留地，使社员能够种菜，喂猪喂鸡喂鸭。

1960年2月，贵州省委在关于公共食堂问题给中共中央的报告中提出，要办好公共食堂，社员的自留地就势必要交给食堂，社员养猪要加以限制，一户最多可养一头。这样对搞好集体生产，办好食堂，都有好处。中共中央批转了这个报告，并要求各省、市、自治区对贵州的做法"一律依照执行，不应有例外"。按照这个指示，社员的自留地再度被收回，家庭副业基本不复存在，社员生活一切都要依靠公共食堂，大大加剧了广大农民生活困难的程度。毛泽东在这次会议上提出，在自留地问题上，中央批转贵州食堂问题的指示，有毛病，要改过来。毛泽东的讲话表明，中央领导层对人民公社的若干政策问题的认识，已经有了较大改变。

为了克服严重的困难，1960年7月9日，广西壮族自治区人民委员会作出了《关于农村的十项政策》，明确规定：（一）保证留足基本口粮；（二）节约备荒，粮食节余归己；（三）包产必须落实，超产奖励必须兑现；（四）给食堂拨够菜地，保证每人每天吃菜1—2斤；（五）鼓励生产小队开发空隙土地，争取每人每年多吃二三十斤豆类和杂粮；（六）留足饲料，拨给青饲料地，发展集体养猪，建立养牛场，发展养牛；（七）留足自留地，实现社员家庭养猪平均每户一头；（八）多种油料作物，争取每人每日一钱油；（九）增加现金收入，争取按季或按月发工资；（十）大队掌握产品，迅速分配收益。

9月8日，中共中央批转了这个文件，并指示各省、市、自治区依照广西的办法，作出一些具体明确的规定，以便农村干部和群众共同遵守。指示还强调，为了更有效地防止公社干部重复"一平二调"的错误，要向干部和社员反复讲清楚，即使将来过渡到基本社有制，也不是"社共队的产"，而是"队共社的产"，现在归基本核算单位所有的牲畜、农具等生产资料，在将来过渡到基本社有制的时候，也并不转归公社，仍归队所有，归队使用。在供给制与工资制的比例中，工资部分应占70%左右，最低不能低于60%；供给部分一般限制在30%左右，最高不能超过40%。

按照中共中央的指示精神，各地相继出台了类似的规定，如湖北省委制订了《关于调动群众积极性的十项措施》，要求切实贯彻人民公社"统一领导，分组管理，队为基础，三级核算"的体制，强调中心问题是要承认生产队的所有制是基本的，要集中优势兵力到农业生产第一线，要使80%以上的社员收入逐年有所增加，生产小队在不妨碍"三包"（指包产、包工、包成本）任务完成的条件下，可以开垦零星荒地，多种多收，其收入（实物）全部归小队，在不影响集体生产的情况下，允许社员适当经营个人的自留地等。

山东省委作出了《关于当前农村若干政策问题的规定》共十八条，针对一段时间以来一些地方急于实现由队有制向社有制的过渡问题，这个文件其中第一条就是"公社体制，队为基础，五年一律不变"。至于五年之后，变与不变，还要看生产的需要与群众的意见，由各队和社员做主，自己讨论决定。文件还要求保证社员基本口粮，允许社员适当经营个人自留地，绝对不允许侵犯社员生活资料，社员利用生产空隙采集的饲料、柴草和野菜全归社员个人所有等。

中共山西省委也制定了农村政策的十二条政策规定（草案），强调三级所有、队为基础,是现阶段人民公社的根本制度,要坚决纠正"一平二调"的错误,加强生产队的基本所有制,允许社员经营少量的自留地和家庭副业。其他各省、市、自治区也相继作出了相类似的政策规定。

为了检查贯彻执行中共中央关于大办农业、大办粮食的指示,在国务院副总理谭震林的主持下,9月20日至22日,山西、河北、山东、河南和北京五省市在北京召开农业书记会议。会议要求安排好农村人民生活,压低口粮指标,大种蔬菜,大搞代食品,办好公共食堂,并提出要"在今冬明春给广大群众以休养生息的机会"。[1]10月7日,中共中央转发了这次会议的《纪要》,并要求各地以八届六中全会和毛泽东在两次郑州会议、两次上海会议上的讲话为武器,"彻底肃清'共产风'、浮夸风、命令风和某些干部的特殊化风","把国家、集体与个人之间的关系,把大集体与小集体之间的关系,把领导与群众之间的关系彻底搞好,把农村必不可少的制度建立起来"。

1960年下半年各地相继出台的一系列有关农村和农业问题的方针政策,使庐山会议后开始的基本队有制向基本社有制的过渡风得以停止,自留地和家庭副业有了一定程度的恢复。但是,这些政策措施还没有触及人民公社最根本的体制问题,大队内部生产队与生产队间、生产队内部各生产小队间、社员与社员间的平均主义,还仍然存在。与此同时,各地在贯彻政策、进行整风整社的过程中,发现了1960年春各种"大办"时大刮"共产风"的严重情况。

1960年9月18日,湖北省委书记处书记王延春就沔阳县贯彻

---

[1]《晋、冀、鲁、豫、北京五省市农业书记会议纪要》,1960年10月。

《湖北省委关于调动群众积极性的十项措施》的试点情况,给省委书记处写了一份报告。其中说:该县的通海口公社"从暴露的情况看,各方面都存在着极其严重的问题,其中刮'共产风'、乱指挥生产、粮食问题、自留地问题等最为严重"。"这个公社的'共产风',年年季季在刮,年年季季在处理,可是边处理边刮","刮'共产风'的单位,上到省级,下至小队,一杆到底,根深蒂固","刮'共产风'的范围,大至土地、粮食、房屋,小至镰刀、筷子、夜壶,什么都刮"。公社生产队以下的"共产风","更是一阵接一阵,干一件什么事情,搞一个什么运动,就刮一次,就是一次大破坏"。搞生产木轨化,就拆社员的房子,动员社员"献"树木;建集体猪场,就拆房子盖猪圈,盖了猪圈没有猪,又拉社员的猪;搞车子化,就砍光社员的树;搞大协作,就乱调人,乱吃饭,乱拿工具。通海口公社的城关管理区,全区性的"共产风"就刮了25次,仅1959年一年内就刮了15次,许多生产队刮"共产风"的损失,相当于一至二年的分配收入。

报告认为,"只有抓住贯彻政策,彻底处理'一平二调',彻底地纠正生产上的瞎指挥,以及认真地解决粮食问题等,才有可能真正地调动广大群众的生产积极性,才会有生产的迅速发展和人民公社的巩固"。

通海口公社是沔阳县委贯彻省委"十条政策"的试点单位,为此县委组织了一支400多人的工作队进驻这个公社,每个管理区都派去了工作队,每个生产队有工作组,做到每个小队有一名工作队员。工作队进村后,先抓住最突出、群众反映最强烈的一两件事,立即处理兑现,以此表达纠正"共产风"的信心。该公社的红星生产队开展工作的第二天,工作组就带着队干部和群众,将各单位占去的

550亩土地和供销社调去的船只要了回来，将没收的自留地退还给社员，一时在全公社引起了很大的反响。然后，县、公社、管理区、生产队均成立兑现办公室或小组，负责核账和兑现。公社向管理区兑现时，以管理区为单位召开兑现大会，生产队和小队都派代表参加，公社干部在会上作检讨，保证今后不重犯"一平二调"的错误。生产队退还社员的财物，采取自报与评议相结合的办法，该兑现的张榜公布，召开社员代表会议，宣布兑现，干部和群众共同作出决议，今后不许重犯。

经过十余天的工作，该公社的"共产风"基本得以纠正，不该调的劳动力全部退回，被占去的8000多亩土地，除少数用作基建按价付款外全部归还生产队，被占用的房屋退还了大部分，拆毁的等秋种后修建，粮食、农具、耕牛、家具、材料等，物在者全部清退，原物不在者共折价49万余元，兑现了71%。

"共产风"的危害，其实早在庐山会议前的纠"左"时就有所认识，也曾采取了一些措施加以遏制，从而使其有所收敛，但随着反右倾的开展，人民公社在各式各样"大办"的口号下，"共产风"却愈演愈烈。如果说1958年刮"共产风"时，社员和原农业社还有一点老家底可刮的话，而在庐山会议后的新一轮"大跃进"中再次一轮轮地大刮"共产风"，不但把社员和生产队彻底刮穷了，而且将其生产的积极性彻底刮掉了，从而更加重了农村的困难。因此，要改变农村的困难局面，制止"共产风"就成了迫在眉睫的问题。

10月12日，中共中央批转了王延春的这个报告，同时也批转了福建省闽侯县委第一书记常登榜《关于城门公社集中劳动力、加强农业生产第一线工作情况的报告》，并就这两个文件作出了重要指示。

指示强调:"从一九五八年冬天以来,中央和毛主席再三再四地指示,必须坚决纠正一平二调的'共产风'。因为这种'共产风'严重地破坏以生产队为基础的公社三级所有制和农业生产力。但是,从湖北沔阳县通海口公社的例子看来,这个问题在不少地方至今没有解决。一平二调的'共产风',再加上某些浮夸、强迫命令和某些干部特殊化的作风,使干部严重地脱离了农民群众,使这类地区的农业生产和农民生产的积极性受到损害。这种严重情况必须大力改变,绝对不能允许再拖延下去。"

中共中央认为,"纠正一平二调的'共产风',纠正强迫命令、浮夸和某些干部特殊化的作风,坚持以生产队为基础的公社三级所有制,是彻底调整当前农村中社会主义生产关系的关键问题,是在公社中贯彻实现社会主义按劳分配原则的关键问题。解决了这类生产关系的关键问题,就会大大地促进农业生产的发展"。中共中央要求各地参照通海口公社的做法,派遣得力的工作组到问题最多的公社,对"共产风"问题作全面的切实的解决。各省必须将工作部署的情况尽速上报中央。[1]

这年10月23日至26日,毛泽东召集华北、中南、东北、西北四个大区的省、市、自治区党委主要负责人开会,主要是听取他们关于农业情况的汇报,讨论如何纠正和防止"共产风"的问题。中央领导人刘少奇、周恩来、李富春、谭震林、李先念和有关部门负责人廖鲁言、陈正人参加了会议。会议的最后一天,毛泽东看到了中央组织部和中央监察委员会四名干部10月21日关于河南信阳地

---

[1]《建国以来重要文献选编》第十三册,中央文献出版社1996年版,第640页。

区大量饿死人和干部严重违法乱纪的调查材料，从而使他认识到农村问题的严重性，并下决心纠正"共产风"问题。

为了从根本上解决"共产风"问题，中共中央决定向党的各级组织发出一专题指示，并委托周恩来负责文件的起草。这就是随后不久发出的《中共中央关于农村人民公社当前政策问题的紧急指示信》。因为指示信中列举了十二条措施，所以又简称"十二条"。

指示信初稿写出后，毛泽东和刘少奇都亲自做了审改。

毛泽东对指示信初稿的修改，主要有以下一些。原稿中说，"以生产队为基础的三级所有制……从1961年算起，至少5年不变"。他将5年改为7年，并加了一句："在1967年我国第三个五年计划最后完成的一年以前，坚决不变"。原稿中说，"以生产队为基础的公社三级所有制，……必须在一定时期内稳定下来"，毛泽东将"一定时期"改为"一个长时期"。原稿中说，各生产小队之间在分配上的差别，"对于发展生产是有利的"，毛泽东将"有利的"改为"极为有利的"。原稿中说，"社员户养猪也不可偏废"，毛泽东改为"应该鼓励"。原稿中说，"在现阶段，人民公社分配原则还是按劳分配"，毛泽东在"在现阶段"之后，加上"在很长的时期内，至少在今后二十年内"。[1]

刘少奇则在第二条中加写这样一段文字："一切干部和群众都必须了解，所有制是生产关系的决定环节，目前我们所规定的以生产队为基础的公社三级所有制，必须在一定的时期内稳定下来，绝不容许对它有任何侵犯，特别是从上面来的侵犯，已侵犯了的必须赔偿，否则，就要破坏生产力，破坏群众的生产积极性。"[2]

---

[1]《毛泽东传（1949—1976）》（下），中央文献出版社2003年版，第1100页。
[2]《刘少奇年谱》下，中央文献出版社1996年版，第495页。

11月3日，经毛泽东最后审改的紧急指示信十二条发给了生产队党支部以上的各级党组织。这十二条的主要内容是：

（一）三级所有，队为基础，是现阶段人民公社的根本制度。以生产队为基础的三级所有制，是现阶段人民公社的根本制度，从1961年算起，至少七年不变。在此期间，不再新办基本社有制和全民所有制的试点。现有的试点和已经过渡为基本社有制或全民所有制的社、队，办得好的、群众拥护的，可以继续办下去；办得不好的、群众要求改变的，就停止试验，重新恢复基本队有制。

（二）坚决反对和彻底纠正"一平二调"的错误。凡是从人民公社成立以来，县和县以上各级机关和企业、事业单位向社平调的，县和社向生产队平调的，以及县、社和队向社员个人平调的房屋、家具、土地、农具、车辆、家畜、家禽、农副产品和建筑材料等各种财物，都必须认真清理，坚决退还。有实物的退还实物，并且付给公平合理的租金、折旧费或修理费；实物已经消耗、无法退还的，作价补偿，付给现款。无偿调用的劳动力，必须彻底清理，给以补偿。

（三）加强生产队的基本所有制。生产队是基本核算单位。生产经营管理的权力应该主要归生产队，公社和作为公社派出机关的管理区（生产大队）不要统得过死，不要乱加干涉。绝不能削弱队有经济来发展社有经济，更不允许用"一平二调"的错误办法来发展社有经济。

（四）坚持生产小队的小部分所有制。生产小队是组织生产的基层单位。劳力、土地、耕畜、农具必须坚决实行"四固定"，固定给生产小队使用，并且登记造册，任何人不得随便调用。小队与小队之间组织劳力协作的时候，必须自愿两利、等价交换，由受协作的单位以工换工或者评工记分，按劳付酬。生产队对生产小队要实行包产、包工、包成本和超产奖励制度。

（五）允许社员经营少量的自留地和小规模的家庭副业。凡是已经把自留地全部收回的，应该拨出适当的土地分给社员，作为自留地。今后不得将社员的自留地收归公有，也不得任意调换社员的自留地。在不影响集体劳动的前提下，鼓励社员种好自留地，饲养少量的猪、羊和家禽，培育好屋前屋后的零星果木，经营小规模的家庭副业。

（六）少扣多分，尽力做到90%的社员增加收入。分配给社员消费的部分，一般应该占总收入（指可分配的总收入，而不是总产值）的65%左右，扣留部分占35%左右。

（七）坚持各尽所能、按劳分配的原则，供给部分和工资部分三七开。在分配给社员个人消费的部分中，应该控制供给部分，提高工资部分。供给部分应该占30%，不要超过，工资部分应该占70%，使劳动力强、出勤多的人除了吃饭以外还能得到较多的工资。

（八）从各方面节约劳动力，加强农业生产第一线。以农村中整、半劳动力的总数作为一百，公社和生产队（基本核算单位）两级占用的劳动力，不能超过5%，其余的95%左右都归生产小队支配；用于农业生产第一线的劳动力，农忙季节必须达到80%。

（九）安排好粮食，办好公共食堂。必须严格实行计划用粮，节约用粮，闲时少吃，忙时多吃，12个月的口粮按13个月安排，留有余地。公共食堂的制度必须坚持。但是，在北方，在严寒季节和燃料缺乏的地方，经过县委批准，可以允许采取由食堂统一管理、由各户分散做饭的临时办法，适应社员家庭取暖的需要。

（十）有领导有计划地恢复农村集市，活跃农村经济。除了粮食、棉花、油料等主要农产品只许卖给国家收购机关以外，其他农产品和副产品，在完成国家规定的交售任务以后，都可以拿到集市上进行交易。

（十一）认真实行劳逸结合。必须坚决保证社员每天睡足8小时。可以实行男社员每月放假两天、女社员每月放假4天的制度。耕畜也应该劳逸结合，在冬季农闲季节，必须保证耕畜得到适当的休息。

（十二）放手发动群众，整风整社。整风整社是调整当前农村中社会主义生产关系的关键问题，必须坚决依靠群众，大鸣大放，用领导和群众"两头挤"的方法，用由上而下和由下而上相结合的方法，把农村"三反"贯彻到底，把整风整社搞深搞透。

中共中央要求各级党组织坚决反对和纠正"共产风"，把有关人民公社所有制方面的一系列政策讲清楚，将"十二条"原原本本地读给全体党员和社员听，做到家喻户晓，把政策交给群众，监督党员和干部不折不扣地执行。中共中央认为，只要认真贯彻执行以上各项政策，特别是经过这次彻底清理"一平二调"，彻底纠正"共产风"，切实地把人民公社经营管理的一系列的必要的规章制度建立起来，把以队为基础的公社三级所有制稳定下来，人民公社的优越性必将得到更好更大的发挥，以农业为基础的整个国民经济必将获得更好更大的跃进。

为了使"十二条"能迅速贯彻，同一天，中共中央又发出了《关于贯彻"紧急指示信"的指示》，要求各地至迟在12月中旬前把"十二条"传达到农村中去，传达到全体农村党员、干部和农民群众中去，必须原原本本地向群众传达，不折不扣地切实执行。具体步骤是：先召开有地委、县委书记和省直各系统各部门负责干部参加的省委中共中央下发的紧急指示信即"十二条"

扩大会议,展开讨论,弄通思想。然后,以地委、县委为单位,召开生产小队以上的干部会议,吸收若干社员代表参加,进行传达动员,其中要有持不同意见的人参加。再由省、地、县委的负责人带工作组到农村去,帮助社、队干部向全体党员、干部、社员进行传达,以造成一个贯彻紧急指示信的群众运动。中共中央还要求各省、市、自治区和中央各部门对紧急指示信的传达讨论和执行情况,随时报告中央。

"十二条"标志着中共中央、毛泽东停止了庐山会议以来的"反右倾"运动,开始转向重新纠"左"。这是一个重大的转变,为扭转农村的经济困难创造了有利条件。但是,这十二条以及随之出台的一系列政策，仍有很大的不足。如一再强调"队为基础，三级所有"中的"队"，指的是生产大队，而不是生产小队，仍然肯定了平均主义的供给制和工资制的分配制度。尤其是群众反映强烈、意见最大的公共食堂问题，仍明确规定"必须坚持"，只有在北方的严寒季节和缺乏燃料的地方，在经过县委一级批准后，方可采取由食堂统一管理，由各户分散做饭的临时办法。因此，广大农民一面对"十二条"表示由衷的欢迎，一面又迫切希望进一步解决困扰他们积极性的供给制和公共食堂等问题。

2. 未解决问题的整风整社

"十二条"发出后，各地关于贯彻执行情况的报告也陆续送来北京。

11月12日，湖北省委第一书记王任重就关于纠正"五风"问题给中南局第一书记陶铸并毛泽东的报告中说，为贯彻执行中央的"十二条指示"，全省三级干部会议已于11日开始。会议围绕"苦战三年，总结经验"这一主题，采取群众路线、整风和批评与自我批评的方法，充分发扬民主，让大家畅所欲言，先集中揭发错误，然后再作全面评价，目的是为了弄清真实情况，接受三年来的教训，使全党思想一致，团结一致，去战胜当前的困难，夺取农业丰收。这次会议中，讲对讲错，一律不记账，不戴帽子；要求地、县委首先批评省委，然后县委批评地委，最后是省、地、县三级作自我批评。

王任重在报告中还附上了沔阳县委所写的《沔阳县贯彻政策第一阶段的总结》和县委第一书记马杰的《通海口公社贯彻政策后的变化》两个材料。这两个材料主要是介绍沔阳整风整社运动的开展情况和该县通海口公社在纠正"共产风"后所发生的变化。

沔阳县委在总结中说，我们以贯彻省委"十项政策"为中心，开展了群众性的整风整社运动。到目前为止，第一阶段已基本结束。这个阶段，主要是解决"共产风"和瞎指挥生产的问题。从揭发情况看，全县所有公社，问题都极为严重，在经济、政治上都带来了极为严重的后果。开展整风整社运动后，对过去所犯的政策错误和作风问题进行了纠正，有的还在继续纠正。对"共产风"中的损失，坚决兑现，物在还物，物不在赔钱。干部强迫命令、瞎指挥，都向群众作了深刻检讨。经过整风整社，群众生产积极性大大提高，干部作风有了很大转变，干群关系在新的基础上密切起来了。

马杰则在报告中说，通海口公社经过这次贯彻省委"十项政策"、坚决纠正"五风"之后，面貌发生了根本的变化。群众心情舒畅，对社会主义的误解消除了，对党的政策信任了，普遍树立了兴家立业、当家作主的思想，人人关心生产，爱护公物，生产队则大搞农田基本建设，改善经营条件。干部作风有了显著改变，参加劳动已开始形成制度，通过生产了解实际情况，克服了工作上的主观主义；通过处理"共产风"，干部的政策水平有了提高，纠正了强迫命令、瞎指挥，使党群关系密切起来了，干部工作也好做了。这些变化，大大推动了生产和生活，使得生产出现高潮，生活面貌发生了改观，鼓舞了社员群众夺取明年"大跃进"的信心。

同一天，甘肃省委就贯彻紧急指示信在给中共中央、西北局的第二次报告中说，"一平二调"的"共产风"，在我省是相当普遍、严重的。省、地、县、社各级和工农商学兵各部门，都向公社和生产队伸手拿东西，都有"平调"。全省560个公社，"共产风"刮得严重的占29%，没有刮的只占1%。"共产风"刮得厉害的地方，挫伤了基层干部和广大群众的生产积极性，牲畜、劳力大量减少，耕作粗糙，播种面积缩小，产量下降，严重地破坏了农业生产。刮"共产风"的做法，不仅是方法上、作风上的错误，在方向上也是一种严重的偏差。纠正这种错误的主要方法，是总结经验，教育干部，严肃贯彻中央的方针政策。

11月20日，四川省委也给西南局并中共中央、毛泽东报送了关于贯彻中央紧急指示信的简报。其中说，接到中央的紧急指示信后，各试点公社都采取了干部会、社员代表会和社员大会等形式，原原本本地逐条予以宣读讲解。虽然不同类型的试点公社各有不同的反应，但总的情况是好的，都很快地起到了安定人心、激发群众积极性、推动生产和其他各项工作的作用，使部分干部的"一平二调""共产风"和其他歪风开始有所收敛和改变。公社各级干部绝大多数是拥护中央指示的，拥护的重点各有侧重。少数人则表现出了程度不同的顾虑和抵触情绪，其中大多是乘"一平二调"之机手脚不干净，或在工作上、作风上有严重错误的人。另外还有一些地、富、反、坏等分子乘机破坏和富裕农民浑水摸鱼。

对于各地贯彻落实中央紧急指示信的情况，毛泽东十分重视，他特地交待值班秘书，凡是这一类电报他都要看。对于有些报告他还亲自加写了批语。11月5月，毛泽东为中共中央就彻底纠正"五风"问题起草了对各省、市、自治区党委的指示，要求"必须在几个月内下决心彻底纠正十分错误的共产风、浮夸风、命令风、干部特殊风和对生产瞎指挥风，而以纠正共产风为重点，带动其余四项歪风的纠正"。同时要求在纠正"五风"时，"一定要走群众路线，充分发动群众自己起来纠正干部的五风不正，反对恩赐观点"，并且强调：

"现在是下决心纠正错误的时候了。只要情况明,决心大,方法对,根据中央十二条指示,让干部真正学懂政策(即十二条),又把政策交给群众,几个月时间就可把局面转过来"。[1]

11月25日,甘肃省委就贯彻中央紧急指示信给中共中央和西北局作了第四次报告。报告说,我省召开三级干部会议,深入检查了一再发生"共产风"的根源,认为应当而且必须从省委领导工作中的缺点错误方面去寻找。报告具体分析了三个方面的原因:

一是省委对中央政策研究不够,领会不深,贯彻不力,甚至产生了一些偏差:(一)急于由基本队有制向基本社有制过渡。(二)忽视小队小部分所有制和小队工作。(三)对发展生产队(基本核算单位)的经济重视不够,抓得不狠。(四)收益分配政策定得不恰当,扣留部分多,分配部分少;供给部分大,工资部分小。

二是省委在指导人民公社发展生产和农村工作安排方面,主要是没有把安排工作和贯彻政策结合起来,提出的任务大,要求急;对需要考虑得多,对可能考虑得少;看有利条件多,看困难因素少;给下面干部分派任务多,交代办法少,致使他们在政策许可的范围内难以完成任务,就必然出现违反政策的事。

三是省委领导工作的一个重大问题是农业估产偏高,要求过高过急,作了一些不恰当的宣传、表扬和批评,助长"五风"[2]的出现,使领导工作失去主动权。

这份报告引起了毛泽东的共鸣,11月28日,他亲自为中共中央拟定了转发甘肃省委报告的批示。毛泽东写道:

---

[1]《建国以来毛泽东文稿》第九册,中央文献出版社1996年版,第352—353页。
[2] 指"共产风"、浮夸风、瞎指挥风、干部特殊化风、强迫命令风。

"发去甘肃省委一九六〇年十一月二十五日报告一件,很有参考价值,值得你们(按:指各省、市、自治区党委)及地、县同志们认真研究一遍至两遍。甘肃省委在作自我批评了,看起来批评得还算切实、认真。看起来甘肃同志开始已经有了真正改正错误的决心了。"毛泽东同志对这个报告看了两遍,他说还想看一遍,以便从其中吸取教训和经验。他自己说,他是同一切愿意改正错误的同志同命运、共呼吸的。他说,他自己也曾犯了错误,一定要改正。

毛泽东还在批示中强调,从现在起,至少七年时间公社现行所有制不变。即使将来变的时候,也是队"共"社的"产",而不是社"共"队的"产"。从现在起至少二十年内社会主义制度(各尽所能,按劳付酬)坚决不变,二十年后是否能变,要看那时情况才能决定。"总之,无论何时,队的产业永远归队所有或使用,永远不许一平二调。公共积累一定不能多,公共工程也一定不能过多。不是死规定几年改变农村面貌,而是依情况一步一步地改变农村面貌。"[1]毛泽东已经意识到,农村出现各种问题,一个重要的原因,是这几年体制变动频繁,从而混淆了集体与全民两种所有制的界限。

随着"十二条"的贯彻,"五风"问题的严重性日益暴露出来。"五风"之所以屡禁不止,根本原因在于"一大二公"的人民公社体制。

由于人民公社的规模大,少则数千户,多则上万户甚至几万户,公社以下的管理区(生产大队)、生产队、生产小队相应地规模也很大,这就使社队干部在工作中容易搞强迫命令和瞎指挥。人民公社自它建立的那天起,就将之定位于过渡到共产主义的基层单位,是

---

[1]《建国以来毛泽东文稿》第九册,中央文献出版社1996年版,第364—365页。

社会主义通向共产主义的"金桥",而共产主义毫无疑问是实行全民所有制。因此,公社的各项事业自然是越公越好,越接近全民所有制越有利于过渡,"共产风"也就由此产生。

自公社建立以来,在基本核算单位问题上,长期没有明确的规定,虽然也一再强调"三级(即公社、大队、生产队)所有、队为基础",但这里的队指是生产大队(有的地方是管理区),实际上多数地区以生产大队(也的少数地区一直以公社)为基本核算单位,那么,在一个大队内部搞"一平二调"也就成为必然了。同时,人民公社既然"三级所有",作为公社一级而言,它既是大队、生产队的上级,又是这两级拥有财物的共同所有者,因而它在内部搞"一平二调"也是合理合法的。因而,要真正遏制"共产风"问题,最根本的是要对公社体制进行调整。

不过,由于人民公社化以来"一大二公"一直作为人民公社的优越性广为宣传,因而人们还没有对公社体制本身产生怀疑,而是认为"共产风"等五风的出现,主要是少数干部蜕化变质,违法乱纪造成的。而干部队伍中存在的问题,又与社会上的阶级斗争密不可分。

1960年11月15日,毛泽东就抽调万名干部下放基层的问题写信给周恩来。信中对当前农村的阶级斗争形势作出了过于严重的判断,他说:"在讲大好形势、学习政策的过程中,要有一段时间大讲三分之一地区的不好形势,坏人当权,打人死人,粮食减产,吃不饱饭,民主革命尚未完成,封建势力大大作怪,对社会主义更加仇恨,破坏社会主义的生产关系和生产力,农村工作极为艰苦,要有坚强意志决不怕苦的精神才能去,否则不能去。"他还在报告的批注中说:"全国大好形势,占三分之二地区;又有大不好形势,占三分之一的地区。五个月内,一定要把全部形势都转变过来。共产党要有这样一种本领,五个月工作的转变,一定争取 1961 年的农业大丰收,一切坏人坏事都改过来,邪气下降,正气上升。"[1]

由于种种原因,山东、河南、甘肃、贵州等省的农村形势尤为严峻。这年 12 月 8 日,中共中央专门就这几个省一些地方所发生的严重情况作出指示,认为"干部中的极其严重的不可容忍的铺张浪费、贪污腐化、破坏党章、违法乱纪、不顾人民生活的情况",是农村中阶级斗争的最激烈表现。在全国农村人口中有 8% 的地主富农及其家属,加上城市的资产阶级、资产阶级知识分子和上层小资产阶级分子及其家属,总共占全国人口的 10% 左右,虽然他们中的大多数已得到了不同程度的社会主义改造,但他们中间或多或少的资产阶级的和资产阶级的自发习惯势力,也天天在影响和侵蚀我们,其中的未被改造或不接受改造的最坚决最隐蔽的反革命分子,会有意识地随时都准备借尸还魂,篡夺领导,实行复辟和疯狂挣扎,对他们万万疏忽麻痹不得。"[2]

1961 年 1 月 1 日,中共中央又批转了河南省信阳地委关于整风运动和生产救灾工作情况的报告。当时信阳地区的情况很严重,据这个报告介绍,1959 年冬至 1960 年春,仅正阳县非正常死亡就有 8 万多人,新蔡县非正常死亡更是多达近 10 万人。

信阳事件的发生有着复杂的原因,既离不开当年"大跃进"的

---

[1] 《毛泽东传(1949—1976)》(下),中央文献出版社 2003 年版,第 1102 页。
[2] 《农业集体化重要文件汇编(一九五八——一九八一)》,中共中央党校出版社 1981 年版,第 416—417 页。

特殊环境，也与一些干部好大喜功、强迫命令、官僚主义甚至草菅人命有关。信阳事件本与阶段斗争没有直接联系，但长期的阶级斗争思维惯性，使从上到下都认为，这样严重事件的发生，一定是阶级敌人从中破坏的结果，是民主革命不彻底的结果。

随后，信阳地委以下各级组织被改组，全地区按照民主革命补课的方式开展整风整社。全地区16个县、市，各级参与整风运动的干部达13万人，对于其中被认为问题比较严重的人，集训了8000人，特别集训了5000人，斗争和批判了1万多人，撤职查办管教反省的900余人，逮捕法办的270余人。在全区的4497个大队中，"有1327个大队的领导权被夺了过来，正在进行夺取领导权斗争的有1621个大队，其余大队正在积极进行准备，不久即可展开斗争"。

信阳地区开展整风整社的具体方式是："放手发动群众，坚决撇开原有组织，依靠工作队和贫雇农群众以及被打击陷害的好人，夺取领导权。""对于原有组织中，犯有严重错误和有罪恶的人，根据情况，分别采取集中整风、集训、特别集训和撤职查办管教反省以及逮捕法办的办法，打击敌人的反动气焰，初平民愤，扫除运动的障碍。""由于绝大部分原有的组织已经腐烂，所以必须依靠上级派来的干部，在各级各部门中建立领导小组，实行领导小组专政。大队暂时成立社员代表会，小队暂时成立代表小组，一切权力归代表会，废除过去的一切反动政策和规定。"

信阳地委认为，"随着革命运动的发展和问题进一步地揭露，愈来愈清楚地证明信阳事件的性质是反革命复辟，是民主革命不彻底，是内部肃反、社会镇反不彻底，是敌人利用我们工作中的错误，打着我们的招牌，进行大规模的最残酷的连续半年之久的阶级报复。

凡是整风运动深入开展的地方，揭发的问题比我们原来了解的严重很多，而且是越揭发越严重。""随着运动的不断深入，不但情况愈揭愈严重，而且问题的性质也暴露得更加明显了。敌人打进来、拉过去的材料大量增加，暴露出来的反革命集团和反革命的现行破坏活动一天多于一天。民主革命不彻底的情况十分突出。"[1]

信阳地委的这种做法，得到了中共中央的肯定。中共中央在批示中要求"全国三类社队整风整社都应当照此执行"，并认为只要认真宣传和执行党中央的政策，信任群众，依靠群众，尤其是要信任和依靠贫雇农和下中农，敢于揭露情况，就能够迅速掀起整风整社的高潮，彻底孤立和打倒反革命复辟势力，彻底反掉"五风"，完全扭转在三类社的局面，重新建立党的领导。

各地在开展整风整社时，基本上都是按照阶级斗争的方式开展运动的。河南省委书记处书记史向生在关于许昌市五女店公社整风整社试点第一阶段情况的报告中说："整个运动原来打算，以反'共产风'为中心解决'五风'问题，但是，工作组进村后，首先碰到的问题是，一部分大队和生产队，被敌人和蜕化变质分子篡夺领导，坏人当道，压在群众头上，胡作非为。群众有三怕：一怕停伙不叫吃饭；二怕挨打受气；三怕自己东西不当家。他们迫切要求政治上出气，经济上兑现。特别是要求政治上出气比经济上兑现更迫切。"根据这种情况，上级派来的工作组"经过访贫问苦，扎根串连，组织阶级队伍，迅速揭开盖子，分别不同对象，采取大会、小会、联合会等各种形式，广泛开展了说理诉苦斗争。""前后激战了七八天，全社

---

[1]《信阳地委关于整风运动和生产救灾工作情况的报告》，1960年12月22日。

共开大小斗争会三百余次，参加群众三万余人，共斗争 178 人，占小队以上干部 10% 左右，共法办 7 人，撤职反省 120 人，停职反省 38 人。"这个公社属于二类社，所以"主要是内部问题，属于'五风'和违法乱纪问题，但也有敌我矛盾，阶级敌人同样用钻进来、拉出去的办法，篡夺基层领导，实行阶级复辟。据统计这次斗争的 125 人中，钻进来的阶级异己分子和坏分子 27 人，占 23%，经不起敌人糖弹袭击的蜕化变质分子 45 人，占 39.1%，违法乱纪分子 43 人，占 37.9%"[1]。

河北安国县博野公社是保定地区整风整社试点单位。这个公社问题比较严重，"突出表现在：生产逐年下降，牲畜猪只减少，群众生活困难，病、死、外逃现象严重"，出现这种现象的原因，除了县委存在"极其严重的官僚主义、主观主义领导，本身提出过不少不切实际的要求，助长了下边的错误发展外"，还在于"坏分子篡夺了领导权"。全公社共有三类队 18 个，占全社总队数的 37.5%，其中"坏分子"当权的队 5 个，"蜕化变质分子"当权的队 5 个，富裕中农当权的队 3 个。这些三类队，"组织严重不纯，民主革命不彻底，广大群众处于封建残余统治之下，党的政策不能贯彻，生产生活遭到严重破坏，社员情绪动荡不安"。1960 年 10 月 22 日起，博野公社开始整风整社的试点，共分三个阶段进行。第一阶段：训练队伍，发动群众揭发问题，处理"一平二调"问题；第二阶段：重新整顿队伍，安排人民生活；第三阶段：全面做好组织处理和组织建设。在这个过程中，共召开各种不同形式的批判会 10 余次，并对犯有错误的干部集中进行整风补课。在三类队的整风整社中，"中心是发动群众争夺

---

[1] 史向生：《许昌市五女店公社整风整社试点第一阶段工作情况的报告》，1961 年 1 月 1 日。

领导权问题",具体办法是"坚定地依靠贫农下中农,充分发动群众,彻底揭发坏人坏事","在群众发动起来后,大会斗争坏人,斗深斗臭,肃清其影响,提高群众的政治觉悟",在这个基础上再进行组织处理。[1]

1961年1月下旬,湖南湘乡县在山枣公社巴江大队开展推广河南信阳整风整社经验的试点。运动也是分三步进行:第一步,撇开原来组织,开展扎根串连,揭盖子,培训苦主,作好斗争准备;第二,集中火力挖尽斗垮"敌人";第三步,处理"共产风"等"五风"问题,整党整团,落实作业组的"三权""四固定"(前者是指所有权、经营权、分配权;后者指土地、耕畜、农具、劳力固定给生产队、组)。运动一开始,"就把矛头对准基层干部,把'五风'和减产饿死人的账全算到他们身上,用对待敌人的方式和态度对待他们",将所谓的四、五、六类干部集中到县城集训,共集训了225人,其中县委委员2人,科局长1人,公社正副社长6人,大队干部167人,生产组干部35人。在集训中,县社有专人对其进行管教和立案,并派民兵看守和监督劳动,需要批斗时由工作队派人接回交群众批斗。此外,在全县的99个三类队中,共斗争1726人,其中所谓"内部敌人"1032人,漏网"阶级敌人"227人,有"现行破坏活动的阶级敌人"417人。[2]

农村整风整社虽然对遏制"共产风"等"五风"起到了积极作用,但由于没有认识到农村出现严重困难,根本原因在于人民公社体制本身,必须进行相关政策调整,而是认为"五风"的出现,主要是

---

[1]《中共保定市委关于博野公社整风整社试点工作向省委的总结报告》,1961年1月25日。
[2] 中共湘乡市委党联络组等:《中共湘乡地方史(1949—2002)》,中共党史出版社2004年版,第159—160页。

基层干部队伍不纯,民主革命不彻底所致,因而用集训、夺权、撤职查办等方式,将矛头对向基层干部,不但挫伤了基层干部的积极性,而且没有从根本上解决农村的问题。

3. "要搞调查研究"

1960年12月24日至1961年1月13日,中共中央在北京召开工作会议,主要内容是进一步部署农村的整风整社。

会议确定,所有社队都必须以中央的十二条紧急指示信为纲,进行整风整社,彻底纠正"共产风"、浮夸风、瞎指挥风、干部特殊化风、强迫命令风"五风",彻底清算平调账,坚决退赔。在整风整社中必须放手发动群众,大鸣大放,依靠群众,把运动搞深搞透,并集中力量整顿三类社队。三类社队的整顿,主要依靠上面派去的工作团,经过深入群众,扎根串连,挑选一批真正贫农下中农的积极分子,同时吸收原有组织中好的和比较好的干部参加,组成贫农下中农委员会,在党的领导下主持整风整社,并且临时代行社队管理委员会的职权,领导生产,安排生活。一类、二类社队也存在着程度不同的"五风"问题或者其他问题,必须认真进行整顿。一类和二类社队的整顿,主要依靠原有组织力量,上面也必须派强的工作团去帮助,加强领导。

如何纠正"共产风"问题,是这次会议研究讨论的一项重要内容。对于这个问题,毛泽东的态度很坚决。他说:县、社宁可把家业统统赔进去,破产也要赔。因为我们剥夺了农民,这是马列主义完全不许可的。一定要坚决退赔,赔到什么东西都没有。不要怕公社没有东西,公社原来就没有东西,他不是白手起家,是黑手起家。只有退赔光了,才能白手起家。大办县、社工业,大办副食品基地,我们都同意过。几个大办一推行就成了"一平二调"。县、社干部不满意不要紧，我们得到了农民群众的满意。不痛一下就得不到教训。痛一下，才能懂得马克思主义的等价交换这个原则。退赔兑现了，干部作风才能转变。

这次会议还作出了具体工作的规定，要求社队各级和县以上各级各部门的平调（即"一平二调"）账，都必须认真清理，坚决退赔，谁平调的谁退赔，从哪里平调的退赔给哪里。清算平调账和退赔兑现，必须走群众路线，充分发扬民主，把党的政策规定交给群众。要退赔实物，原物还在的，一定要退还原物，并且给以使用期间应得的报酬；原物损坏了的，修理好了退还，且给以适当的补贴；原物已经丢失或者消耗了无法退回的，可以用等价的其他实物抵偿。可以退赔的实物退光以后，仍然还不清的平调账，再用现金赔补。

会议确定： 在进一步贯彻落实"十二条"的基础上，提高农副产品收购价格和退赔平调账，国家准备再拿出 10 个亿来提高粮食收购价格，拿出 15 个亿来作为"共产风"的赔退补贴；社员的家庭副业和手工业，是社会主义经济的必要补充，是大集体下的小自由，允许适当发展，社员自留地与人均占有耕地的比例，由"十二条"的 5% 提高到 7%，至少 20 年不变；对农村集市采取活而不乱、管而不死的方针，目前要放手活跃农村集市，不要过多限制；等等。

自从出台"十二条"各地开展整风整社活动后，毛泽东对农村的真实情况有了较多的了解，开始感到农村困难局面的出现，很大程度上同决策脱离实际有关，是调查研究不够、情况不明造成的，因此有必要大力提倡调查研究。1 月 13 日，也就是中央工作会议的最后一天，会上，毛泽东就农业问题、工业问题、建设方针、国际形势等阐明了意见，着重讲了调查研究的问题。他说：

"这一次中央工作会议，开得比过去几次都要好一些，大家的头脑比较清醒一些。比如关于冷热结合这个问题，过去总是冷得不够，热得多了一点，这一次结合得比过去有进步，对问题有分析，情况比较摸底。当然，现在有许多情况，就中央和省一级来说，还是不摸底。"

"我希望同志们回去之后，要搞调查研究，把小事撇开，用一部分时间，带几个助手，去调查研究一两个生产队、一两个公社。在城市要彻底调查一两个工厂、一两个城市人民公社。"

"这些年来，我们的同志调查研究工作不做了。要是不做调查研究工作，只凭想像和估计办事，我们的工作就没有基础。所以，请同志们回去后大兴调查研究之风，一切从实际出发，没有把握就不要下决心。"

毛泽东在讲话中认为，只有情况明，才能决心大、方法对，因此必须开展调查研究。他说："今年搞一个实事求是年好不好？河北省有个河间县，汉朝封了一个王叫河间献王。班固在《汉书·河间献王刘德》中说他'实事求是'，这句话一直流传到现在。提出今年搞个实事求是年，当然不是讲我们过去根本一点也不实事求是。我们党是有实事求是传统的，就是把马列主义的普遍真理同中国的实际相结合。但是建国以来，特别是最近几年，我们对实际情况不大摸底了，大概是官做大了。我这个人就是官做大了，我从前在江西那样的调查研究，现在就做得很少了。今年要做一点，这个会开完，我想去一个地方，做点调查研究工作。"[1]

---

[1]《毛泽东文集》第八卷，人民出版社 1999 年版，第 233—234、237 页。

中央工作会议后，接着又于1961年1月中旬召开了中共八届九中全会。全会确定对国民经济实行"调整、巩固、充实、提高"的八字方针。会上，毛泽东又讲到了调查研究的问题，说这几年我们吃了不调查研究的亏，重申1961年要成为实事求是年、调查研究年。

正当毛泽东大力提倡调查研究之际，一本题为《调查工作》的石印小册子摆到了他的案头，他见后非常高兴。这是他三十年前写的一篇旧作，是针对当时党内存在的严重的教条主义倾向而写的，已经失散多年，一直寻找而未得。1959年中国革命历史博物馆建馆，到各地征集革命文物，在福建的龙岩地区发现了这篇文章的石印本。1960年年底，中共中央政治研究室的人从革命博物馆借来。毛泽东的秘书田家英得知此书后，将其送到了毛泽东手中。

毛泽东在这篇文章中写道："你对于那个问题不能解决吗？那末，你去调查那个问题的现状和历史吧！你完完全全调查明白了，你对那个问题就有解决的办法了。一切结论产生于调查情况的末尾，而不是它的先头。""调查就像'十月怀胎'，解决问题就像'一朝分娩'。调查就是解决问题。"

看到这熟悉的文字，联想到当前困难的形势，毛泽东更感调查研究的重要。八届九中全会刚刚结束，他就致信田家英，要他和陈伯达、胡乔木各带一个调查组，分别去浙江、湖南、广东三省农村，以10天至15天的时间，各调查一个最好的队和一个最坏的队，然后直接向他汇报。信是这样写的：

田家英同志：

（一）《调查工作》这篇文章，请你分送陈伯达、胡乔木各一份，注上我请他们修改的话（文字上，内容上）。

（二）已告陈、胡，和你一样，各带一个调查组，共三个组，每组组员六人，连组长共七人，组长为陈、胡、田。在今、明、后三天组成。每个人都要是高级水平的，低级的不要。每人发《调查工作》（1930年春季的）一份，讨论一下。

（三）你去浙江，胡去湖南，陈去广东。去搞农村。六个组员分成两个小组，一人为组长，二人为组员。陈、胡、田为大组长。一个小组（三人）调查一个最坏的生产队，另一个小组调查一个最好的生产队。中间队不要搞。时间十天至十五天。然后去广东，三组同去，与我会合，向我作报告。然后，转入广州市作调查，调查工业又要有一个月，连前共两个月。都到广东过春节。

毛泽东
一月二十日下午四时

此信给三组二十一个人看并加以讨论，至要至要！！！
毛泽东又及

1961年1月21日，三个调查组离京前往浙、湘、粤三省农村调查。

随后，毛泽东自己也离开北京南下，亲自进行调查研究。在路经天津、济南、南京时，他在专列上先后听取了河北、山东、江苏三省党委负责人关于贯彻中央工作会议、八届九中全会精神的汇报，包括调查研究、整风整社、人民生活、轻工业生产和市场等问题。在听取汇报时，他一再强调调查研究的重要。毛泽东说："今年这一年要大兴调查研究之风，没有调查研究是相当危险的。""水是浑的，有没有鱼不知道。要大兴调查研究之风，要把浮夸、官僚主义、不摸底这些东西彻底克服掉。过去几年不大讲调查研究了，是损失。不根据调查研究来制定方针、政策是不可靠的，很危险。心中也无数，数字也许知道，实际情况并不知道。""成绩、缺点要两面听，两点论嘛。成绩、缺点，正面、反面，光明面、黑暗面，已经认识了的世界和未被认识的世界等等，一万年也是这样。"[1]

4. 浙江农村调查

1月22日，由田家英率领的中央浙江调查组到达杭州。田家英向省委负责人传达了毛泽东给他的信，浙江省委也决定派人参加调查组。根据毛泽东各调查一个最好的队和一个最坏的队的指示，调查组和浙江省委商定在富阳县选一个最好的生产队（即东洲公社的五星生产队），在嘉善县（当时合并到嘉兴县）选一个最差的生产队（即魏塘公社的和合生产队）作为调查对象，整个调查工作由田家英统一领导。调查组分成两个小组，一个小组去嘉善，一个小组去富阳。田家英自己先去嘉善调查。

1月24日下午，田家英率领的调查组来到嘉善的魏塘公社。当天晚上，调查组就听取了公社负责人的汇报，对这个公社1958年以来组织"大跃进""放卫星""大办钢铁""人民公社化""大办食堂""大兵团作战"等情况，有了初步印象。

第二天上午，调查组进驻和合生产队。调查组进村之后，田家

---

[1]《毛泽东传（1949—1976）》（下），中央文献出版社2003年版，第1120—1121页。

英就向全体调查人员提出要求,必须坚持实事求是的科学态度,了解真实情况,如果采取主观主义的态度,比不调查更可恶,因为这种调查是摘取片断的材料来证明自己的观点,或者迎合上级,不敢讲真话。针对基层干部和群众还有顾虑的情况,田家英提出要"打开脑筋,打破思想框框,敢于和善于发现问题",要求调查组在生活上和群众同吃同住,打成一片,集中精力做好调查,而不搞那些流于形式的劳动;同时,在调查组内部提倡"敢想敢说","敢于提出问题和不同意见",但是这些意见应该通过组织向当地领导提出,不许向外乱说,不准对基层干部指手画脚,以免干扰地方工作。[1]

调查工作开始后,调查组首先采取串门个别访问、分阶层召开各种座谈会的方法了解情况。选择了两户贫农、两户下中农、两户上中农,用几天时间对这六户家庭解放以来的劳力、经济、生活状况的变化,进行了算账对比。调查组还请来了几位老贫农、老雇农、老中农和生产队干部进行交谈,连续座谈了几天,对和合生产队1956年至1960年生产发展情况、存在的严重问题有了深入了解。

和合生产队是魏塘公社14个落后队中的一个,它在公社化前是一个高级农业合作社,下面有11个生产小队,共有327户,1236人,有耕地3753亩,人均3亩多。这里地处杭嘉湖平原水网地区,土地肥沃、灌溉便利,历来是有名的产粮区,群众生活一向较好,是名副其实的"鱼米之乡"。公社化前,和合生产队每年向国家提供100万斤左右的商品粮,但自1958年以来,这个生产队粮食产量连年下降,1960年亩产量只有291斤,而新中国成立前常年亩产已达有

---

[1] 林乎加、薛驹:《忠心赤胆为人民——深切怀念田家英同志》,《人民日报》1996年8月29日。

嘉善县魏塘镇和合村的村委会办公楼

350 斤至 380 斤。

对于这个队的落后面貌,调查组将之概括为"队困民穷,集体负债,社员倒挂(即透支)",主要表现在三个方面:

一是生产力遭到了严重破坏。1958 年下半年以来,和合生产队的耕牛、猪、羊大批死亡,农具大量损坏,瘦瘠地不断增加。这个生产队的耕牛已由 1956 年高级社时的 108 头减少到 68 头,仅 1958 年冬到 1959 年春就死掉十多头;猪从 1958 年的 486 头减少到 1961 年初的 180 头,羊从 200 只减少到 74 只;瘦瘠地却由 510 亩增加到 1960 年的 830 亩。农具的损失和破坏也相当严重,农具中的水车由 101 部减少到 52 部,犁耙由 99 张减少到 57 张,稻桶由 82 只减少到

54只,而现有的农具许多破旧不堪,需经过修理才能使用。

二是社员生活十分困难,收入减少,口粮下降,体质很差,疾病增多。新中国成立以来这里农民本来收入一年比一年增加,日子一年比一年好,但1957年以后,生活水平就逐渐下降,1960年更是直线下降。这一年每个社员的平均收入只有21.27元,还不到1956年73.4元的30%,而每个人的最低标准口粮就需要30元左右,社员一年辛勤劳动,到年终结算,还成了"倒挂户",全队"倒挂户"占到了总户数的58.6%。

社员生活最大的困难,就是口粮不足,1956年以后社员口粮连年下降,1960年只有353斤原粮,仅为定量的四分之三,这个队已连续3年春天闹粮荒。调查组来时,每人每天只有半斤大米,三餐都是稀饭,蔬菜很少,又没有其他代食品,社员普遍反映:"这三年来,人有点饿坏了。"他们形容这几年的生活是:"王二小过年,一年不如一年。"由于口粮不足,吃不饱饭,社员体质明显下降,生病的年年增多。当时全队有170个病人,占全队人数13.7%,其中劳动力80人,占19%。

在座谈过程中,调查组了解到,由于生活困难,社员们普遍怀念过去的初级社,说那个时候最好,饭吃得饱,钱拿得多。也有一些社员怀念单干时的生产,这些人不都是中农和富裕中农,也有贫农和下中农。甚至一些雇农出身的社员,也对当年的雇工生活有些留恋,说那个时候比现在吃得饱、吃得好,经常可以吃到咸鱼,农忙时还有酒有肉。

三是集体经济受到削弱。生产力的破坏,社员生活的下降,从而也严重影响了集体经济的巩固。1961年上半年和合生产队生产周

当年田家英访问过的老贫农后代如今已住上了宽敞舒适的住房

转资金缺口达 11000 元，必需的基本建设和生产费用需要 29000 元。如果没有国家的支援，和合大队已经到了连简单的再生产也无法维持的程度。而这个生产队已经欠国家贷款等 48000 元。这几年，社员从集体分到的收入，无论是绝对数或比重，都是愈来愈小。1960 年集体分配部分仅占社员总收入的 63%，每一个劳动日只有 0.163 元。

调查组发现，和合生产队之所以出现这种严重局面，主要原因并不是自然灾害。群众反映说，这几年的年景不错，并没有什么自然灾害。调查组认为，造成这个队落后的最主要的原因，是"共产风"、浮夸风、强迫命令风、生产瞎指挥风、干部特殊化风"五风"。从 1958 年下半年起，和合生产队"五风"一直在刮，且越刮越大，越刮越厉害。其结果,不但刮掉了合作社时期的一套行之有效的经营管理制度,严重挫伤了广大农民的生产积极性,引起粮食问题更加紧张,还使高级社时就已存在的问题,如由于生产队规模过大而产生的平均主义等矛盾更加突出。

这个队的"五风"起源于1958年早稻估产时的浮夸风,大盛于公社化初期的"大兵团作战"。那时以"共产风"为主的"五风"齐刮。1959年下半年以来,"共产风"稍有停息,瞎指挥和强迫命令风仍在继续发展,1960年发展到了十分严重的地步。直到中共中央紧急指示信即"十二条"下达后,"五风"才基本停息下来。

1958年夏天,上级提出"整风出干劲,干劲出指标,指标出措施,措施出高产"的口号,浮夸由此产生。这一年和合生产队的早稻长

田家英曾访问过的农民王老五后代的住房

势不错，当时，乡里召开干部会议进行估产，和合生产队也不得不搞高估产，开始估产为亩产400斤，后来上报到600斤、800斤直到1000斤，结果实收439斤。1959年"反右倾"后，公社举行保证完成1960年粮食指标的宣誓，和合生产队提出的包产指标是1471斤，保证指标是1800斤，争取指标是2416斤，而到秋收亩产只收了291斤。虚报粮食产量的结果，增加了征购量。生产队为完成征购任务，只能挤社员的口粮，社员说："上面吹牛皮，下面饿肚皮"。

1958年公社化初期，和合生产队也搞了4个月的"大兵团作战"，还实行所谓的"六集中"，即猪羊、耕牛、农具、人口居住、食堂和自留地集中，"共产风"由此刮起。公社、生产队无偿平调生产小队和社员的房屋、砖瓦、树木、竹园、耕牛、猪羊及农具、家具等财物，不但如此，大部分劳动力也被调去办钢铁、修水利。后来调到县以上工矿企业的就有50人，到调查组来时，仍有35人没有回来。由于搞"大兵团作战"，连续搞突击，搞夜战，搞什么"除夕大突击、初一开门红"，社员疲劳不堪，有的还因此得病。一些耕牛也因过分劳累死亡，各种农具更是大量损坏和丢失。

1959年后，和合生产队的生产瞎指挥和命令风，突出地表现在硬性扩大连作稻面积和强行推广所谓技术措施上。1958年以前这个队连作稻很少，1959年公社硬性规定生产队种连作稻要达到40%，结果只完成28%，还为此错过了季节，荒掉460亩田，浪费了大量劳动力、肥料和种子。1960年扩种连作稻的计划变了4次，最后公社决定扩种到70%，生产队想尽了办法也只完成了41%。3月的天气仍很冷，但上级布置提早浸种播种，造成烂秧率达80%。上面在推广新式农具时也搞强迫命令。1960年，公社分配给生产队46部插秧机、30只拔秧机、40只耘田器和30把大镰刀。这些所谓的新式农具质量低劣,绝大部分不能使用,可上级要求消灭手插秧,不准使用小镰刀,不但劳民伤财,而且影响了生产。[1]

从1960年1月25日至2月2日,田家英率调查组经过7天半的调查,收集了大量的第一手资料,基本上掌握了和合生产队的情况及存在的问题。通过调查,也深切地感受到了"五风"问题的严重危害。

随后,田家英又赶到富阳县东洲公社,调查了解五星生产队的情况。在此之前,另一调查小组已在这里调查了一个星期,但对这个队的粮食产量依然摸不清底细,采访了不少老农、基层干部,说法各不相同;查账也是几个数字、互相矛盾。田家英和调查组其他人分别找会计、仓库保管员、生产队长和支部书记谈心,干部们才交了底,说出了真情。这个生产队的粮食生产之所以没有下降,人民生活情况还比较好,主要原因是生产队干部、党员和部分老农协商一致,有组织地抵制来自上面的瞎指挥,对粮食产量采取两本账的办法;对密植采取路边密点、里面常规的办法加以应付。田家英听了生产队的汇报之后,立即肯定了他们的这套"防风林"的措施。[2]

人民公社化后农村普遍实现了公共食堂化。当时,公共食堂被戴上了"共产主义萌芽""社会主义阵地"的高帽子,在1959年庐山会议后的反右倾运动中,一些干部还因为主张解散公共食堂而遭

---

[1] 中共嘉善县委党史研究室:《田家英嘉善调查与人民公社〈六十条〉的制订》,东方出版社1997年版,第32—49页。

[2] 林乎加、薛驹:《忠心赤胆为人民——深切怀念田家英同志》,《人民日报》1996年8月29日。

今日的和合村已是一片新气象

到批判甚至组织处分。当时，和合生产队和五星生产队都办有公共食堂，调查组也和农民一样到食堂吃稀饭。公共食堂不但限制了社员的吃饭自由，还是典型的平均主义，并且浪费了大量的人力物力，广大社员早已对此不满。但办食堂是各级倡导的，并且各级不断地发文件、下指示，强调公共食堂制度必须坚持。因此，尽管社员们对食堂是满肚子的意见，但谁也不敢对调查组明说。

调查组为此专门召开了座谈会，让社员把心里话讲出来，但会上发言并不踊跃，吞吞吐吐。会后，一位妇女迟迟不肯离去，把调查组的人拉到一旁，悄悄地问，你们是真听意见，还是让我们表态？会上那么多人怎么敢讲！这个妇女根据在食堂工作的亲身经历，说了食堂一大堆问题。

　　随后，调查组又挨家挨户进行访问，对食堂问题做了进一步调查，发现绝大多数群众对食堂意见很多：一是办食堂，搞"一平二调"，社员家的炊具、桌凳搬到食堂无偿使用；二是把自留地收归食堂作菜地，家畜家禽集中饲养，使社员无法发展家庭副业和多种经营；三是食堂饭菜不对胃口，老人小孩难以照顾，生活不方便；四是难管理、漏洞多，有的干部开"小灶"，多吃多占；五是食堂浪费粮食严重，把生米变熟饭要过五道滴漏（即从米桶——淘箩——水缸——饭锅——社员的饭篮五道程序都有滴漏），结果1斤米变成8两粥。绝大多数群众的意见是食堂应该解散。

　　调查组把群众的意见如实地向田家英作了汇报。田家英一听说要解散食堂，并没有心理准备，颇为吃惊，因为中共中央刚刚下发的"十二条"中，还明确规定"公共食堂的制度必须坚持"，并且"必须办好"。因此田家英并没有马上表态，而是又亲自召开几次座谈会，反复听取群众意见，最后他认为群众的意见是对的。

　　在调查中，许多老农向调查组反映：办初级社时最好，十几户、几十户人家自愿结合在一起。既是生产单位，又是分配单位，看得见，摸得着，算得清，分得到，大家的生产积极性很高。公社化后，一个和合生产队，要管11个小队，南北十多里，望不到边，分配搞平均主义、吃大锅饭，哪里来的劲头搞集体生产。调查组在讨论这个问题的时候，出现了有不同意见，有人提出，应该调整生产队规模，把核算单位放到生产队（即当时的小队）；有人则怀疑这样做"倒退到初级社了"。在这个问题上田家英的态度很明朗，认为不应该以过去的框框去谈论什么"前进""倒退"，而主要看是否符合群众的意愿，是否有利于生产。[1]

5. 湖南广东农村调查

在田家英率调查组到浙江时，胡乔木率领的另一个中央调查组，也到了湖南。随后，调查组前往长沙、湘潭、安化等县调查。

1961年1月30日至3月7日，中央调查组与湖南省委、湘潭地委调查组一起，来到湘潭县的石潭公社古云大队调查。调查组住在古云大队部的一栋旧瓦房里，胡乔木住一小间，其他人在一间大点的房子里打通铺。

调查组进村时，群众对调查组的情况不摸底，尽管他们对公社体制、公共食堂有很多意见，却不敢讲实话，害怕调查组走后挨辩论、批斗、扣饭。为了打消群众的顾虑，胡乔木决定走家串户进行走访调查。

调查组首先来到了已经靠边站的队干部易少华家。易少华靠边站的原因是讲了一句上面不爱听的话，结果不但挨了批，而且还被撤了职。胡乔木在得知他有四个小孩后，便问道："四个崽，有饭吃吗？"易少华本想说真话，但又怕以后挨打受斗，就低头不语。胡乔木见状，知道他有顾虑，不敢说真话，就对他说："你放心，我们这次来，只是来搞调查，没别的意思。调查目的就是要弄清楚你们的生活生产怎么样，有什么困难、问题和要求，再报告给毛主席、党中央，为制订好的农村政策打下基础，摸清底子。"

易少华听胡乔木这么一说，就大着胆子说了一句："就是饭吃不

---

[1] 林平加、薛驹：《忠心赤胆为人民——深切怀念田家英同志》，《人民日报》1996年8月29日。

饱。"胡乔木问:"为什么连饭都吃不饱?"易少华说:"这几年连年减产,亩产只有140多斤。"胡乔木说:"产量这样低,群众吃几两米一餐。"易少华说:"十六两秤一斤吃三两米一餐。"胡乔木感叹地说:"吃三两米,怎么做得事。"胡乔木又问易少华对农村政策怎么看,易少华说,搞集体还是要得,就是搞公共食堂要不得。胡乔木问:"为什么要不得?"易少华说:"会饿死人的。我们这里搞食堂只是一个形式,不信你可以到食堂去看看。"

2月5日,胡乔木在几个生产队转了一圈后,来到了泥湾小队的食堂。此时正好是食堂开饭时分,胡乔木要了一钵饭,来到一张桌子边,却发现食堂许多的桌子都蒙上了厚厚的一层灰。他悄悄地问旁边一个叫陈玉泉的社员怎么回事。陈玉泉本来不想讲,但又想起别人告诉他说易少华对调查组讲了真话,也没把他怎么样,就对胡乔木说:食堂本来早已散了,队长听说调查组要来检查食堂,前天通知社员要集体出工,并说食堂管三餐饭。胡乔木又问食堂好不好,陈玉泉说:"吃食堂好是好,就是身体打败仗。"说着就捋起裤脚把浮肿的双腿给胡乔木看。

胡乔木又问旁边一个叫李枚生的社员:"饿饭吗?"李枚生一向胆小怕事,就言不由衷地说:"生活还好,饭也吃饱。"胡乔木知道他说的不是真心话,就指着他身上穿的烂衣服说:"你怎么穿得这样差?"李枚生说:"这是我下田穿的劳动服,好的锁在柜子里。"胡乔木见此,就说:"那好,你带我到你屋里去看你的好衣服。"李枚生没有办法,只得把胡乔木领到家里。到了李家,李的妻子赵氏正在吃东西,胡乔木便问吃的是什么?赵氏比较泼辣,就把碗端到胡乔木面前,并且说:"看吧,糠粑粑,你试点味不?"胡乔木看着碗

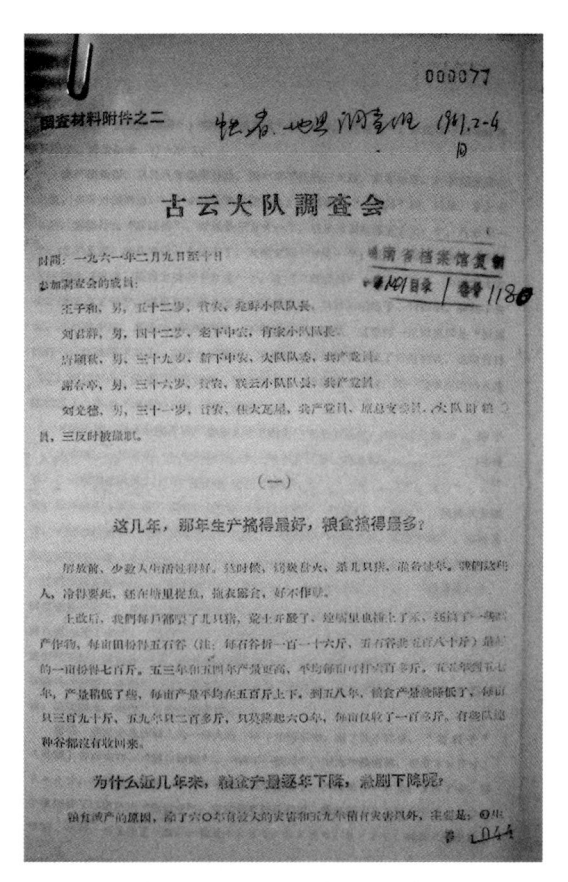

中央湖南调查组在湘潭县古云大队的调查记录

里的糠粑粑,久久没有说话。[1]

2月9日,调查组开了一次干部座谈会,参加调查会的5人中,有4个是生产小队长和1个被撤职的大队财粮委员,其中3人是党员。

调查组问题:这几年,哪年生产搞得最好,粮食搞得最多?

回答是:土改后一亩能收500斤,1953年和1954年产量更高,

---

[1] 赵荣球:《深入实际,体察民情——忆乔木在湘潭古云的调查》,《湘潮》2000年第6期。

平均每亩有600斤，1955年和1956年低了些，平均500斤上下。到1958年，粮食产量降低了，每亩只有390斤，1959年只有200多斤，1960年每亩仅收了100多斤。

调查组问：为什么近几年来，粮食产量逐年下降，急剧下降呢？

回答是：除了1960年有较大的灾害和1959年稍有灾害外，主要是生产瞎指挥，"乱搞乱顿姜"（湖南方言，乱来，无计划之间）；刮"共产风"，"你的就是我的"；基层干部的作风不民主，强迫命令，打人骂人。

这个大队的生产瞎指挥，从1958年春天就已开始，下什么种，什么时候浸种，都是按上边命令；1958年上级号召深耕，犁田不看田底子，有的田深耕三尺。最严重的是乱调人，1958年早稻刚收完，就抽了一部分人去找煤矿，一部分人去炼铁，留在家里的人很少，到11月才把晚稻收回来。1959年早稻刚上场，就发动社员去修"幸福堤"；"幸福堤"刚修完，又修"增产坝"和"花果山"。参加座谈的干部们说："搞来搞去，把人搞疲了，和烂泥巴一样，骂也不动，打也不动。""按这号搞法，再搞几年，就没有人了，都会'散工'（死亡）。"

调查组问：为什么这几年生猪、鱼、鸡鸭都少了？

回答是：以前这里每户都养猪，有的还有猪婆（母猪）。养猪最多的时候是1952年到1957年，那时候食品公司猪都收不过来，一天收一二百头。从1958年起，生猪就减少了。为什么？一是办起食堂后，屋里没有谷米加工，没有糠碎，社员私人不喂了，只有食堂喂了几只；二是猪喂壮了，政府又叫送走了，喂猪的人没有肉吃。这样一来，大家都不愿喂猪了。这几年政府（指大队）要抓现金，不问来源，只分配任务，规定每个中队（生产队）要交多少钱给大队，鱼只捉不放，哪里还有呢？1959年冬公社收购鸡鸭，往下硬性分配任务，几天向上面报一次"喜"。社员不送来，（公社）供销部就派人去捉。这样一来，就坏事了，你捉了一只，其余两只都"该死"，还不越搞越少。

参加调查会的小队干部还反映，瞎指挥不仅使当年生活受到影响，而且使生产工具和耕牛受到损害，影响了再生产。古云从土改到合作化，农具逐年增加。到了1958年以后，生产瞎指挥加上"共产风"，农具用了就丢，没人收拾，没人清洗，放在外面日晒夜露。耕牛也减少了，其原因，一是耕牛的劳役加重了，二是耕牛的体质和气力减弱，也没有牛崽子了。

调查会上，小队干部们还向调查组反映了古云大队几年来存在严重的"共产风"问题。古云的"共产风"早在"大跃进"启动之初就已开始刮了。1957年12月至1958年3月，古云高级社开展大规模的投资和积肥运动。当时刚建立高级社，生产缺乏资金，湘潭县委布置开展投资运动，提出的口号是"死钱变活钱"，要社员把家里藏的银元拿出来，作为向社里的投资，办法是先由几个干部摸底，认定是有钱的户，就送去一张条子，写明什么时候要向社里交出多少钱来，没有钱就逼，逼不出就打。一个叫王德云的社员，家里修了一条暗坑，搞积肥运动挖地皮泥时被发现，干部们硬说他家藏有银元，逼他拿出来，拿不出就叫其母亲坐冰盆（即在澡盆里放冷水，让人坐在里面）。在投资运动中，许多人被打，其中有贫农也有富农。这样一逼一打，弄得人人紧张，有的吓得把钱都拿出来。如此一来，古云高级社一共搞出了7000块钱，其中银元有4000元。没钱的户，有的被逼出卖被帐、棉纱，有的被赶走了生猪。

紧接着，古云又大搞积肥运动，提出"家家落锁，户户关门""路无闲人"的口号。所谓"户户关门""路无闲人"，就是屋里的人都出去积肥，过路的人一律要积15担至20担爱国肥，路人随带的礼物常被抢吃一空。有个七十多岁的老头子，来石潭籴米，社员毛某叫他积肥，老头说："我是驾船的，你为何管我船上的事？"毛说："共产党什么都管。"便上前扭住老头，老头抵抗，毛就将其按倒在地上。更可笑的是，有个叫王赞成的社员，眼睛有些近视，他的儿媳妇从娘家回来，手里拿了点娘家给的礼物，王在路边车水，没有看清是自己的儿媳，就跳下水车去抢。儿媳一看，是自己的家爹，连忙说："爹，不要抢，这些东西提回去就是送给你吃的。"

1958年秋天后，古云"共产风"有增无减。公社化时，古云大队搞了个"十二化"，如生活集体化、战斗化、纪律化、文娱集体化、公共厕所化、集体牛栏化，还搞男女分居，被指定为集体宿舍的户必须立即搬家。公社为了开煤矿，要调大批的劳力，调人的办法是站队点名，点上名的就走，多数男劳力被调去。接着是全民大炼钢铁，这个大队的劳动力集中到了石潭镇，没有炉子，就拆屋取砖；没有燃料，就砍树拆楼板烧；炼不出铁，就打烂社员家的锅做"引铁"，当时的口号是"一天不出铁是大事，三年不出谷是小事"。[1]

中央调查组还了解到，古云大队的这些情况，其实在湘潭全县是普遍存在的。湘潭县的"共产风"这些年来一共刮过六次。第一次是1957年冬，主要是挖底财，搞投资，谁家有现金、银元、银器，

---

[1] 中央、省、地、县调查组:《古云大队调查会》，1961年2月。

都得交出来，普遍发生了吊打捆绑现象。第二次是人民公社化运动，有的地方搞"三化六集中"。"三化"是生产整齐化、男女分居化、出工收工一二化（喊操）；"六集中"是劳力集中、居住集中、幼儿集中、农具集中、牲畜集中、学生集中。第三次是大炼钢铁时，调劳力，拆房屋，砍树木，收铁器，集中粮食、蔬菜、家畜、家禽。第四次是1959年3月，搞"经济一条龙"，公社、大队、生产队、食堂的资金和社员的现款，一律由银行、公社信用部冻结，不准支出。第五次是1959年秋收后，搞大兵团作战，调劳力、粮食、蔬菜、农具、家具、稻草等。第六次是1960年春大建猪场，拆社员房屋，调社员

中央湖南调查组撰写的调查报告

的猪。

除了"一平二调"以外，1957年办高级社以来，湘潭县农村就没有认真进行过分配。有的社虽然搞过决算，但一直没有进行找补。1958年根本没有搞过决算，也没有找补，谁多谁少，谁也不知道。1959年虽然办了决算，但真正找补的只有73个大队，226个大队只找补了一部分，可是找补的现金，七扣除八扣除也就没有了。社员说："干不干，三餐饭。"

1958年以来，湘潭的生产遭到严重破坏。1958年全县粮食产量6.25亿斤，1959年5.30亿斤，1960年下降到2.85亿斤。生猪则分别为33万头、24万头、14万头。社员生活水平大为降低，1958年人均口粮520斤，1959年440斤，1960年只有303斤。

1月28日，陈伯达率领的广东调查组来到广州。这个调查组的成员来自中央办公厅、中央农村工作部、中央宣传部、国家计委、红旗杂志社等单位，共有11个人。到广州后，调查组又分成两个小组，分别由许力群和邓力群担任小组长。

调查组到广州后，先听取了广东省委第一书记陶铸等人关于广东农村和整风整社情况的介绍，接着又参加了由广东省委组织的南海县和新兴县两个大队干部座谈会，对食堂、供给制等问题有了初步的了解。2月1日，调查组来到番禺县大石公社，在听取公社党委的情况介绍后，然后分成两个小组，分别到了沙溪、西二两个大队进行调查。前者是一个生产搞得比较好的大队，后者则是一个搞得比较差的大队。调查组通过家庭访问、个别谈话、开调查会等方式，对这两个大队的生产情况、公社体制和社有经济、分配和食堂、干部参加劳动等问题作了深入的调查。西二大队的调查，从2月2日至2月10日，进行了9天，2月11日，调查组成员到了番禺县的大石公社，调查了社有经济的情况；沙溪大队的调查，则从2月2日调查到了2月8日，进行了7天，2月9日，调查组成员前往被认为是猪粮并举取得出色成就的两阳县岗列大队调查。

2月17日，调查组将调查情况辑录整理成《广东农村人民公社几个生产队的调查纪要》。《纪要》中说："公社各级的关系，在解决了自下而上的'共产风'问题后，似乎应当注意更适当地解决队与队之间、社员与社员之间在分配上的某些平均主义。"关于队与队的平均主义，《纪要》举例说，新兴县里洞公社蒙坑大队是由原来的两个高级社合并起来的，一个在山上，副业门路多，收入高，一个劳动日1.2元；另一个在平地，副业门路少，收入低，一个劳动日0.7元。现在，都降低了，而且降成一样，都是0.4元，社员意见很大，收入降低多的社员意见更大。

关于社员与社员之间的平均主义，调查组认为，主要表现在供给与工资的比例、公共食堂等制度上。大沥公社平均每月共发工资500元，可是按人口平均供应的粮食、菜、油、盐、柴等合计每月需2600元，按劳分配的工资部分还占不到总分配数的20%，而按人口平均分配的供给部分却占了总分配数的80%多。公社干部认为："劳动力强的和弱的都一样地吃，能挑百斤泥的人没有劲了，劳动力弱的也不积极，有些人就'走自发'，谁也瞧不起工分了。"据典型调查，农村里劳动力多、人口少的家庭和人口多、劳动力少的家庭，大体都占农户总数的40%左右。人民公社要分配合理，重点就是处理好这两类户之间的矛盾。公社的分配制度必须认真改变供给和工资倒三七、倒四六甚至倒二八的状况，更好地实行按劳分配的制度。

调查组认为，对于公共食堂，可以多种多样，有大有小。有的食堂可以农忙多办，农闲少办，必须是积极办好，自愿参加。不愿意参加的，或者为了养猪而愿意自己做饭的，应当适当给予方便。

四、"农业六十条"草案

1. "搞这个条例有必要"

这年 2 月初,毛泽东也到了杭州,并于 2 月 6 日听取了中央调查组的汇报。田家英向毛泽东汇报了和合生产队的调查情况,着重反映了三个问题。第一,主要由于"五风"严重破坏,造成粮食生产大幅度减产,水稻亩产由常年的四百多斤下降到 291 斤;第二,生产队的规模太大,共辖 11 个小队;第三,社员对公共食堂普遍不满,不愿意在食堂吃饭,食堂实际上是造饭工厂,不做菜,社员将饭打回去,还得再热一次。

在听了田家英汇报后,毛泽东又听取浙江省委负责人江华、霍士廉、林乎加、李丰平汇报整风整社和省委召开扩大会议的情况,并就有关问题发表了自己的看法。

讲到社、队规模时,毛泽东说,县、社规模太大,大了搞不好,管不过来。几年来并县、并社,都是从上面方便着想的,不是从群众要求、从生产有利出发的。浙江有 600 个公社,一分为二,1200 个就好办了。他说:"生产队的规模也大了。我们中央有几个调查组,在你们浙江就有一个,让他们调查一个最好的生产队和一个最坏的生产队，不要只钻到一头，好就好得不得了，坏就坏得不成话，应该有好有坏，这样才能全面。关于生产队规模问题，他们反映，生产队管的小队太多。田家英同志调查的那个队就管 11 个小队，有几十里宽。这里的农民不知道那里的农民搞些什么事情，这怎么行呢？我看一个生产队管不了这么多，太大了。"

毛泽东说，在一个基本核算单位里，有富（队）、中（间队）、贫（队）就有问题，群众就不满意。小队就是过去的初级社。他建议把小队改成生产队，原来的生产队改成生产大队，把生产队（原来的生产小队）变成生产单位和消费单位。他还要浙江省委研究一下，是把基本核算单位放在过去的初级社好，还是放在过去的高级社好？就是说，放在生产小队好，还是放在生产队好？这说明，毛泽东此时已考虑到人民公社基本核算单位下放的问题。

2月8日，毛泽东再次与浙江省委负责人谈话，田家英也参加了。毛泽东开头就问："有没有希望？整好社，去掉'五风'，能不能达到你们的指标？"

江华汇报时说，浙江粮食产量1961年争取达到160亿斤。

毛泽东说："落后的地方要找到落后的原因，是天灾，是人祸？嘉兴魏塘公社和合生产队产量只有291斤，主要是'五风'瞎指挥，要去掉这些因素，恢复大概要两三年。"

毛泽东又问："退赔，有没有决心？"

林乎加答："决心退赔，破产退赔，哪一级决定的，哪一级负责。"

毛泽东说："这个办法好，谁决定的，谁负责赔。问题是中央、省、地、县四级有没有决心。单是中央和省有决心还不行，地、县没有决心就搞不好。地、县有了决心，即使有些公社、生产队没有搞好，也是时间问题。要使他们真正懂得共产主义和社会主义的区别,全民所有制和集体所有制的区别,等价交换,不能剥夺农民。我们只讲过剥夺地主,哪里讲过剥夺农民。"江华也补充说,这种思想是反动的。

这时,毛泽东加重语气说:"是的,是最反动的,不是建设社会主义,而是破坏社会主义。"

林乎加谈到,瞎指挥有些是从省里下去的。毛泽东对此也有同感,并且说:"也有从北京下去的。1959年10月开了一次农业书记会议,搞了一套文件,没有批准就发了。我对谭震林同志说,三年不要开农业书记会议。春耕生产指示,一年一个,形式主义,谁去看,农民要饿肚子,他不懂得要耕要种?"

1958年以来,在自留地政策上是反反复复。1958年公社化时曾将社员自留地收回,1959年上半年整顿人民公社时,中共中央和各级又发文件要求给社员自留地,庐山会议反右倾运动一来,又将自留地收回去。当林乎加讲到这几年自留地几放几收,放有放的道理,收有收的道理时,毛泽东说:"两个道理,归根到底,只能是一个道理,还是要给农民自留地,而且要把为什么反复交待清楚,农民不相信,你变得太多了嘛!""现在反复不下去了,再搞下去,就是你们所说的饿、病、逃、荒、死。"

这时,毛泽东又想起了生产队规模太大,把生产小队改成基本核算单位的问题。他说:"现在这样口粮拉平分配,工分拉平分配,这是破坏农民的积极性。""基本原则是要增产,要把饿、病、逃、荒、死的原因去掉,做到不饿、不病、不逃、不荒、不死。当然有正常的死,人也难免要生点病,主要的问题是饿不饿的问题。"这说明此时毛泽东意识到,要从根本上解决"共产风"等"五风"问题,出路在于调整人民公社的体制。

最后,毛泽东表示,要抓紧干部的教育,使他们懂得什么是共产主义,什么是社会主义。全民所有制、集体所有制,这都是社会主义性质的。自留地是个人所有制的尾巴,并不危险。不懂得社会主义革命和社会主义建设这些道理,就会死人的。[1]

农业合作化运动时,东北区、华北区都制订过《农业生产合作社试行章程》。1955年11月,第一届全国人大常委会第二十四次会议还通过了一个全国性的《农业合作社示范章程草案》,1956年的第一届人大三次会议又通过了《高级农业合作社示范章程》。农业合作化运动虽然在后期尤其是初级社转为高级社时,也存在过急过快、形式简单划一的问题,但总的来说,还是有章可循。人民公社建立两年多来,虽然也有1958年8月北戴河会议和同年12月的中共八届六中全会通过的两个决议,有1959年4月上海会议通过的关于人民公社的十八个问题,又有了《紧急指示信》十二条,但这些都是党内文件,而且规定的内容也不具体、全面,各地操作起来并不方便,甚至还容易在执行中出现偏差。因此,搞一个类似于合作社章程的全国性的人民公社工作条例,对于规范人民公社各级的责、权、利,是十分必要的。

就在这次谈话中,田家英向毛泽东建议由中共中央搞一个人民公社工作条例,被毛泽东采纳了。在随后的广州会议上,毛泽东提到这个条例的由来时说:"我是听了谁的话呢?就是听了田家英的话,

---

[1]《毛泽东传(1949—1976)》(下),中央文献出版社2003年版,第1123—1125页。

他说搞条例比较好。我在杭州的时候,就找了江华同志、林乎加同志、田家英同志,我们商量了一下,搞这个条例有必要。搞条例不是我创议的,是别人创议的,我抓住这个东西来搞。"[1]

在杭州期间,毛泽东将年前成立的各中央局的书记和华东各省、市的第一书记找来,听取他们关于纠正"五风"等问题的汇报。其中一个重要内容就是关于公共食堂问题。

在杭州到绍兴的专列上,毛泽东带着这些高级干部,听华东局第一书记兼上海市委第一书记柯庆施讲公共食堂办得如何好,吃食堂有多少好处,其他人也对公共食堂一片赞扬。毛泽东本来就十分看好公共食堂,听柯这么一说,也不禁眉飞色舞起来。

就在此时,毛泽东注意到坐在旁边的江苏省委第一书记江渭清却情绪低落,一言未发,便问道:"渭清同志,他们都讲办公共食堂好,唯独你不讲话,这是什么道理?"

江渭清答:"我不好发言。"

毛泽东听出了江渭清的弦外之音,便鼓励说,有什么意见都可以讲,不抓辫子,不打棍子,不戴帽子。

江渭清见此,便放开胆子讲起食堂的不好来。江渭清说:"食堂耗粮特别大。本来,一家一户过日子,再穷也有个'糠菜半年粮'。您老人家也曾讲,要'平时吃稀,农忙吃干,老弱干轻活的吃稀,青壮年干重活的吃干'。大办食堂以后,不分老少,不管活轻活重,都在一个大锅里吃,一年吃了两年的粮,全年口粮几个月就吃光了,吃不起。"

---

[1] 董边等编:《毛泽东和他的秘书田家英》(增订本),中央文献出版社1996年版,第71页。

这时，毛泽东伸出一个手指，打着手势说，这是第一，第二呢？

江渭清接着又说："农民一家一户过日子，每户挖点野菜，剩汤剩饭什么的就能养一头猪，全国一亿多户农民，每户养一头猪就是一亿多头猪。现在办公共食堂，不许养鸡、养鸭、养猪、养羊，结果没有蛋吃，没有肉吃。"

毛泽东见江渭清讲得有道理，便鼓励他继续讲下去。于是，江又讲起了不能办食堂的第三条理由：吃食堂浪费大得不得了！各家各户烧饭时，对锅灶碗盆十分爱护。办了食堂，锅灶经常坏，碗筷随手丢。许多食堂要经常买锅添碗置灶具。还有，干部和他们的亲属借机搞特殊化，多吃多占，严重影响干群关系。现在办食堂缺烧柴，到处砍树，农村的树木都砍得差不多了。江渭清说，公共食堂所谓"四菜一汤"，他在江苏没有见过，要是继续办下去，恐怕连"一汤"也喝不上了。[1]

这大概是毛泽东第一次听地方大员讲食堂的不好，虽然他对此还有些半信半疑，但毕竟听到了关于食堂的不同意见，而以往他看到的都是食堂如何优越的材料，听到的都是食堂如何好之类的汇报。

公共食堂兴办之后，毛泽东一直对其持赞赏态度。庐山会议期间，朱德在不同的场合讲过，公共食堂全垮了也不见得是什么坏事，即使食堂垮，也不影响人民公社巩固之类的话。毛泽东对此并不认同，他认为食堂不但节约劳力，还节省粮食，包括油盐柴草菜蔬，比在家里吃得好。他曾对朱德说：总司令，我赞成你的说法，但又跟你有区别。不可不散，不可多散。他还在会议期间几次就食堂问题写

---

[1]《江渭清回忆录》，江苏人民出版社 1996 年版，第 455—456 页。

了批语。他在看了一篇关于湖南省平江县谈岑公社稻竹大队几十个食堂散伙后又恢复的情况的材料后,写道:"一个大队的几十个食堂,一下子都散了;过一会,又都恢复了。教训是:不应当在困难面前低头。像人民公社和公共食堂这一类的事情,是有深厚的社会经济根源的。一风吹是不应当,也不可能的。某些食堂可以一风吹掉,但是总是有一部分人,乃至大部分人,又要办起来。或者在几天之后,或者在几个月之后,或者在更长时间之后,总之又要吹回来的。"[1] 由此可见他对公共食堂是如何看重。

但是,现在的形势毕竟与庐山会议时有了很大的不同,形势比那时更严峻了,就连嘉善这样的鱼米之乡,群众竟然也吃不饱饭。听了江渭清这样一说,毛泽东对公共食堂的态度发生了变化。他表示,对公共食堂,按群众的要求办事,可以多种多样。单身汉、劳力强没有人做饭的要求办常年食堂,多数人要求办农忙食堂,少数人要求自己做饭。这个问题要调查研究一下,使食堂符合群众的需要。30户中有5户要求办常年食堂的,那就要办。养猪的要求在家里做饭,是可以的。总之,要符合群众的要求,否则总是要垮台的。

2月10日,在杭州去长沙的火车上,毛泽东听取了江西省委负责人杨尚奎、邵式平、方志纯、刘俊秀等人的汇报。他感到江西的公社和生产队规模也都太大了,一个公社可以划分为两个或者三个,以乡为单位,一乡一社。他说,公社应当一律以原来的乡为单位,凡是以原来的区为单位的,给它一个不合法。

公共食堂是此次谈话的一个议题,毛泽东说:办食堂要满足三

---

[1]《建国以来毛泽东文稿》第八册,中央文献出版社1993年版,第410页。

种人的要求。比如没有结婚的单身汉，或者结了婚没有孩子的，他就愿意吃常年食堂，就办常年食堂；比如有孩子的人，农忙时愿意吃食堂，农闲时愿意在家里自己做饭吃，就办农忙食堂；还有一部分人不愿意在食堂吃的，那就满足他，可以不参加食堂。

2月11日，毛泽东的专列到了长沙。

在长沙附近的一条铁路支线上，毛泽东听取了湖南省委第一书记张平化，省委书记处书记胡继宗、周礼，以及胡乔木的汇报，并同他们集中讨论了公社体制和公共食堂这两个问题。

当汇报到社队规模时，毛泽东说："我看，你们这个社也大了，队也大了。大体上一个社划成三个社比较恰当，就是以乡为单位。"这时，胡乔木表示："开始提的是以乡为单位，后来不断加码，撤区并乡，小乡并大乡，几乡一社。实际上，还是小队的劳动为基础，大队作经济核算，加以联合，公社恐怕只是一个联络组合的形式。"

接着，毛泽东又提出基本核算单位放在哪一级的问题，他说："究竟是队为基础好，还是下放到小队为基础好，有人提出这样的疑问。因为现在队底下管的小队多，而小队就是过去的初级社。有三种方案：一种方案就是现在的这种方案，队为基础，比较大的队平均三四百户。这种方案在一些地方是否适宜还值得研究，这么大，从东到西，从南到北，老百姓自己不清楚。小队里边又分三种情况，比较富的，比较自保的，比较穷的，统一分配，结果就是吃饭拉平，工分拉平。第二个方案，就是把现在这个队划成三个队，使经济水平大体相同的小队组成一个基本核算单位，不要肥的搭瘦的。肥瘦搭配，事实上是搞平均主义，吃饭平均主义，工分平均主义。山区还要小，只要几十户，二三十户、三四十户一个生产队。"

毛泽东问湖南省委负责人："你们有多少生产队？"

胡继宗答："一万五千个。高级社时是五万个社，公社化后划成一万六千个大队。"

毛泽东说："你们还是大体上恢复到高级社的范围，五万个。"

胡乔木说："如果这样，对群众才说得上民主，大队干部才说得上领导管理，不然经营不了。"

毛泽东说："而且势必实行平均主义，吃饭平均，工分平均。"

胡乔木说："我去了一个好的生产队，在长沙县，叫天华大队，那个大队年年增产，一步一步地走上坡，它有一个特点，就是始终保持高级社的规模。公社的规模要缩小，它的权力也要缩小，权力跟责任都要缩小，这样，事情就好办了。过去几年湘潭的情况比较严重，我们有个组在湘潭，到一个坏的生产队，它的特点是从1957年下半年起，一年比一年坏，根本就是破坏。"

毛泽东说："我看兴起来也快。恢复原状，就是过去的高级社，由若干高级社组成一个公社。"

第二天，毛泽东继续听取汇报，这次参加汇报的只有张平化和胡乔木两人。汇报一开始，张平化就说："昨天谈了以后，我们回去商量了一下，认为对体制调整决心下得不够。如果基本核算单位就相当于原来的高级社，全省可能有五万多个大队；现有的一千一百个公社可能变成三千个公社或者多一点。春耕之前，先解决基本核算单位划小的问题，大家的意见是一致的。"

毛泽东说："我看是群众的要求。你们既然叫大队，底下就不要叫小队，就叫队。因为一讲小队，这个'小'字就有个缺点，它职权小。其实这个小队有很多工作，有人计算有十五项工作。就叫生产队，上面叫生产大队,是基本核算单位,再上面是公社。公社、大队、队,不要这个'小'字。"

张平化说:"好,原来没有承认它是一级,现在承认它是一级,而且是很重要的一级。"

毛泽东说:"是啊!是很重要的一级。所以,有人怀疑,基本核算单位究竟是小队,还是队。所谓队为基础,哪个是基础?"

胡乔木建议:"可以考虑把现在的公社变成区联社,恢复区委,大队变成公社。"

毛泽东反问道:"那么小队变成生产队?"

胡乔木回答说:"叫小队也可以,叫生产队也可以。"

毛泽东表示:"不要叫小队,叫生产队。"

在谈完人民公社的体制问题后,张平化和胡乔木汇报公共食堂问题。这时,毛泽东提醒说,吃食堂不能勉强,并问湖南是不是还勉强?胡乔木根据其调查,认为食堂这个制度现在还不算勉强,并且说:"我们原来很留神研究这个问题。长沙县的情况很特别,非常明了,食堂根本不可能散了,它把好多人家连到一起去了,一个食堂就是一个屋场,所谓屋场就是一个小队。"

湖南农村农民居住一向是分散的,听到这种情况,毛泽东有些不解地问:"为什么弄成这个样子?"

胡乔木说:"这是因为拆房子拆得多,搬房子搬得多,已经搞到这一步,再返回去就没有必要了,群众现在习惯了,他觉得这样有好处。我们问了一些贫农、下中农,他们对食堂都还是满意的。他主要是觉得痛快、干脆,不管那么多的闲事了,这个群众还是高兴的。"

毛泽东又问:"这是并了的,没有并的呢?要走那么远的路去吃饭，什么人来吃呀？"

张平化回答说："有这个问题。这次我专门回家看了一趟，在大山区里头。他们那个生产队原来有五个食堂，以后并成三个。这一次整社，群众要求再分成五个，还有个别较远的单家独户，允许他单独开伙。"

毛泽东又问："你们有没有农忙食堂？"

张平化答："没有。我们有个规定，冬天的时候，晚上可以回家做一顿，因为要烤火。"

烧柴是公共食堂的一个大问题。张平化说："食堂办得好不好，柴火关系很大。"

听张平化这么一说，毛泽东立即想起了在浙江时也听到了这样的汇报，就说："浙江同志讲，食堂实际上是一个造饭工厂，它不做菜的，社员把饭打回去吃，回去凉了，又要热一顿，结果柴火两头分散，家庭要烧柴火，食堂又要烧柴火。"

张平化说："我们也有这种情况，因为居住分散，回家他还得煮一次。"

毛泽东听后说："那何必呢？"[1]

毛泽东还谈到准备搞一个人民公社工作条例的问题。他说，现在我们在全国有几个调查组。将来这些组到广州集合，每省三个，三个省共九个人，加我一个，组成十人小组，认真研究解决一些问题，搞一个文件。问题很多，各个同志应分头去调查，将来我们在广州搞出一个条例来。

---

[1]《毛泽东传（1949—1976）》（下），中央文献出版社2003年版，第1127—1131页。

在杭州和长沙的谈话中，毛泽东还谈到了党的政策问题。他说，我们的政策多变，而老百姓总是怀疑我们。农民怀疑我们是对的，因为你变得太多，在自留地问题上，在养猪问题上，总是变。现在把它用"十二条"固定下来了，但是还有相当一部分农民怀疑，他们说不晓得"十二条"还会不会变。我们在"十二条"时规定了三级所有，队为基础，七年不变，自留地二十年不变，还有其他一些具体政策，就是为了解除农民的顾虑，促进生产的发展。

他还说，我们现在彻底算账退赔，近两三年计划方针的确定，有些人认为我们右了，我就曾经说过，如果落实，实事求是地干，不那么高估产，不平调就好了。如果这样，有人说我是右倾保守。那我谢天谢地。如果不再"右"，饿、病、逃、荒、死的情况就更多。

毛泽东还谈到了如何稳定农村粮食征购任务的问题。他说，有人提出不要每年定产，而是要算出一个标准来，按标准定产。要按几年的收成，按一大片田的平均产量来定产。以后这个产就不变，然后再按这个产定购，丰产了不多购，减产了也不减购，除去特大灾害。这是河北一个公社社长给谭震林同志的信说的，我看这代表了农民的要求。[1]

2. 起草"农业六十条"

1961年2月12日晚，毛泽东离开长沙前往广州，并在广州过春节。

2月22日，按照毛泽东的指示，赴浙江、湖南、广东的三个中央调查组的组长，各带一名助手来到广州会合。25日，毛泽东召集

---

[1] 中办机要室：《毛主席最近关于人民公社体制和一些政策问题的谈话》，1961年3月2日。

胡乔木、陈伯达、田家英和广东省委第一书记陶铸、书记赵紫阳和中央农村工作部副部长兼农业部长廖鲁言开会，讨论起草农村人民公社工作条例问题。毛泽东提出条例的起草工作由陶铸挂帅，陈伯达为副帅，廖鲁言、田家英执笔，于3月10日写出初稿。随后，根据毛泽东的意见，条例的起草工作又吸收了几个省的负责人参加讨论和修改。

在此之前，中央农村工作部部长邓子恢在农村调查时感到，第二次郑州会议以来，中央出台了好些文件，但到了基层，有的没有同群众见面，有的执行不认真，有的执行中打折扣甚至走了样。这其中可能与某些具体规定朝令夕改有关。如果能搞出一个条例，把现有的处理人民公社内部矛盾的方针、政策、办法归纳起来，使之条理化、规范化，公之于众，对于纠正农村工作中的错误，稳定农民生产情绪，将起重大作用。[1]于是，邓子恢组织了一班人花了40多天的时间，写出了《农村人民公社内务条例（修改稿）》。这个《条例》就成了起草农村人民公社工作条例的重要参考资料。

2月23日，中央政治局候补委员、中央宣传部部长陆定一到广东新会县调研。在同县委第一书记党向民座谈时，陆定一问党向民，为什么我们的农村工作在过去一直都是顺利的，到了人民公社的时候，却发生了一些问题？

党向民说，人民公社以来，他感觉有三点不同：第一点，没有经过试点。过去，无论土改、互助组、低级社、高级社，都经过试点，试点时很谨慎，规模小。试点本身就是对群众很好的宣传。群

---

[1]《邓子恢传》，人民出版社1996年版，第536页。

众看到新办法比老办法更有利于生产，就自然而然地赞成新办法了。而人民公社没有经过过去那种试点过程，立即全面铺开，一哄而起。第二点，以前因为经过试点，中央规定的办法很具体。人民公社则不然，办法不具体，不细致，有的问题反复多次。第三点，过去管理制度规定得严密，人民公社的管理制度不严密。

陆定一觉得党向民这些话说得很中肯，2月27日，他将谈话的情况给毛泽东写了一封信，并提出现在许多地方采取新的措施时，也务必稳妥一些，先试点，后推广。毛泽东认为陆定一反映的情况对起草条例具有参考价值，就将这封信批转给起草条例的陶、陈、胡、田等人阅看。

2月25日，三个中央调查组的部分人员，又到南海县大沥公社的大镇大队，作了半天的座谈和访问，主要是了解该社解决生产小队之间和社员之间平均主义问题的办法。

据了解，这个公社贯彻"十二条"后，各大队之间的"共产风"问题基本解决了，干部和群众的积极性也起来了，但小队与小队间、社员之间的"大拉平"问题还没有解决。小队与小队之间的"大拉平"，主要体现在"三包"问题上。按规定：小队超产100斤稻谷，小队可得70斤的超产奖励，其中一半给钱，一半给谷，实际上小队只得到35斤谷，其余的65斤要上交大队。有一个生产小队1960年超产了一万斤谷，上交给大队6500斤，然后在全大队范围内按照口粮标准统一分配，社员们说："这样做，只有太阳从西边出来，才能吃饱饭。"

为了解决小队与小队间的"大拉平"问题，这个大队改变了"三包"的办法，把生产小队上交给大队的征购粮、饲料、种子、蔬菜、鱼塘和其他产品，都包了绝对数，按数上交后，剩下的都归小队分配。

粮食上交以后，小队可以多吃；蔬菜上交后，剩下的小队可以自己卖；别的东西完成产值后，余钱由小队支配。实行这个办法后，克服了小队之间的"大拉平"，小队干部和社员的积极性提高了，再也不说太阳从西边出来才能吃饱饭了。随后，调查组将座谈的情况整理成《南海大沥公社社、队干部和几个社员的谈话记录》，并在随后在广州召开的中央工作会议上印发。

3月5日，毛泽东在广州主持召开中央政治局常委扩大会议。出席会议的有周恩来、朱德、邓小平、林彪、彭真、陈伯达、胡乔木、陶铸。会上，毛泽东集中谈到了他对人民公社体制问题的看法。他说：

"在庐山会议之前，我们对情况的了解还是比较清楚的，但在庐山会议之后就不大清楚了。因为庐山会议之后一反右，有人讲真实话，讲困难，讲存在的问题，讲客观实际情况等等，都被认为是右的东西。结果造成一种空气，不敢讲真实情况了。相反就产生了另外一种情绪，不讲实际了，例如河南本来粮食产量只有240亿斤，他们说有400多亿斤，这都是反右反出来的。右是要反的，也不得不反，不反，对我们工作就不利。庐山会议是要反右的，但是接着就在群众中反右，这就坏了。"

"郑州会议的召开，是为了反'左'，凡是贯彻郑州会议精神比较彻底的省，工作就比较实一些。从3月到6月只反了4个月的'左'，如果继续反下去，那就好了。谁知道彭德怀在中间插了一手，我们就反右。右是应该反的，反右是正确的。但是带来一个高估产、高征购、高分配。这个教训值得我们吸取，这件事也教育了我们，反'左'中间插了一个反右，在群众中间一反，结果就反出一个浮夸风。庐山会议反右这股风把我们原来的反'左'割断了。"

他还说:"我这次出来之后,沿途和河北的同志谈了一下,和山东的同志谈了一下,和浙江的同志谈了一下,也和江西、湖南的同志谈了一下。他们所反映的问题和你们了解的情况差不多。他们普遍感到社、队大了,要求划小一点。我们搞了三个调查组,目前他们正在这里起草一个农村人民公社工作条例,初稿已经写出来了,准备让几个省来几个同志参加讨论修改。修改后再广泛征求意见,然后提交中央工作会议。"[1]

会上,有的人对划小社、队规模,起草人民公社工作条例,还有些顾虑,主要是怕公社搞小了,对各方面是否会有影响;怕现在变动,影响生产,因为正是春耕季节;同时还考虑到国际影响问题。

但是毛泽东坚持公社要划小。他说:"我的家乡湘潭,原来是21个都。以前对那个都还嫌大,分成了上七都、下七都。如果一个都一个公社,也要21个公社,但现在只有13个公社。你们看,河南只有1200个公社,湖北只有600个公社,都太大了。总而言之,要适合群众的要求,要反映群众合情合理的要求。食堂也是一样。田家英同志在浙江调查了一个生产大队,二百多户。这个大队领导了11个生产小队,这11个小队里面有富队,有中等队,也有穷队,在分配的时候统统拉平,这么一来就发生问题了。现在他们建议将这个生产大队分成三个大队,把经济基础差不多的小队分在一起。这样,分配上就不拉平了,使得经济情况都差不多。这是队与队之间的拉平问题。还有一个队里面人与人之间的拉平问题,这个问题还没有解决。如果这些问题解决了,就可以调动起群众的积极性。"

---

[1]《毛泽东传(1949—1976)》(下),中央文献出版社2003年版,第1134—1135页。

他接着说:"过去我们老是要数字,什么东西种了多少,产了多少,今天积了多少肥,明天又搞些什么,天天统计,天天上报,统计也统计不及。横直就是那样,你瞎指挥,我就乱报,结果就浮夸起来了,一点也不实在。包括我们中央发的文件在内,也是那样。今后不要搞那么多文件,要适当压缩。不要想在一个文件里什么问题都讲。为了全面,什么问题都讲,结果就是不解决问题。不要批文件过多,过去我也是热心家,也批了许多文件。我就批了贵州关于食堂问题的那个文件,结果对各省影响很大。又比如,每年到春耕时,中央就要发指示,国务院就要发命令,今年不搞了好不好?我说这都是多余的。"

除了人民公社体制问题,公共食堂始终也是毛泽东放心不下的一个问题。

3月7日,毛泽东找来参加人民公社条例起草工作的湖北省委第一书记王任重谈话,他说:"参加食堂也是要大家愿意。如果不愿意就搞农忙食堂,不愿意吃食堂的也可以让他在家里吃。"不过毛泽东内心还是希望食堂能够办下去,因此说到这里,他又明确表示:"我们办食堂这个制度是肯定了的。"

王任重对办食堂也表示赞成:"食堂不办不行,肯定还是要办,因为妇女要参加劳动,还有一部分贫农确实要吃食堂。但有一部分中农也确实不愿意吃食堂,因为不如家里吃得好。"

毛泽东表示:"城市里头吃食堂的人才占40%,农村有20%的人吃食堂就行了。"

这时,王任重反映了一个情况,河南一些食堂为了解决烧柴问题,用了许多劳动力去拾柴,还有的拆房子烧,有的拆桥烧,有的甚至把修好了的水闸拆了当柴烧。毛泽东听后说："那就非得改变不可！"[1]

中共中央紧急指示信十二条下发后，农村形势出现了好转的迹象。当时，党内有人认为，有了这十二条，政策调整也差不多了，农村的问题就可以大体解决了。为了讨论农村人民公社工作条例和进一步解决农业问题，中共中央决定在广州和北京分别召开工作会议。广州工作会议于3月11日举行，由毛泽东主持，出席会议的有中南、华东、西南三大区的中央局书记和各省市自治区委书记，简称"三南"会议。北京工作会议同时召开，由刘少奇、周恩来主持，出席会议的有华北、东北、西北三大区的中央局书记及各省市自治区党委负责人，简称"三北"会议。

为了引起高级干部们对调查研究工作的重视，"三南"会议的第一天，毛泽东就将他的《关于调查工作》一文印发给了与会人员，并写了一个说明："这是一篇老文章，是为了反对当时红军中的教条主义思想而写的。那时没有用'教条主义'这个名称，我们叫它'本本主义'。写作时间大约在1930年春季，已经三十年不见了。1961年1月，忽然从中央革命博物馆里找到，而中央革命博物馆是从福建龙岩地委找到的。看来还有些用处，印若干份供同志们参考。"[2]

3月13日清晨，毛泽东致信刘少奇、周恩来、陈云、邓小平、彭真及"三北"会议全体人员，指出："大队内部生产队与生产队之间的平均主义问题，生产队（过去小队）内部人与人之间的平均主义问题，是两个极端严重的大问题，希望在北京会议上讨论一下，

---

[1]《毛泽东传（1949—1976）》（下），中央文献出版社2003年版，第1136—1137页。
[2]《建国以来毛泽东文稿》第九册，中央文献出版社1996年版，第438页。

以便各人回去后，自己并指导各级第一书记认真切实调查一下。不亲身调查是不会懂得的，是不能解决这两个重大问题的（别的重大问题也一样），是不能真正地全部地调动群众的积极性的。也希望小平、彭真两位同志在会后抽出一点时间（例如十天左右），去密云、顺义、怀柔等处同社员、小队级、大队级、公社级、县级分开（不要各级集合）调查研究一下，使自己心中有数，好做指导工作。"

毛泽东在信中写道："我看你们对于上述两个平均主义问题，至今还是不甚了了，不是吗？我说错了吗？省、地、县、社的第一书记大都也是如此，总之是不甚了了，一知半解。其原因是忙于事务工作，不作亲身的典型调查，满足于在会议上听地、县两级的报告，满足于看地、县的书面报告，或者满足于走马看花的调查。这些毛病，中央同志一般也是同样犯了的。我希望同志们从此改正。我自己的毛病当然要坚决改正。""我的那篇《关于调查工作》的文章也请同志们研究一下，那里提出的问题是做系统的亲身出马的调查，而不是老爷式的调查，因此建议同志们研究一下。可以提出反对意见，但不要置之不理。"[1]

毛泽东在上午8时写完信后，又在"三南"会议上反复阐明解决队与队、社员与社员间平均主义和调查研究的重要性。

毛泽东说："这次会议要解决两个很重要的问题：一是生产队与生产队之间的平均主义；一是生产队内部人与人之间的平均主义。这两个问题不解决好，就没有可能充分地调动群众的积极性。"

"要做系统的由历史到现状的调查研究。省委第一书记要亲自做

---

[1]《毛泽东文集》第八卷，人民出版社1999年版，第250—251页。

调查研究，我也是第一书记，我只抓第一书记。其他的书记也要做调查研究，由你们负责去抓。只要省、地、县、社四级党委的第一书记都做调查研究，事情就好办了。"

"今年1月找出了三十年前我写的一篇文章，我自己看看觉得还有点道理，别人看怎么样不知道。'文章是自己的好'，我对自己的文章有些也并不喜欢，这一篇我是喜欢的。""文章的主题是，做领导工作的人要依靠自己亲身的调查研究去解决问题。书面报告也可以看，但是这跟自己亲身的调查是不相同的。自己到处跑或者住下来做一个星期到十天的调查，主要是应该住下来做一番系统的调查研究。农村情况，只要先调查清楚一个乡就比较好办了，再去调查其他乡那就心中有数了。"

毛泽东还说，过去这几年我们犯错误，首先是因为情况不明。情况不明，政策就不正确，决心就不大，方法也不对头。最近几年吃情况不明的亏很大，付出的代价很大。大家做官了，不做调查研究了。他承认自己虽然也做了一些调查研究，但大多也是浮在上面看报告。现在，要搞几个点、几个调查的基地，下去交一些朋友。调查的目的是为了解决问题，不是为了报表。了解情况主要不靠报表，也不能靠逐级的报告，要亲自了解基层的情况。

他还讲到了食堂问题。他说，广东有个大队党总支书记说，办食堂有四大坏处：一是破坏山林，二是浪费劳力，三是没有肉吃（因为家庭不能养猪），四是不利于生产。前三条讲的都是不利于生产，第四条是个总结。这个同志提出的问题值得注意。这个问题不解决，食堂非散伙不可。今年内不散伙，明年也得散伙。勉强办下去，办十年也还得散伙。现在河南有些食堂难以为继，非停办不可。没有柴烧把桥都拆了,还扒房子、砍树,这样的食堂是反社会主义的。看来食堂要有几种形式,一部分人可以吃常年食堂,大部分人吃农忙食堂。北方冬季食堂非散伙让大家回家吃饭不可,因为有个取暖的问题。[1]

"三南"会议开始时,集中讨论的是公社的规模问题。中南小组在讨论中认为,从中南地区的情况来看,现在已不是应不应该调整的问题,而是如何调整的问题。事实证明,公社越大越不好办,生产上越是瞎指挥,"共产风"越是刮得厉害。与会者一致认为,公社一般应相当于原来的乡或大乡,大队一般应相当于原来的高级社,调整之后,一般分为公社、大队、生产队三级。西南小组认为,为了克服生产队与生产队之间的平均主义,首先要解决公社组织规模过大和生产队户数过多的问题,公社划小后,更易于加强公社各级的领导,促进生产的发展。

与会者认为,搞这样一个条例非常必要。山东省委书记处书记谭启龙说,从山东的情况看,广大干部群众迫切需要一个公社的示范章程性质的条例,并提议再搞一个党内文件,着重解决党内思想上、政策上、组织上、领导方法上几个未解决好的问题。目前领导上需要解决的问题:一是必须及早下决心把工业和各项事业过多的劳动力砍下去,压缩城镇非农业人口,否则各项事业与农业关系摆不好,粮食问题无法解决。二是坚决把许多权力,特别是生产权下放到小队和农民,让他们对生产负责,发挥积极性,不能再瞎指挥了。三是领导要真正吸取教训,检查为什么不从实际出发,不能正确执行

---

[1]《毛泽东文集》第八卷,人民出版社1999年版,第252—254页。

政策。党内生活不够健康，下情不能上达是个很大的问题。

江苏省委第一书记江渭清认为，为了把三年来人民公社的丰富经验加以比较系统的总结，搞两个文件比较好，一个是条例或示范章程，一个是党内指示。条例或章程除了肯定人民公社已有的正确经验，防止和克服曾经出现过的错误做法外，还可以参考高级社行之有效的一套政策（如按劳分配、多劳多得，自留地、家庭副业等）、制度和办法，使之条例化。全党干部，特别是各级党委主要负责同志，必须亲自动手，进行调查研究，痛改不切实际的作风。只有这样，才能少犯或不犯错误。[1]

参加会议的上海、安徽、山东、江苏、浙江、江西、福建六省一市的负责人，在讨论过程中，形成了一份《华东几个同志关于当前农村人民公社需要解决的几个问题的意见》，其主要内容是：

（一）社员规模问题。调整社、队规模，要根据生产和收入水平、地理情况、原来的基础、群众自愿等条件，由群众充分讨论决定，做到有利生产，便利群众。调整以后，稳定一个时期，同所有制一样，至少7年不变，以利于生产力的发展。生产队不宜过大，一般20户左右；生产大队一般维持原来高级社的规模；公社的规模以相当于原来的乡为宜。

（二）管理体制问题。公社要集中力量抓农业生产，商业、文教、卫生、金融、工业等工作，有些要收归县以上部门管理；公社对生产大队和生产队，主要是抓政策、方针，抓计划，抓生产资料的供应，以及其他生产队不能解决的问题；对于农活安排、技术措施等，

---

[1]《建国以来毛泽东文稿》第九册，中央文献出版社1996年版，第446—447页。

主要由生产大队和小队当家，公社不能瞎指挥；要发扬政治、经济、生产生活三大民主。

（三）党政社关系问题。党的领导主要是抓好一个时期的中心工作和经常性的全面安排，要实行以下的领导方法："大权独揽，小权分散，党委决定，各方去办。办也有决，不离原则。工作检查，党委有责。"最基本的方法是了解情况（调查研究），掌握政策，做出样子（典型示范）。

（四）干部问题。应当认真选好、管好、教育好干部。公社、大队、队三级干部都要实行民主选举，要依靠领导考察和群众监督管好干部，要教育干部执行三大纪律、八项注意。

（五）经营管理问题。要恢复高级社时期的一系列好的经营管理办法。

对于这些意见和建议，毛泽东都很重视，并要求与会人员在讨论人民公社工作条例草案时，能将这些意见考虑进去。

根据毛泽东的指示和会议的讨论，条例起草小组于3月15日写出了第二稿，送给了毛泽东。当天下午，毛泽东召集陈伯达、胡乔木、田家英、廖鲁言等谈条例问题，并决定将之印发到当天开幕的中央工作会议讨论。

在会议期间，中央和广东省委调查组又请新兴县里洞公社蒙坑大队党总支书记梁纪南和公社宣教委员苏品芳到广州来，于3月14日、15日就有关人民公社的几个重要问题与他们交换意见，并形成了一份座谈纪要。据梁纪南和苏品芳反映：

——社队规模问题。蒙坑大队原来是两个高级社，一个收入高，一个收入低，公社化后合成一个基本核算单位，拉平了，原来收入高的很有意见。贯彻"十二条"后,蒙坑大队按原来高级社的规模,分为两个大队,解决了穷村同富村的矛盾,两边对生产、积肥都积极了,对耕牛、农具也都爱惜了。

——分配问题。过去搞三七开,事实上不劳动者也可以得食,因此可以考虑打破这个框框,全部实行按劳分配,用公益金和公益粮补贴困难户,这样就可以调动全体社员的劳动积极性。

——食堂问题。应当粮食分到户,农忙办食堂,这样生产队菜地就有可能给市场提供更多的菜,社员也能养猪、积肥。

——定征定购问题。征购粮要定下来,使农民心里有底,至少3年不变,能5年不变就更好。定征定购后,生产队的超产部分,可以留出一定的比例作为储备粮,要逐步使队队、社社、县县都有储备粮,同时也要逐步使家家户户都有粮食储备。

3月15日,陈伯达将座谈会记录报送给了毛泽东。毛泽东看后认为,这是"一个重要文件",要求印发给参加"三南"会议的全体人员。

毛泽东原打算派陶铸去北京通报"三南"会议的情况,并带去给刘少奇等人的信和《关于调查工作》一文。但他很快就改变了主意,决定从15日起将"三南"与"三北"会议合并在广州召开。3月14日,参加"三北"会议的4名中央政治局常委和其他与会人员,分乘两架飞机来到广州。

"三南"会议召开时,农村人民公社工作条例已写出了第一稿。全文算上序言,分8部分,67条,共14000字。毛泽东对于这个稿子不太满意,认为内容太繁杂,篇幅太长,逻辑性不强,不能抓住人一口气读下去,要压缩到8000字左右。

四、"农业六十条"草案

3月14日晚,毛泽东主持召开中央政治局常委扩大会议。

会上,毛泽东再次重申:公社、生产大队划小这个原则,已经肯定了,过大了对生产不利。他强调:"队与队之间的平均主义,队里边人与人之间的平均主义,从开始搞农业社会主义改造,搞集体化、搞公社化以来,就没有解决的。现在这个条例,就是要解决平均主义问题。""穷富队拉平的问题,现在已经证明,对富队不好,对穷队也不好。必须对生产大队下面的生产小队,区别对待。小队里头人与人之间的平均主义,也就是劳动力多的与劳动力少的社员户之间的矛盾。因为实行粮食供给制、劳动力少的户跟劳动力多的户吃粮都一样,他横直有的吃,所以就不积极。而劳动力多的户,他们想,反正吃粮都一样,我干也是白费了,所以他也不积极了。"[1]

这时,如何克服生产队与生产队、社员与社员间的平均主义问题,一直萦绕在毛泽东心头,他希望能够找到一条既能巩固人民公社又能克服平均主义的办法。

毛泽东的话引起了刘少奇的共鸣,他接过毛泽东的话头说:"群众提出他们对多产多购少吃很有意见。他们要求,如果他们丰收了,多产了,可以多购,但他们也要多吃;如果少产了,那就少购少吃。我们对多产的,应该有所奖励,国家应该采取这个政策。按劳分配,不但要表现在工资问题上,而且要表现在实物上,就是说多产的要能够多吃一点,多用一点。增加收入的问题,不但贫队要增加收入,富队也要增加收入,这样他们才满意。"[2]

---

[1]《毛泽东传(1949—1976)》(下),中央文献出版社2003年版,第1142页。
[2]《刘少奇年谱》下卷,中央文献出版社1996年版,第508页。

3. "要下决心搞调查"

从15日开始,"三南"和"三北"两个会议重新编组,就两个平均主义、公共食堂、供给制等问题开展讨论。

对于两个平均主义问题,中南、华北小组认为,现在主要有两个问题需要解决,一个公社化后一平二调、瞎指挥把生产搞坏了;第二个是平均主义。这二者中,后者又是最主要的。经过整风整社,贯彻执行了中央十二条政策后,情况有所好转,但群众的积极性仍然没有充分调动起来,问题非常明显,主要是平均主义未彻底解决。[1]

华东、东北小组认为,公社化后,由于生产队之间出现了一些问题未获得适当解决,贫富队的矛盾,就大大地突出起来了,如生产大队的规模比高级社大,生产队之间的生产水平和收入水平也比以前悬殊,经过拉平分配,富队减少了收入,心感不满,穷队受人冷言冷语,心感不安;土地、劳力、耕畜、农具不固定,大队可以随时变动,抽强补弱,使生产好的队吃亏,超产队的口粮也和减产队一样,多产不能多吃;评工记分制度一般没有执行,有的地方虽然执行了,但没有按劳动数量、质量进行评工记分,而是"点人头""点日头",劳动好、劳动强、技术高的社员没有得到应得的工分,劳动效率普遍降低。[2]

西南、西北小组认为,造成社员之间平均主义的原因,主要在于扩大了供给部分的比例,使工资部分相对减少,以致难以体现按劳分配原则;队有经济削弱,实际上没有实行超产奖励,破坏了评

---

[1] 中央工作会议小组会议情况简报,第1号,1961年3月16日。
[2] 中央工作会议小组会议情况简报,第3号,1961年3月17日。

工记分，也拉平了社员之间的差别。[1]

人民公社建立后，在分配上实行供给制与工资制相结合。所谓供给制，通俗的说法是吃饭不要钱，实际上是典型的平均主义。虽然名义上是工资与供给相结合，但许多地方人民公社并无工资可发，往往是供给部分占了大头，工资部分微不足道。1960年11月中共中央下发的十二条紧急指示信中，仍肯定了这种分配方式，但提出工资和供给的比例应三七开。

会议讨论过程中，华东、东北小组认为，虽然规定了供给部分不能超过30%，但由于生产水平很低，大家在食堂吃饭，先吃后算，年终结算，劳动力少、人口多的户超支；劳动力强、人口少的户分空，结果"大家都只糊了一张嘴"[2]。

中南、华北小组提出目前供给制部分所占的比例过大，工资部分太少，一般是"倒三七开"，是否可只对"五保户"、困难户实行部分供给？刘少奇也认为，对"五保户"实行部分供给，实际上是社会保险，农民是赞成的，但其余的统统要按劳分配，多劳多得，多劳多吃。[3]

由于人民公社化以来，供给制一直被当作"共产主义幼芽"，被认为是分配史上的一个创举，因此，尽管与会人员认识到供给制严重束缚了农民生产积极性，但仍没有明确提出要取消供给制，而只是强调要缩小供给的比重。

与供给制相关联的食堂问题。人民公社化后，全国农村也实现

---

[1] 中央工作会议小组会议情况简报，第8号，1961年3月19日。
[2] 中央工作会议小组会议情况简报，第3号，1961年3月17日。
[3] 中央工作会议小组会议情况简报，第3号，1961年3月17日。

了食堂化，农民在公共食堂吃名副其实的大锅饭。由于公共食堂被赋予了许多的"优越性"，诸如可节约劳力、解放妇女、培养农民集体主义精神，等等，所以公社化以来也是对其一直唱赞歌，庐山会议后更是把公共食堂看成是"社会主义阵地"。实际上，食堂不但限制了农民的吃饭自由，而且浪费了大量的劳力、燃料，它与供给制一样最为农民所不满。与会人员虽然也感到食堂有许多弊端，但还没有对食堂提出否定意见，仍认为食堂不能散，要坚持积极办好、自愿参加原则，既可办常年食堂，也可办农忙食堂，对规模过大的食堂可适当划小。

对于公社规模问题，与会者一致认为，目前社队的规模过大，这种情况必须改变，中南、华北小组认为，以一乡一社为宜，公社一级的权力要缩小到只行使乡政府的职能，加上公积金和一些社办企业；作为基本核算单位的大队，应相当于原来的高级社，平均300户左右，大队的权力也要适当划分范围。[1] 华东、东北小组认为，调整生产大队的规模，一般恢复到1957年年底高级社的规模，有的可大些，有的可小些。[2]

对于"大跃进"和人民公社，在其发动之初，全国上下都为能找到这样一条快速建设社会主义的道路，能找到这样一种立即过渡到共产主义的途径而高兴。近代以来，中国太贫穷太落后，革命成功后建立了新的社会制度，理所当然要改变中国贫穷落后的状态，充分显示新制度的优越性来，把中国建设成为一个强大的社会主义国家。这不但是领导人的愿望，也是全国人民的共同心声，这也是

---

[1] 中央工作会议小组会议情况简报，第1号，1961年3月16日。
[2] 中央工作会议小组会议情况简报，第3号，1961年3月17日。

"大跃进"和人民公社化运动之所以能够发动并迅速席卷全国的根本原因。

但是,由于"大跃进"的做法违背了客观规律,人民公社的制度超越了生产力所能承载的程度,结果产生了欲速则不达的局面,给国民经济和人民生活带来了严重的困难。对此,人们开始反思原因究竟在哪里,怎样才能摆脱目前这种被动的局面?于是,党的领导层产生了一个共同的认识,就是这几年调查研究少了。

3月19日和20日,中央工作会议重点讨论了调查研究问题。

在中南、华北小组会上,陶铸第一个发言。他说,1958年以来,在"三面红旗"的指引下,总的来讲,我们的确取得了巨大的成绩,无论工业、农业和其他各方面,都建立了很大的家当。但是,在实际工作中,我们下面(省委以下)确实犯了不少错误。这些错误,主要表现是:在大好形势面前,脑子发热了,想的和做的很不谨慎,往往不顾实际可能,想怎么干就怎么干,做了许多蠢事。

陶铸举例说,1958年大办钢铁时,广东毫无钢铁工业基础,只依靠新建成的若干个转炉,而焦炭、配料、耐火砖等又没有着落,大转炉仅仅转了一下就不动了。广东粮食生产计划指标一度也是高指标,这个高指标是计算在一亩多少穗、一穗多少粒谷的抽象可能性上的,似乎越密越能高产。可事实恰恰相反,许多过密的减了产。广东还提出过"吃三顿干饭"的口号,相信下面报的虚假粮食产量数字,还搞了一阵反瞒产,使得后几个月群众吃稀饭,引起群众极大的反感。

对于出现这些错误的原因,陶铸认为最根本的就是缺乏认真的调查研究。他说,这几年也不是一点调查都没做,也做过一些调查,但调查的态度、方法很有问题。或者是走马观花，极不深入，不愿意下苦功夫，对问题满足于一知半解；或者是脑子里先固定一个框框，根据框框找材料和证据，适合这个框框的就要，不适合的就不要。下面一些干部怕沾右倾的边，于是乎看（上级）脸色行事，你想听什么，给汇报什么，你要什么材料，给你什么材料。这样一来，怎能了解到真实情况呢？正因为我们没有很好进行调查研究，情况不甚明了，盲目地干，就不可避免地要碰钉子。如果谨慎一点，虚心一点，多做调查，多做试验，也不至于犯这么多的错误。

陶铸坦率地承认自己对于粮食高指标、钢铁高指标，都是积极鼓吹者，也在跟着瞎叫。他深有感触地说，情况不明，决心却很大，是很危险的。因为我们的每一个决策，都关系到广大农民的命运，决策不正确，我们开会检讨不要紧，人民群众饿肚子可吃不消。

华北局第一书记李雪峰说，问题的关键是各级第一书记要亲自动手去做调查研究。调查研究必须采用分析、比较、回忆对比的方法，进行系统的分析研究。深入一点对全局来说是一个局部，就一个点来说，必须全面摸，从各个方面，各个角度去摸。例如三七开，公共食堂，各阶层的反映不同，要了解什么人拥护，什么人反对；一定要听一听困难户、反对户的意见。用背对背、面对面的方法进行调查研究。[1]

在西南、西北小组会上，甘肃省委书记汪锋发言说，甘肃省出现问题的原因很多，基本原因有一条，就是不做调查研究，不了解情况。工作中，不是党的组织活动，而是个人的活动，真实情况反

---

[1] 中央工作会议小组会议情况简报，第12号，1961年3月21日。

映不上来。有的也下去做调查研究，但脑子里先有个框框，只听适合自己口味的东西，不愿听真实情况，只接近少数干部，不向群众做调查研究。这样的调查，不可能了解到真实的东西。

陕西省委第一书记张德生说，不认真进行调查，不仅不可能准确地向中央反映情况，也不可能准确地执行中央、主席的指示。要少犯错误一定要认真进行调查研究工作。他还坦承自己对调查研究做得不够，大部分时间用于开会、谈话、看文件，很少深入基层解剖麻雀，系统的调查研究工作更少。因此，对许多情况不甚明了。今后一定要转变这种事务主义作风。

西北局第一书记刘澜涛说，必须把领导方法的重点放在调查研究工作上，摆脱一部分日常事务，自己真正深入到群众中去，亲自动手系统地进行历史的全面的调查研究。

西南局第一书记兼四川省委第一书记李井泉也承认，三年"大跃进"付出了一定代价，有过严重的教训。工作中的若干错误，如果认真做些调查研究，就可以避免，至少可以减少工作中的缺点，可以缩短对事物认识的过程。

云南省长、省委第二书记于一川说，现在深切地感到，没有调查研究，就必然容易用感想代替政策，对于情况不甚明了，不能结合本省情况执行中央规定的政策，也就没有准确性，甚至发生错误。现在必须痛下决心，坚决改正。[1]

在华东、东北小组会上，华东局第一书记兼上海市委第一书记柯庆施说，我们这几年的工作是有很大成绩的，但也产生了不少毛

---

[1] 中央工作会议小组会议情况简报，第14号，1961年3月22日。

病。毛病产生的原因是什么？除了那些由于认识必须有一个过程而不可避免的某些缺点外，因为有些主观主义。他表示虽然几年来也做了一些调查研究，但很不深入，多是听干部的汇报，看书面的报告，走马看花式地看一看的多，切实地蹲在一个点里，彻底解剖一个麻雀，把问题彻底搞清楚的少。有时也和群众谈话，但多是浮皮搔痒的，没有和群众交上知心朋友，掏出他们的心里话。他还表示，这次会议后，一定带几个人，到一个公社去搞十天、半个月的调查，带头兴起调查研究之风。

东北局第一书记宋任穷说，到东北工作后，走马看花是有的，系统调查研究未做到。并不是没有时间，主要还是思想认识问题。无论从当前实际工作来看，还是从长远的发展来看，都必须注重调查研究。只要认真做好调查研究工作，纠正工作中的缺点，就能更进一步调动群众生产积极性，就可以将工作做得更好。[1]

在这一天的中南、华北地区小组会上，刘少奇、周恩来、邓小平、彭真等也就调查研究发表了讲话。刘少奇说：

"这几年调查研究工作减弱。调查研究是做好工作的最根本的方法。当然，还有其他根本方法。"

"全国解放以来，特别是一九五八年北戴河会议以来，我们提出了三面红旗：总路线、大跃进、人民公社。从总的方面来讲，是正确的，取得了很大的成绩，不容动摇。今后还是要坚持三面红旗，数量不跃进，质量要跃进。多快好省就包括数量和质量两个方面。但是，从一九五八年以来，在执行三面红旗的过程中，犯了不少的大大小

---

[1] 中央工作会议小组会议情况简报，第 15 号，1961 年 3 月 22 日。

小的错误，受了相当大的损失。各省程度不同，各行各业程度不同。这些损失，有些是不可避免的，有些是可以避免的。如果做好了调查研究，工作作风好，工作方法对，损失可能减少，时间可以缩短，不至于陷于现在这样的被动。当然，要求一点损失也没有，是不可能的。如果不解决作风方法问题，以后还会受损失。"

刘少奇接着说："造成目前的被动局面，中央已把责任担当起来，各省也有自己的责任。下面的报告和干部的话，不可不信，也不可全信，有的根本不可信。如小麦卫星，报上登出来，高兴了几天，就不相信了。有些反面意见，吞吞吐吐，也不完全可靠。我们看省委的报告，省委又是听下面的，省委的报告也是不能全信的。"

刘少奇直言不讳地承认："中央有些政策，决定前缺乏很好的调查研究。根据不够，决定之后，又没有检查执行情况，发现问题，及时纠正。"刘少奇强调："调查研究是今后改进工作的最根本的方法，要提到这样一个高度。""搞调查，不能带有主观成见。你说有七千五百亿斤（按：指1958年北戴河会议时粮食产量的估计），下面就给你报这样多；你说小土群好，下面也说好。下面干部有几个袋子，要什么，有什么。这种作风是上面造成的。""现在提倡讲真话，要改变这种情况。要转变下面的作风，首先要看上面的态度，他看你眼色嘛！看你要什么嘛！不转变作风，就不可能了解全面情况。可以先从反面提问题，让他把两个方面的情况都拿出来。调查研究，无非是决定政策，解决问题。首先是提出问题，我们提不出，群众是可以提出的。经过调查，决定了政策，解决了问题，然后还要检查。"

最后，他自己表示："我本人也要下决心搞调查，搞一个工作组，这比看报纸、听汇报要好得多。"[1]

周恩来这一天也参加了中南、华北地区小组的讨论会，刘少奇的这一番话，引起了他强烈的共鸣，他也提出了自己对调查研究问题的看法：

"进城以后，特别是这几年来，我们调查研究较少，实事求是也差，因而'五风'刮起来就不容易一下子得到纠正。"

"毛泽东同志最近几次讲到大兴调查研究之风，讲究实事求是；又说，右要反，'左'也要反，有'左'就反'左'，有右就反右。是好是坏，要从客观存在出发，不能从主观想象出发。进行调查研究，必须实事求是。我们下去调查，必须对事物进行分析、综合和比较。""下去调查，要敢于正视困难，解决困难。一个困难问题解决了，新的困难问题又来了。共产党人就是为不断克服困难，继续前进而存在的。畏难苟安，不是共产党人的品质。"

"智慧是从群众中来的，但对群众的意见领导方面还要加工，然后回到群众中去考验，在这基础上再加工。脱离我们的基本阶级群众，就会丧失党的基础。尾巴主义，随着群众跑，就会放弃党的领导。目前的毛病，还是我们发号施令太多，走群众路线太少。"[2]

邓小平和彭真也参加了这天中南、华北小组的会议，并作了讲话。

邓小平说，1957年以前搞民主革命，搞社会主义改造，从中央到下面干部比较熟悉，搞得很顺畅，但1956年高级合作化时，出现了高潮，提出了多快好省，形势很好，头脑就不够冷静了。1958年以来，如果搞得谨慎一点，有些话慢点说，可能会好一点。从中央

---

[1]《刘少奇论新中国经济建设》，中央文献出版社1993年版，第418—421页。
[2]《周恩来选集》下卷，人民出版社1984年版，第313—314页。

到地方都有缺点，中央应该负担主要责任。他诚恳地说，中央的具体工作由书记处主持，作为中央常委和主席的助手，工作没有做好，日常工作做得不坏，但方针政策方面出的好主意不多，没有直接的调查研究，有些问题发现了没有采取有效措施加以解决，没有认真去调查和处理。

他还说，这几年教训是沉痛的。我们决心大，就是情况不明，方法不对。根本方法就是调查研究、实事求是。所谓实事求是，就是要承认千差万别。大同是大的方针政策，小异是重要问题。大同要调查，小异也要调查。过去大同不做调查吃了大亏，小异不做调查同样吃了亏。

彭真也说，几年来所以吃亏，就是因为没有很好调查研究。越是困难，越是要加强调查研究，调查研究就可以找出办法。今后要建立一种经常的调查研究作风，要形成一种习惯，把这种制度巩固下来。他又说，中国这样大，这样复杂，情况千差万别，没有调查研究不行，每个部门、每个单位都要调查研究。

4. 对公社体制的初步突破

在主持农村人民公社工作条例的起草过程中，毛泽东始终在考虑如何解决公社内部的平均主义问题。

3月22日，陈伯达给他送来了一份关于人民公社分配问题的调查材料。材料中讲了两件事：

一是河北省霸县堂二里一位贫农说，"别看现在出勤的不少，但不出活"。"主要因为不按劳分配，干活没有劲"。另一个贫农小组的代表说："按劳分配就是好，多劳可以多得，社员干活就出力了。实行按劳分配，也不能叫困难户过不去，大伙也要帮助他们，劳力多的也不会干活不积极。因为那种帮助是明的帮助，他们要领这份情，供给制是暗的帮助，好像是该着替他们干的。"

二是广东省高鹤县（1959年由高明、鹤山两县合并设立，1981年又分设两县）环城公社云益大队党支部书记说，实行供给、工资三七开和工分带粮以后，只要在派工等方面对人口多劳力少的各户加以照顾，他们也不会超支。有一位贫农代表说："实行三七开，不光劳力多的拥护，就是我这劳力少的也拥护。因为不实行三七开，工分不值钱，劳力多的就不好好生产。生产搞不好，供给部分再大也得不到什么东西。"另一位贫农说："口粮按人发，有些社员就不出工，实行了工分带粮，出勤的立即增多了。"高鹤县委的干部说："我们做过调查，有百分之八十的人要求供给与工资三七开，并实行工分带粮。"

毛泽东认为这份材料反映的问题很重要，指示印发给与会人员研究，并在批语中写道："这是一个全国性的问题，必须迅速解决。"[1]

3月19日，起草小组开始修改农村人民公社工作条例第二稿。根据毛泽东的意见，每一大区吸收一人至三人参加条例的修改。21日，条例草案写出了第三稿。这一稿共十章六十条，所以这个条例草案又叫"农业六十条"。这十章的标题分别是：第一章，农村人民公社在现阶段的性质、组织和规模；第二章，人民公社的社员代表大会和社员大会；第三章，公社管理委员会；第四章，生产大队管理委员会；第五章，生产队管理委员会；第六章，社员家庭副业；第七章，社员；

---

[1]《建国以来毛泽东文稿》第九册，中央文献出版社1996年版，第456页。

第八章，干部；第九章，人民公社各级监察委员会；第十章，人民公社中的党组织。其中，对公社体制最有突破性的是第一章和第六章。

条例草案第一章，是关于农村人民公社现阶段的性质、组织和规模。条例规定：人民公社是政社合一的组织，既是基层政权组织，又是社会主义的集体经济组织；公社一般分为公社、生产大队和生产队三级，实行生产大队所有制，大队是基本核算单位，生产队是直接组织社员的生产和生活单位。

对于公社的规模，条例草案明确规定："人民公社各级的规模，都应该利于生产，利于经营，利于团结，不宜过大。特别是生产大队的规模不宜过大，避免在分配上把经济水平相差过大的生产队拉平，避免队和队之间的平均主义。""人民公社的规模，一般地应该相当于原来的乡或者大乡；生产大队的规模，一般地应该相当于原来的高级农业生产合作社。但是，也不要强求一律。公社、生产大队和生产队，都可以有大、中、小不同的规模，由社员根据具体情况，民主决定。"[1]

这是一个重要的规定。自北戴河会议决定在全国农村建立人民公社起，"大"曾被认为是人民公社的特点和优点，认为公社人多地广，可以集中力量办大事，便于加快向全民所有制过渡。所以北戴河会议后办起的人民公社规模都很大，1958年10月底，全国共有23384个公社，平均每社4797户，有相当多的公社在万户以上，还有些地方是一县一社的县联社。

1959年上半年在整顿人民公社的过程中，社队的数量有所增加，

---

[1]《建国以来农业合作化史料汇编》，中共党史出版社1992年版，第632页。

规模有所缩小。但随着庐山会议后"反右倾"运动的开展，尤其是1960年1月中共中央政治局扩大会议提出8年时间完成基本队有制向基本社有制过渡后，人民公社的规模再度扩张。到1960年年底，全国27个省、市、自治区共有人民公社25204个，平均户数大体相当1958年年底的水平。

社队规模过大，大队与大队间，小队与小队间情况各异，不但不利于因地制宜安排生产，也容易导致干部在生产工作中的瞎指挥和强迫命令，并造成队与队间的平均主义。加之大队的规模大，又以之为基本核算单位，虽说人民公社也曾规定实行评工记分制度，但根本无法做到，评工记分只能是流于形式，有的地方甚至连这个形式都没有。至于集体的生产、分配等各种大事，社员更不可能心中有数，因而对生产队的生产经营发展也不关心，更没有生产积极性。

"十二条"发布后，不少地方意识到必须解决社队规模过大的问题，认为在目前农业生产仍处在分散、交通不便、基本还是手工操作和使用畜力的情况下，社队规模过大，是不利于生产的。"三南"会议前，中共湖南省委在给中共中央和毛泽东的一份报告中说："对于这个问题（按：指社队规模过大），群众早有意见，说社队规模大了，'看不到，摸不着'，'不知葫芦里卖的什么药'，'不是共同富裕，是共同遭殃'，'反正摊到我头上只有几粒谷子，怕懒得（按：湖南方言，无所谓之意）'。因此，普遍存在着'混道场''坐大船'的思想，影响了群众的生产积极性。"[1] 此次广州中央工作会议上，与会者普遍感到社队规模过大的弊端甚多，纷纷提出要缩小社队规模，于是有

---

[1]《中共湖南省委关于调整人民公社的规模和体制问题的报告（初稿）》，1961年3月8日。

了"六十条（草案）"中关于社、队规模的上述规定。

公社化之初，由于公社的规模过大，加之没有一个统一的条例或章程，公社以下各级组织的名称混乱，有的地方设公社、管理区、生产队、作业组，有的地方是公社、生产大队、生产队。有的生产大队相当于原来的一个高级社，有的生产大队则由几个高级社合并而成，所以常常是生产队与生产大队、生产小队难以区分。条例中，将人民公社的组织明确规定为公社、生产大队、生产队三级，减少了公社的管理层次，明确了公社、生产大队、生产队的性质、任务。

"农业六十条（草案）"的另一突破，是对自留地和家庭副业的规定。在人民公社成立时，社员的自留地、私有房基、牲畜、林木等全部转为公社所有，个人只能保留少量的家禽家畜。由于"共产风"的影响，社员在公社化之初即将自养的家禽家畜宰杀，大吃几顿后再加入公共食堂。这样，自留地和家庭副业基本上不存在了。1958年12月的中共八届六中全会对此曾有所纠正，会议通过的《中共中央关于人民公社若干问题的决议》中规定："社员可保留宅旁的零星树木、小农具、小工具、小家畜和家禽等；也可以在不妨碍参加集体劳动的条件下，继续经营一些家庭小副业。"1959年5月和6月，中共中央先后下发了《关于农业的五条紧急指示》和《关于社员私养家禽、家畜和自留地等四个问题的指示》，恢复了社员的自留地，允许社员饲养家禽家畜，规定属于自有私养的，完全归社员个人所有；属于私有公养的，给予社员合理的报酬。

但是，庐山会议"反右倾"后，这些政策出现了反复，有些地方将社员的家庭副业作为"逆流""资本主义尾巴"对待。随后刮第二次"共产风"，社员的自留地被收走，自养的猪、羊、鸡、鸭被刮进了所谓"万猪场""万鸡场",使社员从事家庭副业的积极性受到重大打击。河北省吴桥县桑元大队大观李生产队7户社员,1959年在自留地里种谷子,共收了719斤,个人吃了100多斤。到了这年冬天,生产队因为口粮紧张,向社员开展所谓挖潜力运动,队干部硬说这7户社员的谷子是偷的,谁不交出就"熬鹰"(即不让睡觉)、"辩论",翻箱倒柜,结果这几户社员挨了四五个晚上的冻,只得把粮食全交了出来。提起这件事,社员们都说:"谁种自留地谁倒霉,今后给也不种了。"[1]

虽然年前下发的紧急指示信"十二条"中,也曾有专门一条提出"允许社员经营少量的自留地和小规模的家庭副业",但社员对公社化以来的两次"共产风"心有余悸,以至出现了自留地不要、家庭副业不搞的情况。"六十条(草案)"中专门列了一章讲家庭副业问题,并且强调:"人民公社社员的家庭副业,是社会主义经济的必要的补充部分。它附属于集体所有制经济和全民所有制经济,是它们的助手。在积极办好集体经济,不妨碍集体经济的发展,保证集体经济占绝对优势的条件下,人民公社应该允许和鼓励社员利用剩余时间和假日,发展家庭副业,增加社会产品,补助社员收入,活跃农村市场。"并规定自留地长期归社员家庭使用,自留地的农产品,不算在集体分配的产量和口粮以内,国家不征公粮,不计统购。[2]这样,以条例的形式将家庭副业和自留地肯定下来,经过宣传和动员,终于消除了社员的顾虑,调动了社员经营自留地和家庭副业的积极

---

[1] 中共河北省委组织部:《吴桥县农业生产和人民公社若干问题的情况》,1960年8月1日。

[2] 《建国以来农业合作化史料汇编》,中共党史出版社1992年版,第635—636页。

性，对于他们开展生产自救、救荒度灾发挥了重要作用。

此外，条例还规定，公社占用大队的劳动力，一般不得超过生产大队劳动力总数的2%；生产大队占用生产队的劳动力，一般不能超过生产队劳动力总数的3%。为了巩固大队所有制和发展大队经济，在今后几年内，公社一般应少提或不提生产大队的公积金；如果要提，提取的比例要经县人民委员会批准。生产大队对生产队必须认真执行包产、包工、包成本和超产奖励的"三包一奖"制；超产指标要留有余地，超产的大部或全部应奖给生产队。人民公社的各级干部，必须坚持实事求是的工作作风，说老实话，如实反映情况；严禁干部打人骂人和变相体罚，严禁用"不准打饭""不发口粮"和乱扣工分的办法处罚社员。人民公社的各级党组织，既要加强对公社各级和各部门的领导，又不应包办代替各级管理委员会的工作，社、队的日常业务工作，应该由管理委员会处理。这些规定，在当时都是很有针对性的。

"六十条"草案也有其不足，如仍然规定以生产大队为基本核算单位，生产队仅是生产的组织单位，还没有生产经营自主权，小队与小队间的平均主义问题还没有解决。同时，条例草案虽然提出在分配中，工资部分至少不能少于七成，供给部分至多不能多于三成，但对这种社员间的平均主义分配方式没有加以否定；虽然条例草案也提出公共食堂必须坚持真正自愿参加的原则，但同时又强调"在一切有条件的地方，生产队应该积极办好公共食堂"，而供给制和公共食堂恰恰是广大社员最有意见的两件事。

但是，对任何事物的认识都有一个发展过程，对于人民公社化以来积累下来的诸多问题，要想一下子全都得到解决，也是不现实

《农村人民公社工作条例（草案）》

的。这个条例草案明确规定缩小社队规模，要求给生产队一定的生产管理自主权，强调社员个人的生活资料永远归个人所有，要求恢复社员自留地和家庭副业。这些具体规定，都为广大农民所拥护所欢迎。更为重要的是，自 1958 年建立人民公社以来，对公社一直是只能唱赞歌，不能说公社体制有缺点，但这次会议在一定程度上对人民公社存在的问题给予了重视，并下决心对公社体制进行调整。"农业六十条"草案的规定与北戴河会议以来关于人民公社的一系列政策规定相比，表面上是一种退步，但实际上是一个巨大的进步，因为它已经比较接近农村生产力发展的实际水平，体现了广大社员的迫切要求。

当时，以毛泽东为核心的党的第一代领导集体，对解决人民公社中存在的问题，扭转农业工作和农业生产的被动局面，是下了大力气的。为了使各项政策能真正贯彻落实到群众中去，并在实践中加以检验，中共中央决定将条例草案发给全国农村党支部和农村人民公社全体社员进行讨论。3月22日，中央工作会议通过了《农村人民公社工作条例（草案）》。同一天，中共中央发出了《关于讨论农村人民公社工作条例草案给全党同志的信》。

信中指出，目前农村人民公社还存在着许多迫切需要解决的问题，主要是：（一）在分配上，无论是生产队与生产队之间，或者是社员与社员之间，都存在着不同程度的平均主义现象；（二）公社的规模在许多地方偏大；（三）公社对生产大队，生产大队对生产队一般管理得太多太死；（四）公社各级的民主制度不够健全；（五）党委包办代替公社各级行政的现象相当严重。上述现象必须及时适当地改变，才能有利于生产发展。

从这封信所讲到的问题可以看出，党的实事求是的传统正在恢复。因为人民公社化运动以来，直接面向全体党员和公社社员的文件中，如此直截了当地指出人民公社中存在的问题，还是第一次。

在信中，中共中央要求：

第一，县级以上各级党委，要详细研究条例草案，然后领导公社各级党委研究这个条例草案，并征求他们对于条例草案的修改意见。

第二，要把这个条例草案从头到尾一字不漏地读给和讲给人民公社的全体党员和全体社员听，对于同社员关系密切的地方要特别讲得明白，对于他们的疑问要详细解答，并征求他们对条例草案的修改意见。

第三，县级以上各级党委要帮助公社各级党委，详细研究本地区在试行条例草案时可能遭到的各种问题，并同群众反复商量，定出切合实际的解决办法和实施步骤。

第四，在讨论和试行这个条例草案的时候，一定要注意不妨碍当前的生产。

第五，各省、市、自治区党委可根据当地情况和民族特点，拟定自己的补充条例。

第六，城市中的机关、工厂、学校、部队和其他单位，也都应当领导党员和适当范围内的群众讨论条例草案，以便使他们了解党关于农村人民公社的政策。[1]

为了改变各级干部的工作作风，贯彻落实条例，毛泽东在广州中央工作会议的最后一天，即 3 月 23 日，结合对《关于调查工作》这篇文章的介绍，再一次讲明了调查研究的重要性。

毛泽东说，这篇文章中心点是要做好调查研究工作。接着，他对文章的主要内容逐节作了介绍，并联系实际说明搞社会主义革命和建设开展调查研究的重要性。讲话中，毛泽东还坦承自己在新中国成立后调查研究不够，说建国后这十一年只做过两次调查，一次是为合作化的问题，看过一百几十篇材料，每省有几篇，编出了一本书，叫做《中国农村的社会主义高潮》，还有一次是关于十大关系问题，用一个半月时间同三十四个部门的负责人讨论，每天一个部门或两天一个部门，听他们的报告，跟他们讨论，然后得出十大关系的结论。

---

[1]《建国以来重要文献选编》第十四册，中央文献出版社 1997 年版，第 223—224 页。

毛泽东认为,现在全党对情况比较摸底了,但还是不甚了了。现在局势已经是有所好转,但是不要满足,不要满足于现在已经比较摸底、比较清楚情况,要鼓起群众的干劲,同时鼓起干部的干劲。干部一到群众里头去,干劲就来了。他说:"我的经验历来如此,凡是忧愁没有办法的时候,就去调查研究,一经调查研究,办法就出来了,问题就解决了。打仗也是这样,凡是没有办法的时候,就去调查研究。""调查研究就会有办法,大家回去试试看。"他还说:"教条主义这个东西,只有原理原则,没有具体政策,是不能解决问题的,而没有调查研究,是不能产生正确的具体政策的。"[1]

同一天,中共中央就认真进行调查研究问题致信各中央局,各省、市、自治区党委,要求党的高中级干部联系最近几年工作中的经验教训,认真学习毛泽东的《调查工作》一文。并指出,最近几年农业、工业方面的具体工作中,发生的缺点和错误,主要是放松了调查研究工作,满足于看纸上的报告,听口头的汇报,下去的时候也是走马观花,不求甚解,并且在一段时间内,根据一些不符合实际的或者片面性的材料作出一些判断和决断。这段时间,夸夸其谈,以感想代替政策的恶劣作风,又有了抬头。这是一个主要的教训,对于这样一个付出了代价的教训决不可忽视和忘记。

中共中央要求从现在起,县以上的党委领导人员,首先是第一书记,要将调查工作作为首要任务,并订出制度,造成空气。在调查中,不要怕听言之有物的不同意见,更不要怕实践检验推翻了已经作出的判断和决定。只要坚持调查研究、实事求是的作风,目前

---

[1]《毛泽东文集》第八卷,人民出版社1999年版,第261—262页。

所遇到的问题就一定能够顺利地解决，各方面的工作就一定能够得到迅速的进步。[1]

5. "最不得人心的一件事"

广州会议之后，毛泽东在广州停留了几天的时间，在这里等待听取陶铸和陈伯达在番禺大石公社贯彻"农业六十条"草案的情况汇报。随后，他离开广州，来到湖南。

3月31日，毛泽东在长沙听取湖南省委和中央调查组关于农村干部群众对"六十条"反映的汇报。湖南省第一书记张平化说，在讨论"六十条"中，群众最关心、议论最多的是食堂问题、供给制问题，还有"三包一奖"问题，群众对奖励粮食很感兴趣。毛泽东说："粮食是群众生产的，还叫什么奖呢？群众多生产的就可以多归他们，还能拿自己的东西奖自己？可以不叫奖。""这只是公社、大队这两级干部的反映，也只是初步的，还没有拿到小队，拿到群众中，拿到有经验的农民中去宣读。宣读后会有更多的意见。"

在"大跃进"和人民公社化运动中，中共中央召开了许多的会议，也作出了许多的决定，下发了大量的文件，出台了一系列的政策，但由于调查研究不够，没有广泛征求各级干部和广大群众的意见，结果脱离了实际。这次制订"六十条"吸取了以往教训，先出台一条草案发下去，听取干部群众的意见和建议，然后再补充、修改、完善。因此，在听取汇报的过程中，毛泽东一再叮嘱张平化：这只是一个草案，要让群众提意见，还要修改，还要补充，切记不要当

---

[1]《建国以来重要文献选编》第十四册，中央文献出版社1997年版，第225—226页。

成一种命令去贯彻。

1958年以来，农村"五风"严重，首先是从刮浮夸风开始，其具体表现就是放"卫星"。而那些离奇的"卫星"放出之后，"卫星"的制造者不但没有受到批评，反而被树为典型得到宣传表扬，有的人还为此被提拔重用，结果造成假话、大话盛行。而那些讲真话、实话的干部群众，却被视为右倾保守的表现，被当作反对"大跃进"的"白旗"，开展所谓的"拨白旗"活动。这样一来，造成形势大好的假象，造成决策的失误。因此，"六十条"草案下发后，毛泽东十分关心群众敢不敢讲真话的问题。他问张平化："群众肯说真话吗？他们肯不肯说话？"张平化回答说："群众还是肯讲真话。"毛泽东说："'六十条'也是教育干部的主要教材，这个教材经过群众和干部的讨论，对他们的教育就更深刻。将来在五月会议期间，按各省征求群众的意见把条例草案加以修改，再拿到群众中试行。修改后也还不能作为正式的文件，可以叫做修正草案，再在群众中广泛征求意见。"[1]

随后，毛泽东为接见外宾去了一次武汉。4月9日，毛泽东从武汉返回长沙，在专列上听取张平化、胡乔木的汇报。他们刚刚从农村调查回来，了解到许多新的情况。

张平化汇报说，在讨论"农业六十条"的时候，争论比较多的是三个问题，一个是供给制，一个是食堂，一个是粮食定购问题。关于粮食定购，他说，生产队普遍要求包死，就是把上缴大队的、上缴给国家的粮食数都定下来，其余都是生产队的，这样就有个奔头。

---

[1]《毛泽东传（1949—1976）》（下），中央文献出版社2003年版，第1150页。

对于供给制，张平化说："现在初步地可以说，供给部分超过百分之三十，肯定不必要，过去搞那么多是错了。估计百分之十基本上就解决问题了。"

毛泽东说："如果只包五保户，补助困难户，百分之一、二、三就可以解决问题。百分之三十是多了，这不是真正各尽所能、按劳付酬；基本原则是两条：一个是各尽所能、按劳付酬；一个是价值法则，等价交换。将来所谓公，靠什么呢？靠积累，现在就困难了，现在公社就不要搞积累，恐怕两年、三年之内，新的公社就不要积累。新的公社老百姓又怕哩！现在划小，公社多了，它又去搞平调，这个你们要议一下，万万不能再平调。如果认为没有家底又去平调，那可不得了啦！"

对于公共食堂，张平化说："讲食堂好的，讲得很多；讲食堂坏的，也讲得很多。我听了以后，觉得原来自己对食堂的看法有些片面，好像不喜欢食堂的就是那些富裕中农。"

毛泽东深有同感地说："才不是哩！"

张平化又说："现在看来不见得。"

毛泽东用肯定的语气说："不是。愿意参加食堂的是少数人。食堂的确存在这几个问题，所说用工太多，浪费劳动力嘛！浪费柴火，破坏森林嘛！还有浪费粮食，再一个就是社员不能养猪。得两头搞，一头是搞食堂，一头是家里开伙。"[1]

在此之前，胡乔木率领的中央调查组来到了毛泽东的家乡韶山公社，和社员共同讨论"农业六十条"草案。

---

[1]《毛泽东传（1949—1976）》（下），中央文献出版社 2003 年版，第 1155—1156 页。

自公共食堂办起来之后，韶山公社党委也曾察觉到食堂有问题，并且为办好食堂绞尽脑汁，费过心思，对公共食堂进行过一系列的整顿巩固工作。原来食堂规模过大，他们采取缩小的办法，将公社化初期的30个食堂，变为200多个食堂，平均每个食堂只有10户左右。食堂存在平均主义现象，他们就实行军、干、工家属按规定交生活费的制度。一部分没有柴山的食堂没有柴烧，公社借支了1万多元煤款，调运生活用煤。但是，这些办法也都未能把食堂办好。

"农业六十条"草案下发的时候，韶山公社的多数食堂，有的是半停半办，有的是明办暗停。据调查组对石忠等5个大队69个食堂的摸底，集体吃饭的占36%，公饭私菜的占7.8%，停办了的占56.2%。韶山大队虎形生产队的食堂在年前就停办，省委书记处书记周礼1960年6月去了解情况，社员们将私菜私饭拼起来吃应付省委领导。石忠大队王皮塘生产队食堂，1961年以来就没有开过伙，公社一位党委副书记去检查，生产队长和积极分子就在深夜偷偷砌灶，第二天一早集体煮饭吃。生产队长向公社党委领导汇报说："我们这个食堂坚持了常年集体。"

中央调查组发现，公共食堂是社员最关心的问题，解散食堂是广大社员的共同心声。"农业六十条"草案下发后，韶山公社的生产队干部对食堂问题分为三派：赞成、反对、中间。调查组有意识地把三派人找来开会座谈。会议一开始，反对再办食堂的干部就问赞成办食堂的干部："把良心拿出来，说真心话，你说你家生活比三年前过得怎么样？"几句话问得赞成办食堂的干部面红耳赤，说不出话来。

农村公共食堂几乎是一阵风办起来的，但要把它解散，却有许多问题需要解决。为了取得解散食堂的经验,调查组和韶山公社党委决定,以一个群众坚决要散的韶山大队旺冲生产队的食堂作为试点。

旺冲生产队有14户,54人,除一户是中农外,其余都是贫农。全队有水田50亩,旱地5亩。旺冲食堂在韶山大队是办得较好的,属于一类食堂。这个食堂柴草充足,并且有少量出卖。食堂养了4头猪,积蓄了100多元,在当时已是很难得的了。

这个生产队在讨论"农业六十条"草案时,群众的注意力首先集中在公共食堂上。"农业六十条"草案中,虽然只讲了一句可以不办公共食堂,可群众对此印象特别深,也记得特别牢,因为它符合群众的心愿。旺冲生产队除一户困难户和一户干部家属,其他的人都主张解散食堂。

根据群众要求,韶山公社党委宣布旺冲生产队可不办食堂,并提出解散食堂注意不要影响当前生产,不影响生产队的集体经济,对困难户的生活要妥善安排。听到这个决定,生产队的干部和社员都兴高采烈,一连自动开了几个晚上的会,讨论解散食堂后的一系列问题。群众对中央调查组说,开会热烈的程度,相当于土地改革和合作化的高潮。经过讨论,与群众生活密切的房屋、菜地、柴山、账目、炊具等问题都得到了妥善解决,社员的生产积极性大增。

毛泽东从武汉回到长沙的时候,胡乔木刚从韶山调查回来。他在汇报中:"看起来群众最关心的有三个问题:第一,超产奖励问题;第二,分配制度问题;第三,食堂问题。食堂问题在目前特别突出。干部很敏感,群众也很敏感,一谈就是食堂。原来我在长沙看到的情况,是食堂搞得好的。同时还有这么个原因,就是过去省委一贯强调这个东西，干部不敢议论这个问题，群众也不敢议论，所以就没有发现怀疑的言论了。这回'六十条'这么一说，好些大队反映，说念这一条的时候，群众最欣赏的是末了一句：'可以不办'。我们在韶山大队先试探一下，找三个小队长和这三个小队的一部分社员，一起座谈'六十条'里面的主要问题。座谈会一开始，就对食堂问题开展了非常尖锐的争论。双方都举出理由，针锋相对。"

这时，毛泽东问胡乔木参加了社员的讨论没有，胡乔木回答说："我参加了。我们原来都没有这个思想准备。我原来对于食堂还是比较热心的，经过几次辩论以后，觉得他们提出不办食堂的理由是有道理的，是对的，应该考虑。"胡乔木还列举了其他一些理由，如肥料减少了，山林被破坏了。毛泽东补充说："还有，浪费劳动力，破坏山林，不能养猪，就是广东提的那几条。还有一条，是不是浪费粮食的问题。"胡乔木说："他们也讲到这个问题。家里吃饭，多一点少一点，他就是量体裁衣了；而吃食堂呢，有那么多定额，反正要吃掉，吃掉了还觉得不够，吃得不好。"毛泽东又说："还有一条，在食堂吃饭没有家里搞得好吃。"

毛泽东还问胡乔木食堂能不能现在就散，胡乔木说，现在散也还有一些问题，主要是缺房子。又说，韶山公社5个大队的89个食堂，已经散掉50个，讨论"农业六十条"以后，估计还要继续散。毛泽东又问剩下的三十几个为什么还要维持。胡乔木说，因为思想还没有解放，食堂的优越性宣传了很久，说食堂是社会主义阵地。毛泽东说："河北也是这么宣传的嘛，什么社会主义食堂万岁。"

除了公共食堂，胡乔木还汇报了分配问题，胡乔木说："食堂问题也跟分配问题连在一起，如果把食堂问题解决了，分配的问题也就好解决了。"对于这个问题，毛泽东的态度很明确："现在不是顺三七的问题，也不是倒三七的问题，而是保五保户和酌量照顾困难户的问题，其他统统按劳分配。"

毛泽东还征求了胡乔木对以生产小队为基本核算单位的意见。胡乔木表示："现在由小队分配，恐怕还有点困难。因为大队可以超越小队范围组织一些生产、组织一些收入，这一部分收入是为小队服务的，作用很大。搞得好的，都是靠大队这方面的收入来补充小队。"毛泽东进一步提问："比如讲，韶山大队 11 个生产小队，水平也不一致，分配的时候拉平这个问题怎么办呢？"胡乔木说："这个问题不怎么突出，干部和群众反映不多，实际上各小队之间生活水平相差很多。"[1]尽管如此，毛泽东仍觉得基本核算单位是一个大问题，对此仍需要进一步的调查研究。

4月14日，胡乔木就公共食堂问题给毛泽东写了一个报告，同时报送了四份材料：《关于在韶山公社解决食堂问题的报告》《关于韶山公社讨论〈农村人民公社工作条例（草案）〉（六十条）的情况简报》《韶西大队杨家生产队食堂分伙后情况》《毛华初访问东茅塘生产队的调查材料》。

《关于在韶山公社解决食堂问题的报告》说，在韶山公社干部和社员讨论"农业六十条"的时候，最突出的就是公共食堂问题。从群众反映看来，大多数食堂目前实际上已经成了发展生产的障碍，成了党群关系中的一个疙瘩。这主要是因为它同工分值降低、社员收入减少和分配上的平均主义直接联系在一起，又在群众的日常生

---

[1]《毛泽东传（1949—1976）》（下），中央文献出版社2003年版，第1153—1157页。

活中引起了许多不便。

报告列举了食堂存在的许多问题,如办食堂后,砍柴、种菜、煮饭都占用劳动力,生活用工往往占生产队全部用工的三分之一至二分之一,因而大大降低了农业劳动的工分值,直接影响了劳动积极性;食堂不利于发展养猪等家庭副业,粪肥减少了,生产队的农业收入和家庭副业收入都减少了;食堂烧大柴,破坏了山林,同时减少了灰肥;由于食堂实行供给制,许多辅助劳动力本来可以劳动的,也不劳动了;很多社员感到吃饭不自由,蔬菜难于调剂机动,而社员和食堂工作人员之间及社员之间的纠纷增多了;基层干部在领导食堂方面,往往要比生产花费更多的精力。因此,在这种情况下,大多数食堂势必解散,而且散了并不是什么损失,反而对整个工作有利。

《韶山人民公社讨论农村人民公社工作条例(草案)情况简报》说,自中央调查组入社以来,全社各队层层召开了干部会、党团员积极分子会、社员会等,对"农业六十条"展开了热烈的讨论。广大社员欢欣鼓舞,都说:"中央的政策好比灵草妙药,放到哪里哪里就好。"所讨论的主要问题是:

(一)第二十条,关于"三包一奖"制,包产指标一定要落实,要留有余地。社员对此积极拥护,但对超产实物奖励办法,持有不同意见。对于增产部分,一部分社员主张按倒四六分成,即生产队六成,大队和国家得四成,国家比大队要少得。大部分社员主张把产量包死,按今年三定任务加增产增购任务,若再多增产也不增购。

(二)二十六条和二十七条,关于生产队的所有权和自主权问题。大家一致认为这是刺激生产发展的好办法。

(三)关于三十三条,大家一致认为按劳分配是调动社员积极性的最好办法。对供给与工资的比例问题,绝大部分社员赞成按三七开分配。许多生产队提出,大队三七开,生产队全部按劳分配。社员们说:这样做,五保户有人养,困难户有保险,多劳有多得,真是"孝子磕头,理所应当"。

(四)三十四条,关于公共食堂。多数人不自愿办。对于群众确实不自愿办的,应积极帮助做好分散工作,全面安排社员生活。目前有些干部在食堂问题上思前顾后,认为食堂散后有些问题无法解决,其实不然,只要发动群众,就会有办法,并得到妥善解决。有的社员说:"只要允许私人煮,沙罐子也要过好日子。"

《韶西大队杨家生产队食堂分伙后情况》说,"农业六十条"与干部、群众见面后,杨家生产队召开了管理委员会,一致同意马上散食堂。接着又开了社员会,经过讨论,从第二天起就正式分伙做饭。据干部和部分社员反映,解散食堂以后出现了如下情况:

第一,节省了很多福利工。过去这个只有20户、86口人的食堂,要两人专门做饭,一人专门种菜,一人专门砍柴,现在这些劳动力都抽出来搞农副业生产。

第二,提高了劳动积极性,"户户冒得(没有)闲人了"。社员毛吉林家有个14岁的孩子,以前生产队要他做点事,他娘说:"一天吃咯(这)几两米,莫喊起造孽。"解散食堂的第二天一清早,她自己就喊儿子起来做事了。

第三,增加了肥料。如今每家都有一只司屋(厕所),都注意积肥了,每家的地灰、垃圾,都注意积起来了。

第四,节省了烧柴。以前食堂要烧,家家户户也烧,现在每户一天只增加烧柴10斤左右,与办食堂相比,20户一天可节省200斤柴。

胡乔木报送给毛泽东的《韶西大队杨家生产队食堂分伙后情况》

第五，社员用粮更加灵活，更加精打细算，能节约用粮。

第六，为吃粮、吃菜而互相怀疑、"扯皮"的人和事少了。由此看来，真正是群众要求散的食堂不如早散为好。

毛华初是毛泽东大弟毛泽民原配夫人的养子，当时任湖南省林业厅副厅长，曾陪同胡乔木到韶山调查。他在访问东茅塘生产队的调查材料中说，"4月1日，我回到曾在二十多年前居住过的家乡东茅塘访问。乡亲们普遍反映，食堂办得不好，房子又挤又破，锅灶没有了，生活不如前几年了，山林破坏太严重。看来，他们对我谈话顾虑少"。顺二姨对我说："华初，这两年乡里工作咯样搞法，你伯伯知道不？这些事你要告诉他一声。"

调查材料又说,在访问中,大家对以下几个问题谈了看法:第一,食堂问题。大家主张目前仍维持全年指标到户,按月发粮,食堂煮饭,自己种菜,到插秧后再分伙。第二,养猪问题。大家认为只要每人有七厘到一分自留地,粮食到户,有细糠碎米,经过今年和明年,就会发展起来。第三,山林的管理问题。大家认为只要按高级社时的办法去管就能管好,具体做法是:山权属公家,包给私人培育管理。看来这个办法值得研究采纳,对树木,也可以研究一个包管、包培育、分成奖励的办法。

4月15日,毛泽东给张平化写了一封信,嘱其立即将胡乔木的报告及附件印发给正在召开的湖南三级干部会议讨论。4月26日,中共中央将胡乔木的信及4个附件,转发给各中央局和各省、市、自治区党委,作为研究和解决食堂问题和其他问题的参考。

同一天,毛泽东还单独召见了毛华初。毛华初说:"我陪乔木同志在韶山调查,还到了湘潭县和湘乡县等地听取汇报。我们每到一处,群众都围上来,向我们诉说自己的意见。看来当前农村水肿病较严重,非正常死亡人数增加,影响了群众的生产积极性,群众迫切要求解散食堂,他们说食堂这个办法要不得。"

毛泽东问毛华初:"公共食堂为什么群众不愿意呢?"毛华初说:"主要是吃不饱、不自由。"毛泽东又问:"粮食都是那么多,为什么在食堂就吃不饱?"毛华初回答说:"主要是吃法不一样,一家一户大小人丁吃多吃少不一样,谁多吃一口,少吃一口也就过去了,再加上小菜半年粮,主粮就省下来了。"

毛泽东觉得毛华初说得有道理,又问:"办食堂为什么破坏森林那么严重?"毛华初说:"因为集中吃饭人多,用大锅大灶蒸饭,茅柴不禁烧,火力小,而大柴火力大,又省事,所以树都砍着烧了。"

毛泽东说:"依你看食堂不办为好?"毛华初说:"是的,群众都不愿办。"最后,毛泽东说:"看来公共食堂不能万岁,但我一个人不能独自决定,要经中央讨论决定,因为这是关系到全国的问题。"[1]

4月16日晚,毛泽东召集刘少奇、陶铸、胡乔木、王任重等人开会。据王任重日记所载:"谈到食堂问题,大家都认为这是脱离群众、最不得人心的一件事。办了公共食堂妨碍了生产的发展,对于救灾非常不利。"[2]到这时,毛泽东对公共食堂的态度已经明朗了。

---

[1]《毛华初:回忆大伯毛泽东》,《文汇报》2007年9月10日。
[2] 转引自《毛泽东传(1949—1976)》(下),中央文献出版社2003年版,第1157页。

五、听到真话不容易

1. 养猪场暂作主席府

广州会议一开完,刘少奇就到了长沙,准备到湖南农村进行深入的调查研究。这几年,刘少奇在外地视察的时间并不少,但他感到,以前的调查,虽然走的地方多,但不深入,没有把真实情况摸清楚。这一次,他下定了决心,一定要掌握农村的真实情况。行前,他对中南局和湖南省委负责人说:这次去湖南乡下,采取过去老苏区办法,直接到老乡家,睡门板,铺禾草,不扰民,又可以深入群众。人要少,一切轻车简从,想住就住,想走就走,一定以普通劳动者的身份出现。

1961年4月2日,刘少奇回到了湖南宁乡,到了离老家炭子冲仅十多里的东湖塘公社王家湾生产队,以生产队养猪场的一间破旧空房作了办公室兼卧室,在这里一住就是6天。据陪同刘少奇回乡调查的王光美回忆:

"少奇同志本来打算,先到宁乡县花明楼炭子冲一带,他的老家或附近,住下来调查。可是,4月2日那天走到一个叫王家湾的地方,天下起了大雨,车子不好开了。我们就都下车。少奇同志和大家一样,换上雨衣雨鞋,在村子里边走边看。走着走着,路边看到一个大院子,

门楼上有几个醒目的大字:'万猪场'。我们都有点惊奇。少奇说:'哟,这里还有个万猪场?我们进去看看。'

进去一看,猪舍都是空的。后来听说,这个院子是陶峙岳将军家的旧宅。那是南方民居的那种院子,和北方的四合院不一样,不是方方正正的。可以看出这个院落原来的房子还可以,只是改成猪场以后被糟蹋得破败不堪,不像样子了。院内有一些空房子,是放饲料和饲养员住的,阴暗潮湿,乱七八糟地堆放着满是尘土的杂物,角落里到处是蜘蛛网。

少奇在猪场内转了一圈,说:'我们今天就在这里住下。'自从少奇进了这个院子,看到所谓'万猪场'原来是这个样子,就一直表情严肃。大家已经看出,他是要从这个'万猪场'开始调查。"[1]

工作人员找来了两张旧的方桌和几张长条凳,一盏煤油灯,供刘少奇开会和办公用。又找来一张旧木床,放在里间,铺上稻草,当作刘少奇和王光美的卧室。隔壁一间加工饲料的大房间,就成了一起来的工作人员的住处。没有床,工作人员只能睡地铺。4月的湖南农村是又冷又潮,想找一点稻草铺地铺,可在整个王家湾竟然没找到,省委陪同来的人开车到好远的地方,才找到够用的稻草,可见当时农村困难的程度。

刘少奇这次回家乡调查,用的是湖南省委工作队的名义。工作队的队长是湖南省委书记处书记李瑞山,刘少奇对外说是副队长。除了省委、县委主要领导人知道刘少奇的身份外,对别的人没有公开。刘少奇要求先不要介绍他的身份,来了人认识就认识,不认识就不

---

[1] 黄峥:《王光美访谈录》,中央文献出版社2006年版,第225—226页。

认识，时间长了自然会知道，那时调查工作也有了进展，再公开身份不迟。

到王家湾的第二天，刘少奇在住地听取了先期到达宁乡的中央调查组的汇报，并到附近的麻豆山、潭湖等地同社员谈话，了解到了社员对食堂、分配、住房、生产等方面的意见，使他对湖南及宁乡的情况有了初步的了解。他对湖南省委负责人说：宁乡县问题那样严重，如果说天灾是主要的，恐怕说服不了人。没有调查研究，这个教训很大。看来要放下架子，才能深入下去进行调查研究，不调查研究，决定出的东西是不可能符合客观情况的。[1]

在王家湾调查的几天，对刘少奇触动很大。王光美后来说："农村的严重情况，下来一看就强烈地感觉到了。生产萧条，群众生活困难，超出了我们预料。本来南方的这个季节，应该是山清水秀，郁郁葱葱，可这会儿我们没看到什么树，都砍没了。原因是农村办公共食堂，要用大锅做饭，收成不好烧柴紧张，就只好砍树，都砍得差不多了。"[2]

结束对王家湾的调查，刘少奇到毛泽东的旧居参观后，回到了长沙。途经炭子冲时，他没有停留，只是从车里扫了一眼离别了几十年的故乡。

为了进一步了解真实情况，刘少奇决定选择一个比较典型的生产队进行调查。在同湖南省委商量后，于4月12日他来到了长沙县广福公社的天华大队。

天华大队合作化以来一直是湖南农业生产和农村工作的一面红

---

[1]《刘少奇年谱》下卷，中央文献出版社1996年版，第510页。
[2] 黄峥：《王光美访谈录》，中央文献出版社2006年版，第228页。

旗。在这年第 4 期的《中国妇女》杂志上，还登载了一篇专题介绍天华大队和彭梅秀事迹的文章，其中说："由于以彭梅秀为首的党总支委员会认真贯彻了党的政策，领导群众大办农业，大办粮食，天华大队由穷走上了富裕。不仅粮食丰收，社办工业收入达三万二千多元，生猪生产也发展了一步。全队百分之九十八的社员增加了收入。今年过春季时，食堂杀了猪，有的食堂还杀了羊，杀了鸡，网了鱼；此外有白糖、饼干、白酒、海带、云耳、粉丝……等副食品十三种，每人都有一份。过年固然热闹，平日生活也不错，每个食堂栏有猪，塘有鱼，蔬菜满园。社员家里还喂有鸡鸭，自留地里种有家庭作物。余钱剩米，丰衣足食，在这个山沟里已变成现实。"

在刘少奇来之前，中央调查组在这里调查了一两个月的时间，调查组认为，这是一个生产和生活都搞得较好的典型，并向中共中央作了报告。真实情况并非如此。由于受"左"的思想影响，这个大队粮食连年减产，"共产风"、浮夸风盛行，大队干部采取统一口径、弄虚作假等手段隐瞒实情，使中央调查组得出了与事实不符的结论。[1]

在天华，刘少奇一共住了 18 天。为了把情况弄清楚，他决定从群众最为关心的公共食堂入手，深入了解人民公社的有关问题。

4 月 13 日，刘少奇就召集天华的干部座谈。刘少奇一开头就说：十几天前，中央在广州开了一个会，写了一个"农村人民公社工作条例（草案）"，中央不知道写得对不对，想征求你们的意见，看哪里写得不对，哪里写多了，哪里写少了。以前中央写一些东西，发

---

[1]《刘少奇传》，中央文献出版社 1998 年版，第 863 页。

一些指示，没有征求你们的意见，常常发生错误。这次就来征求你们的意见，每个县有一个公社、两个公社。

刘少奇提议先谈食堂问题。他说，请你们谈话的时候，解放思想，一点顾虑都不要，一点束缚都不要，愿意讲的话都可以讲，讲错了也不要紧，不戴帽子，不批评，不辩论。过去宣传上也有一些毛病，对食堂强调得有一点过分了、厉害了，不办食堂就不是社会主义了，不是人民公社了，就是资本主义了，究竟不是那样。对大家有利，对生产有利可以办，可以不办，可以大办，可以小办，可以常年办，可以临时办，而这几种都是社会主义。

刘少奇讲完这番话后，天华大队党党支书记彭梅秀第一个发言，她说："主席（按：1959年二届人大一次会议上刘少奇当选为国家主席）讲得很清楚，我还是赞成办食堂，食堂的好处很多，从前妇女50%的时间是搞家务，出工很少，办食堂以后，大家都出农业工，部分人进了工厂，比原来增加了收入，所以我主张：有条件的地方还是坚决办，积极办，但应自愿。"

彭梅秀的意思很清楚，天华是省里、县里的先进单位，是有条件办食堂的。见她这样一说，刘少奇便问道："到底是把自愿摆在前面，还是把积极办好摆在前面？"

彭梅秀说："把积极办好摆在前面。我们食堂8户人家都愿意办。这两天开会讨论六十条，没有找妇女队长参加，她们很有意见。"

对于彭梅秀的话，刘少奇有些将信将疑，便说："恐怕妇女愿办食堂的多一些，应该召集她们开会，听听她们的意见。"

由于彭梅秀在天华大队是一把手，又是各级树的典型，她这一表态，其他的干部也就纷纷表示食堂要坚持办下去。

大队党总支副书记李言孝说："食堂还是要办，我主张办细（小）食堂。办细食堂有这么几个好处：第一，开饭时间短，可以吃上热饭热菜；第二，菜炒得好吃些；第三，辅助劳力可以帮助食堂做点事；第四，住处不挤，卫生可以搞得更好；第五，便于发展猪、鸡、鸭等副业生产。"

大队秘书彭腾奎说："办食堂，大部分群众有要求，但都主张办细食堂，不主张办大食堂。食堂大了，土肥要减少，远田远土耕种、送肥、看水不方便，远山不便培育管理。"

大队会计彭迪元说："青年妇女都赞成办食堂，不愿回家烧茶煮饭。她们说：你们散，我们办。"

大队党总支另一个副书记黎桂生说："我个人意见，在自愿原则下，坚决办。"他还说："大多数社员还是愿意办食堂，特别是青年妇女愿意办食堂，不愿意回去做饭。如果不办食堂，妇女都回去煮饭，对大队工、副业多少有些影响。""现在有了十大政策（按：指1960年9月湖南省委下发的《大办农业、大办粮食十大政策》），有了十二条，又有了六十条，自留地下放，食堂分小，今年下半年社员家里又会样样都有，加上大队发工资，供给基本口粮，人民生活迅速改善提高。所以我个人的体会：'三面红旗'无比优越，人民生活降低了，主要是我们自己没有执行党中央的政策。"

大队妇女主任童若斌也说："食堂优越性很大，我们食堂75人吃饭，大家主张坚决办下去，但要办细一点。""如果不办，都回去一家一户做饭，出工家家喊，费时间，对生产不利。同时妇女不能出工，会减少收入。公社化、办食堂以来，大家增加了收入。""所以我们妇女一般坚决主张办，就是办细一点，不要办大了。"

在王家湾调查时，刘少奇对食堂的利弊已经有了较多的了解，隐隐约约感到这里的干部没有讲实话，要是食堂真有那么多的优越性，为什么总办不好呢？为此，刘少奇谈了自己的想法。他说，如果大家齐心办，心是向着食堂的，办得好，食堂就有优越性，但过去为什么搞得不大好呢？头一条就是用工太多，什么事情都要有专人搞，专人煮饭，专人种菜，专人打柴，专人挑水，一个小队三分之一的工都在搞生活，结果把农业工分值扯低了。第二，住房太挤。第三，食堂搞大了，烧柴有困难。茅柴煮不熟饭，要砍硬柴烧，结果把山林破坏了。第四，人多，菜不好吃。第五，人多，出饭耽误时间。他又说，如果大家都心向食堂，就办得好，现在的问题是大家不那么齐心办。

接着，刘少奇又说起供给制问题。他问天华的干部们：要不要供给制，要供给制，要多少。天华大队在分配中，是 70% 实行供给制，30% 是按劳分配。对此，刘少奇明确表示：你们现在 70% 是供给制，这无论如何不行。总而言之，至多不能超过 30%。供给制没有了，无非是一个困难户怎么办，五保户没有问题，横直（反正）要保。他要天华的干部们对这个问题考虑一下，看看有什么意见。

彭梅秀说："供给制不宜过多，还是要一点。硬不要供给制，还是不好。我们大队 263 户，8 户五保户，48 户困难户，一共 56 户。如果不要供给制，困难户还会增加，困难户和五保户就会达到百把户。我同意搞 30% 的供给制。我认为 30% 的供给制是恰当的。"她又说："如果不搞 30% 的供给制，就要扩大公益金来解决困难户的问题。这样，富裕户就会骂困难户'吃冤枉'，困难户也不愿吃这种'呕气饭'。"

在这一天座谈中，还谈到了粮食问题、房子问题、山林问题和商业问题。

对于这次座谈会的情况,王光美回忆说:"在天华大队住下后,少奇同志先听彭梅秀同志的汇报。她讲得头头是道:田地多少,人口、耕牛多少,灌溉面积、粮食亩产、总产、征购任务多少,食堂、托儿所办得如何好,社员生活怎么怎么好,总之样样都说到了。但对于民情、灾情、退赔等等,她不是避而不谈,就是轻描淡写,说什么拆房子不多,已经安排好了,平调款也基本退赔完了。她还坚决主张继续办社员公共食堂。中间少奇问她一句:'队里有没有得浮肿病的?'彭梅秀回答说:'没有。天华没有人得这个病。'少奇本来是随便问问。我们在宁乡、韶山一带看到不少因为吃不饱、营养不良引起的浮肿病,就在天华大队我们住的王家塘,也有一户得了这个病,我们一起来的同志已经到他家看过了。现在彭梅秀竟然否认这一点,这引起了少奇同志的疑心。"[1]

2. "从前政策上有问题"

4月14日上午,刘少奇听取了中央调查组的汇报。下午,又主持召开了生产队干部座谈会。刘少奇在开场白中说:今天还是征求一下你们的意见,六十条那样多,一条一条记不清楚,也还有几个问题的意见。你们不是对几个问题的意见很多吗?一个是食堂问题,一个是供给制问题,还一个是粮食问题,恐怕还有一个房子问题。随便讲讲,有什么讲什么,讲错了也不要紧。解放思想,不要有什么束缚,不要有什么顾虑,讲错了,也不戴帽子,也不批评,也不

---

[1] 黄峥:《王光美访谈录》,中央文献出版社2006年版,第238—239页。

辩论，看事情怎么办好。

为了打消生产队干部的顾虑，刘少奇首先就食堂问题发表了自己的看法。他说：食堂到底要办还是不要办？是办大的还是办小的？怎么个办法？食堂办起来，也有些事情方便一些，恐怕缺点就不少，而且缺点相当多，不方便的地方恐怕更多些，现在就办不办，办起来如何办，怎么更方便，各种意见都可以讲。总而言之，要办好就是，办得不好个人回家煮饭，何必办呢，要办得比在家煮饭还好一些才办。

参加座谈会的生产队干部纷纷发表自己的看法。狮子湾生产队长杨玉成说：我个人的意见，一个是办小，一个是不办。办小是为了便利生产，不办也是为了便利生产。我们食堂现在有一个十分底分的主劳力种菜，一个八分底分的主劳力砍柴，如果办小食堂或不办食堂，这两个主劳力就可以抽出来下田。

烟竹塘生产队长常菊寿说：我的意见是办细食堂，一队数堂，这样便利生产。不办食堂，老弱残有困难。

大屋场生产队长常寿先说：我个人意见要办，但要办细点。不办食堂，出工难得齐，开会安排农活不方便。

其他生产队干部也大多认为食堂应该办下去。

听罢生产队干部们的发言，刘少奇说：刚才大家谈了食堂，大家谈有很多好处，我看食堂的缺点不少，坏处不少。第一条是用工多，要用几个主要劳动力去种菜、砍柴。用工多，这是一条最大的缺点。第二条，不便利生产，大家集中起来住，冲里的田没人管，对生产不利。第三，办食堂以来肥料少了。第四条，办食堂以来，烧硬柴，烧棍子柴，把山林破坏了。还有一条，不好喂猪。此外还有一条，吃粮食也不那么方便。从前忙时多吃，闲时少吃。现在食堂不管这么多，不切合实际。还有一条，食堂占菜地多。还有一条，叫做麻烦多，要分米分菜，发得不好，大家有意见，常吵架。此外办食堂，人太多了，一大锅菜不好吃，这也是真的。我看这些缺点都是真的，不是假的。

曾几何时，刘少奇本人也曾是公共食堂的积极倡导者。

1958年6月14日，刘少奇同全国妇联主席蔡畅，副主席邓颖超、杨之华等谈话。他说，八大二次会议上，河南代表、青年团代表都讲了公共食堂问题，江苏常熟普遍办起了农忙食堂，可见大家趋向共产主义。空想社会主义的想法在那时没有实现的条件，现在马克思主义者抓住了阶段斗争，已经消灭阶级或正在消灭阶级的过程中，这样，把空想社会主义者不能实现的空想实现了。他又说，现在社会上的劳力也有很大浪费，这里牵涉到妇女劳力解放问题。现在家务是各个家庭操作的，家家做饭，家家洗衣，家家带小孩子，家家补衣服、做鞋子，在没有想出新的办法之前，只有这么做，但到了共产主义社会，应该使妇女从家务劳动中解放出来。因此，我有这么一种设想：要建立很多的托儿所、公共食堂，办很多的服务性事业。他还举例说，河南有一个农业社，有500户人家，其中200多户搞公共食堂，家庭不再做饭了，组织起来之后，出工人数增加了三分之一，从前200多人做饭，现在只要40人做饭，而且还吃得饱些、好些，还节约了粮食。最大的好处是200多人做饭，变成了40人做饭，同时把做饭的事业变成了集体的事业，变为大生产、大经济。他要求全国妇联研究如何把家务劳动有计划有系统地组织起来，组成大规模的集体服务事业，使妇女从家务劳动中解放出来。

同年6月30日，刘少奇在同《北京日报》编辑谈话时提出，三四十年即可进入共产主义社会，对共产主义社会的基层组织，现在就要开始实验。恐怕不能像现在这样,种地净种地,做工净做工,现在就要搞工农商学兵。7月7日,刘少奇到北京市通州区视察。在听取区委负责人关于全区农业生产、区乡工业、文教卫生情况的汇报后,他说:磨面、做饭、带孩子、缝纫、洗衣这些事实现集体化,这就解放了妇女劳动力。生产集体化了,生活也得集体化,否则就和生产集体化不相适应。为生产服务的事业集体化,跟生产集体化配合起来,这就是共产主义的开始。

没想到事与愿违,公共食堂办了几年后,把一些没有多少劳动能力的妇女老人"解放"出来,却占用了大量的青壮年劳动力,而且把农民捆绑在一起吃饭,产生了一系列矛盾和问题。当年毛泽东也好,刘少奇也罢,倡导办食堂,搞供给制,其实都是想让老百姓早一点过上好日子。可是,搞了3年的"大跃进",结果老百姓反倒生活很困难,这是他们事先没有料想到的。这种局面的出现,自然感到很痛心。痛定思痛,他们下决心调整国民经济,调整党的农村政策,迅速改变这种被动的局面。

刘少奇通过调查研究,感到食堂不能再办下去了,但食堂办起来之后,一直被当作"共产主义萌芽"宣传,庐山会议后更是上升到"社会主义阵地",要求全力巩固,中央和各级为此作了不少的指示,发了不少的文件。年前出台的紧急指示信十二条中,还强调公共食堂的制度必须坚持,就是刚刚出台的"农业六十条"草案,也明确规定"在一切有条件的地方,生产队应该积极办好公共食堂,真正做到便利群众,便利生产"。因此,对于天华的干部们来说,在食堂问题上一时还难以畅所欲言,说出自己的真实想法。

在这个问题上,刘少奇没有责备他们,只是耐心地启发他们办食堂一定要群众自觉自愿，不要勉强，群众勉强参加，食堂必然办不好。自愿就办，不自愿就不办。办得好就办，办不好就散。不加入食堂的，也不是反社会主义，反人民公社，也不是不光荣，不要对他们歧视。生活单干同生产单干不一样，生活单干还是社会主义。一定要自愿，不自愿，勉强是一定搞不好的。

座谈完食堂问题，话题转移到供给制上。刘少奇问参加座谈会的生产队干部们：供给制要不要？要，又要多少？

供给制和公共食堂一样，人民公社化以来也是被上上下下所看好，将之与共产主义直接联系起来。在1958年8月的北戴河会议上，毛泽东就说过，粮食多了，可以搞供给制，还是按劳分配，工资按各尽所能发给个人，不交给家长，青年、妇女都高兴，这对个性解放有很大的好处。不论城乡，应当是社会主义制度加共产主义思想。人民公社有共产主义的萌芽。如果做到吃饭不要钱，这是一个大变化。大概十年左右，可能产品非常丰富，道德非常高尚，我们就可以在吃饭、穿衣、住房上面实行共产主义。公共食堂，吃饭不要钱，就是共产主义。

这样一来，供给制就成了人民公社的题中应有之义，虽然供给制的弊端日益明显，但这一制度却一直不敢放弃，只是要求供给的比重不能过高。因此，在"农业六十条"草案中规定，在公社的分配中，工资部分不能少于七成，供给部分至多不能多于三成。

对于供给制问题，参加座谈的生产队干部说，供给制还是要。不要，五保户和困难户的问题不能解决。但凡能做一点事的，要给他评一点基本劳动日。只有真正不能做事的，才全部供给。

刘少奇又问：在外面读书的，他家里4个人吃饭，他十七八岁在外面读书,家里还有 3 个人,只有一个半劳动力,只能养活一个人,还有一个人养不活,他不去读书就可以养活,供不供给?有干部回答说,还是应该供给,他将来可为国家做事。能读书不让他读书,把他这个人才浪费了。

刘少奇表示,供给制恐怕还是要一点,但供给部分不宜多。中央条例上规定了,供给部分至多不能 30%,但可以少于 30%,只能少,不能多,少了有利,20% 可以,百分之十几可以,15% 也可以,这对生产有利,但困难户的问题要解决。可以把公益金提高一点,提高到百分之一二,特殊困难的户,从公益金中解决。

通过两天的座谈会,刘少奇感到,天华干部们的头脑仍被"左"的东西束缚着。同时,庐山会议后的"反右倾"斗争也使他们心有余悸。刘少奇决定亲自去食堂看一看,并找社员进行座谈。

4 月 15 日上午,刘少奇察看了天华大队的施家冲食堂。下午,他又邀请了施家冲的部分社员座谈。为了不因座谈影响生产队的生产,中央调查组的十几个人帮助这些社员搞了两个半天的劳动。

刘少奇对社员们说,今天请你们谈一谈话,听听你们的的意见。中央现在起草了一个六十条,是一个草案,还没有定,问你们的意见是怎么样,看一看你们有什么问题,有什么意见。你们讲一点,随便讲,讲错了也不要紧,讲错了也不批评,也不戴帽子,也不辩论,放开讲。总而言之,把事情搞好,大家好。刘少奇接着说:

听说你们对食堂有意见,意见很多;此外还对供给制有意见,对粮食工作有意见,对房子有意见,还有其他意见。大概意见最多的是食堂、供给制、粮食、房子。这几年是有很多事情没有办好。当然有成绩,不是一点成绩没有。但有缺点,缺点很多。这些缺点,中央要负责,省委也要负责,县委也要负责,这里公社、大队也要负责。

食堂有没有好处,找起来恐怕也有一两条,缺点找起来恐怕就不止一两条,恐怕有七条八条十条。有这么多缺点,以后怎么办,以后要不要办食堂,是办下去还是不办?可以办下去,也可以不办。不办食堂就不对,就不得了,也不是。不办食堂,还是社会主义,还是人民公社。可以办,可以不办。如果要办,又怎么个办法?可以这样办,可以那样办,可以多数人办,可以少数人办,可以办农忙食堂,可以办常年食堂。

粮食问题,一个是国家要买你们的粮食,买多了,粮食的价格低了一点。国家不买一点粮食也难办,工人没有吃的,我就没有吃的,军队也没有吃的,其他不作田的人都没有吃的。再一个留下的粮食又如何分配,分给你多少,分给他多少,分得公平不公平,分得合理不合理,恐怕还是有分得不合理的地方,怎样分才好?

此外一个供给制,中央六十条上讲了,供给制可以占分配收入的30%,但至多不超过30%,再多就不行了,但可以少于30%,或者20%的供给制,或者10%的供给制,或者完全不要供给制,只要五保户,帮助困难户。供给制要不要,如果要,要多少,又怎样供法?现在供给制有些不合理。现在供给部分太多了,大队加小队加食堂是70%的供给制,十成里面七成是供给制,只有三成是按劳分配。供给部分一定要减少,就是要,也要减少。那么还可以不要,不要,有什么问题?是要一点好,还是不要好?要,又要多少好?

还有一个房子问题。房子住得很挤,有些房子修一修,还可以住人。过去拆那么多房子,我看拆得不好。搬到一个食堂里面,挤得很,喂猪、鸡、喂鸭,搞副业,种自留地都不方便。

有这么多缺点,不好的事情,你们讲一讲。当然,好处还是有一点,不是一点好处也没有了。

座谈开始时,社员既不说要办食堂,也不说不办食堂,而是说以前生活怎样,有多少红薯、芋头、豆子,养了多少猪、鸡、鸭,有多少猪肉,有多少鸡、鸭蛋,意思是现在生活不如以前,但就是不讲食堂不好。

社员彭佩芝说:拿我个人讲,食堂还是有好处。在食堂喂猪,可以保我自己的口粮。但住在食堂,我原来的屋空在那里,那里的自留地不能种。从前种自留地、搞副业,猪、鸡、鸭、蛋、芋头、豆子都很多,现在这里的东西都没有了。

社员彭玉鸿说:我们当社员的,总望过好日子,这个月望下个月好,今年望明年好,多生产一点多吃一点,也多支援一下国家。从前我们屋场 4 户人家,沟粪子不打多,至少有 3 千担,现在讲卫生,沟粪子没有了。各种各样的副业不发展。现在我们 11 户的生猪,还顶不上原来 1 户人家的生猪多。猪不能发展,就没有肥料。现在人油吃得少,人粪也不肥,讲一句不好听的话,像猪粪一样。我搬了 3 次家,因此很多家具搬得没有了。许许多多的事情说不尽,真伤心。

社员彭淑仪说:公社化以后,50% 的人坐大船,荒地没人种了,种了也没人管,私人搞说是资本主义。我从前做长工,土改翻了身,感谢共产党,感谢毛主席。办公共食堂,是政府关心人民生活,没有办好,怪不得政府,就是大家不齐心,不愿搞。

社员杨运桂说:共产党来了,好还是好了些,照看百姓照看得好。现在就是生产不能发展,东西少,从前互助、初级社、高级社时,生产搞得好一些,生活也好一些,人的体质也好一些。从前私人喂鸡有蛋吃，喂猪有肉吃。现在蛋肉都冇得吃。我看能分散住还是好一些，可以多喂猪，多喂鸡，多种杂粮，多种蔬菜。

社员李仲球说：从前鸡鸭成群，现在一个蛋也吃不上了。我们大队现在只救得（剩下）60头猪了。要分散居住，把猪放下给私人养，不然还得死一些。

社员彭德山说：现在挤在一起住，容易生病。人多菜也不好吃，零星土地不能利用，小生产不能发展。

社员彭一英说：我一身病，做不了什么事，办食堂我也冇得意见，分开我也冇得意见，少数服从多数。照我的看法，像我这样的人，搞食堂也有好处，但分开对生产有利些。

对于供给制，有的社员说，供给制一点不要也不行，但要少一点，如少到20%。有的说，这两年共产党把供给制吃坏了人，建议把供给制歇一年再看看，五保户和困难户的问题从公益金里解决。

听了社员的意见后，刘少奇说：我看是这样，因为搞食堂，很多人住在一起，猪不能养了，鸡鸭不能养了，许多东西比以前少了，就是社员的生活比前几年差了，没有前几年好。以前喂了猪，有肉吃，有油吃；喂了鸡，有蛋吃；塘里养了鱼，有鱼吃；粮食少一点，有红薯、芋头。现在这些东西没有了，那不生活就低了。所以这个生活不如以前，这是肯定的嘛。没有什么假的，这是事实。

他接着说：从前政策上有问题，把自留地收了，把屋子拆了，供给部分多，倒三七，于是许多人坐大船，怕懒得（无所谓），不积极。这怪不得你们，首先是我们中央要负责，不晓得你们这种情况。我们不晓得你们的房子拆了，自留地收了。官僚主义"共产风"刮了一次，中央讲了一次，以为纠正了，不知道还在刮。为什么不知道，还不是官僚主义。至于有些人坐大船，不积极，那是制度问题，搞一种办法，他就积极了。只搞百分之二十、百分之十几的供给制，百分之八十、百分之九十的按劳分配，这样工分就值钱了，大家就积极了。

座谈会结束时，刘少奇说，不要悲观，只要把办法搞好，我相信可以搞好。这时，一个社员说："以前下面向上面捏了白（说了假话之意）。"刘少奇说："有些事情，也不能完全怪下面，中央也有责任。下面捏了白，你为什么相信哩？"

3. 听到真话不容易

在天华作了初步的调查了解之后，刘少奇感到农村的问题很严重，已到了非解决不可的地步了。

4月17日，天华大队召开党总支会议，刘少奇出席了会议，并在会上说："你们的意见还是要办食堂，不过划小一点。我找小队干部谈，跟你们的说法也差不多，也是划小一点。开始的时候说不办的人还没有，以后我讲是优点多还是缺点多，他们说优点也有，缺点也有。……小队干部的心理，我看得出来，恐怕是多数小队长是不愿意办的。据说有人坚决主张不办，不过我觉得他还没有讲，他还有顾虑。"

他又说："听了他们的谈话，看了汇报材料，看来社员是不愿意办食堂，要求散。现在他们不好讲这个话，食堂是上级要办的，怎么好讲散哩！"接着，刘少奇用商量的口气对天华大队的干部说："看这个情形是不是这样子：如果说是多数社员愿意散，那怎么办，是不是让它散？横竖是他们自己的事情。他们不愿意办食堂，饭，他们自己得煮。他们要坚持散，准不准散？我看这个事情应该准。人家要散，坚决要散，我们反对，不准，这个事情维持不下去。由社员决定。是他们的事情嘛，由他们决定嘛。""现在就是加入食堂一定要自愿，自愿才能办好。你把他捆到一起，他就懒得搞，而且闲话很多。看来，1958年10月1号一声喊，就办起来了，办食堂的时候不是自愿的，并不怎么自愿。这几年觉得不方便，要求散，准不准散？我看勉强在食堂里面没有好处。"

刘少奇在讲话中还认为，办食堂有一个很大的平均主义。平均主义是违背社会主义的根本原则——按劳分配的。违背了社会主义，还有什么共产主义呢？就更不是共产主义了。他还说，敞开散，没有什么了不起。真正自愿，就好。我是主张办食堂的人，但要解放思想，说不办食堂就不好领导生产了，那也是假的。高级社时代是怎么领导的？初级社时代是怎么领导的？要解放思想，不要说不办食堂，食堂散了，就不得了。

听刘少奇这么一讲，参加座谈会的干部也纷纷说出了自己的心里话。有的说，从前宣传有些过火，公共食堂是社会主义阵地，拆公共食堂就是拆社会主义墙脚，不办食堂是社会主义缺口，每个共产党员都要带头进食堂，所以干部的思想一下子难解放。有的说，那天思想还有顾虑，好像一个党员不参加食堂不像样。社员内心还是愿意散的，不愿散的是困难户。散食堂，你刚才一提，解放了我们的思想。也有的说，自己体会生活真要自愿，办食堂要把"自愿"摆在前头，要承认差别，不承认差别，就拐场（按湖南方言，走样之意）。还有的说，真正做到自愿，大多数社员内心是愿意散的，会有百分之八九十的人散。

调查期间，刘少奇在与群众的接触中，得知有一个叫段树成的人，是原来的党支部副书记，他比较了解真实情况。但段树成受到彭梅秀的批判，被定为右倾机会主义，撤职了。刘少奇决定找段树成谈一谈。

段树成和彭梅秀都是天华人，段比彭年长十几岁。天华大队的前身是天华农业社，成立于1955年。农业社成立时，彭梅秀担任社长，上级考虑到她比较年轻，就将已担任乡手工业工会主任的段树成调回村里担任农业社党支部书记。人民公社化后，天华农业社变成了天华大队，由于彭梅秀是有名的劳动模范，上级便安排她担任大队党总支书记，段树成任副书记。段与彭两人开始关系还比较融洽，但1958年大炼钢铁时，木匠出身的段树成不赞成毁林烧炭去炼钢铁，又认为搞农业生产要因地制宜，因而与彭梅秀发生了一些矛盾。庐山会议后反"右倾"时，彭梅秀组织群众对段树成进行批斗，并将其定为右倾机会主义分子，党总支副书记的职务也被撤掉了。

4月18日，刘少奇将段树成请来，段树成向他谈了许多的情况，说天华大队的粮食产量、养猪数、工分值等等都是虚报的，实际没有那么多。社员口粮一天只有七八两，不够吃。全大队患浮肿病的超过100人。他还说：这里是先进单位，对外开放参观，上面给补贴；因为办公共食堂，山上的树已经砍得差不多了；大队有一个篾席厂，是大队干部的吃喝点，干部经常晚上去吃喝，当然不得浮肿病。刘少奇对段树成反映的情况很重视，还要他以后参加大队干部会议，有什么意见可以在会上讲出来。

彭梅秀听说刘少奇找段树成谈话后，很不高兴。站在路上骂人，称刘少奇为"刘胡子"，说"刘胡子"来把天华大队搞乱了。刘少奇并没有把这件事记在心上,觉得彭是基层干部,又是个女同志,不过是一时的气话。这件事却使刘少奇深感了解真实情况并不是那么一件容易的事。后来他多次讲:"她骂我'刘胡子',其实我没有胡子,她是要赶我走。我是国家主席,还有公安厅长带人保护着,想随便找人谈谈话,都要受到刁难。这说明听到真话、调查真实情况是多么不容易!"[1]

4月19日,刘少奇听取了中央调查组对天华大队有关情况的汇报。听完汇报后,刘少奇说:现在有一股风,一切从上面意图出发,这是非马克思主义的。我们应该一切从实际出发,这也是共产党的纪律。

当谈及食堂问题时,刘少奇说:食堂是社会主义的阵地,这是对的,这句话没有错,但这是社会主义的阵地之一,不是最主要的阵地。食堂是强制组织起来的,就不是社会主义阵地,是平均主义阵地。至于说食堂是两条道路斗争的焦点,这句话不对。在食堂问题上,我们违背了群众的大多数,我们和多数群众的斗争是两条道路的斗争吗?不是,群众不是反社会主义,仅仅是领米回家做饭吃,怎么能说是两条道路的斗争呢?群众一个是忍,一个是用怠工消极抵制我们,促使我们觉悟。

随后几天,刘少奇又多次听取中央调查组的汇报,并就食堂等问题同调查组交换意见。他一再强调:现在百分之九十以上的人要求散食堂,如果不散,就脱离了百分之九十的群众。食堂(停办)不讲散,讲退。愿意退的,自己就退出去,愿意在食堂吃饭的,可

---

[1] 黄峥:《王光美访谈录》,中央文献出版社2006年版,第240页。

以还在食堂吃饭。退食堂不能影响生产,不能引起损失。办食堂引起很大损失,退食堂不要再引起损失。今后重大问题一定要经过社员代表大会讨论,这样可以避免错误,或减少错误,一辈子都要记住这一条。

1961年前后国民经济遭到严重困难,原因固然很多,但根本的还是由于轻率地发动了"大跃进"和人民公社化运动。而这场运动之所以能够发动并且持续三年之久,又与调查研究不够密不可分。此时,刘少奇深感了解真实情况的重要。他在4月22日听取中央调查组的汇报时,感慨地说:从实际出发,"实际"是什么,大家不清楚,中央不清楚,省委也不清楚,县委也不清楚,公社也不清楚,大队也不清楚!从"实际"出发,那个"实际"若干是假的。不讲以前,一直到现在,报纸上登的东西有些还是假的。现在报纸上天天报道许多消息,什么生产队生产搞得怎么怎么好,肥料搞得怎么好,种田搞得怎么好,等等,有些是假的!在这次退食堂当中,社员有什么意见,要让他讲,要讲一点民主嘛!一个七十岁的老公公不是说"这一下上面睡醒了"吗,这个"上面"是什么呀?从你们公社算起,到县委,到省委,到中央,都是"上面",过去都在睡觉,都不了解实际情况。[1]

公共食堂关系到千家万户农民的利益,解散食堂成为了广大群众的共同呼声。但是,由于几年来对食堂所谓"优越性"的片面宣传,尽管它已成了各级干部的一块心病,可谁也不敢提出要解散食堂。为解除基层干部对解散食堂的思想顾虑,刘少奇指出:现在90%以

---

[1]《刘少奇年谱》下卷,中央文献出版社1996年版,第513—514页。

上的人要求散，不散就脱离了90%的群众。共产党员的义务是要经常了解群众的要求，反映群众的要求。食堂不讲散，讲退。愿意退的，自己退出去。愿意在食堂吃饭的，可以还在食堂吃饭。刘少奇建议天华党总支，由群众自愿选择退留。不久，天华的十几个食堂陆续解散。

得知天华解散食堂的消息，附近大队的公共食堂也闻风而散。

离天华不远的青田大队乙家塘生产队在学习"农业六十条"草案后，4月15日开始已分散做饭，社员都退出了食堂。4月26日，中央和湖南省委联合调查组开了一次座谈会，请社员谈退出食堂后的体会。会上，社员谈了退出食堂后的三大好处。

一是提高了劳动积极性。社员彭福初说："食堂也有好处，照顾了困难人。不过要照顾的太多。冇（按：湖南方言，没有之意）按劳付酬。累的累得个死，吃的吃个死，反正吃大锅饭，怕懒得（按：无所谓）。分户做饭，冇得依赖了，要做好多工分，才能拿回口粮。自己一年有个划算（按：计划），细伢子（按：小孩子）都作了安排，做一分有一分呀！"社员杨玉英小声地说："真是鬼。彭广梅的爱人，怀孕八个月了，总说有病，五六个月冇出工。咯（按：这之意）几天拿起锄头挖田垄，尽是劲。肚子冇凸起一点，她怀孕还是个假的。"

二是对生活上的意见少了。社员黎桂庭说："平日吃饭还差半点钟，厨房里挤一屋子人，你说饭烂了，他说饭硬了，你说菜少了，他说不干净，尽是意见。分回来搞，吃多吃少，吃好吃歹，随你自己，意见就冇得了。"

三是有利于发展家庭副业。社员彭保初说："高级社时我家里（每年）至少要送四头肥猪，咯几年冇得这回事。如今分户养猪，只要两年,我保证一年送几头肥猪没有问题。"女社员彭淑英接过话头说:"空坪旮旯,以前冇人管,咯只有几天,挖尽了,合起来是有亩把地,都下了种。以前是做样子,现在是搞实际的。"[1]这些朴实的话语,可以看出社员对解散食堂的兴奋心情。

人民公社化运动之初,大搞生活集体化,建立公共食堂、托儿所、敬老院等,占用了社员的房屋。人民公社在办商业、工业、学校、信用部等机构时,也占去了不少社员的住房。还有些地方在积肥时,又拆掉了一些房屋。结果,不少社员失去自己的房屋,挤住在集体统一安排的房子里。

随着公共食堂的解散,社员必须有自己做饭、饲养家禽家畜的地方,房子问题就突出了。刘少奇深知房子对于农民的重要性,他为此明确表示:拆了人家的房子,一定要赔,大队、公社干部要负这个责任。赔,一定要赔清,使社员基本满意,不能敷衍了事。如果这回敷衍了事,就不能教育公社和大队干部,以后他还会搞。大队要从公积金里面拿出一部分钱搞房屋退赔,不能拿其他的钱搞房屋退赔。总而言之,房屋问题要彻底解决,一年解决不了,两年;两年解决不了,三年;三年解决不了,四年;四年解决不了,五年。[2]

4月27日,中央调查组就天华大队房屋情况和处理意见写了一份报告。报告说,天华大队现在社员的住房不到原有房屋的一半。公社化前,全大队有房屋1415间,按当时1186人计算,每人占1.19间,现在社员住房只有621间,占原有房屋的43.88%,每人只有0.53间。

---

[1] 中央、省委联合调查组:《青田大队乙家塘生产队社员座谈退出食堂以后的体会》,1961年4月26日。

[2] 《刘少奇年谱》下卷,中央文献出版社1996年版,第515—516页。

房屋减少的原因是公路局养路队占用 13 间，大队养猪场、工厂、幼儿园、疗养站和大队办公房占了 107 间，生产队、公共食堂占用 117 间，几年来拆毁 394 间，没有人住的空房 163 间。社员住房搬动面达 60%，搬动的原因主要是自己的房子被拆毁或被占用，不得不住别人的房子。由于占用、拆毁的房子太多，造成社员居住十分拥挤，住房最少的一个生产队，每四个人才有一间房子。而社员频繁搬家，造成房屋相当混乱，而且社员对于房子也不注意爱护。

为了解决社员住房问题，调查组和大队干部通过研究，提出一个初步处理方案：一是大队、生产队占用的社员住房，在不影响集体经济的原则下，能够退的全部退还给社员；二是将能够住人的房子充分利用起来，让社员搬回自己的房子。同时确定房屋的产权，凡应当退回社员的房屋原则上都应退回，如果毁坏了的大队负责修理，修理所需的材料谁拆谁赔偿，自己房屋被拆或被占用而住别人房屋者，由大队或生产队付给原房主价款或租金。

刘少奇对这个报告很重视，他致信张平化说："湖南农村的房屋问题，是一个目前就需要处理、而要在二三年内才能解决的重要问题。调查组在广福公社天华大队关于房屋情况的调查和处理意见，可以作为各地处理农村房屋问题的参考，请你考虑，是否可将这个文件发给各地？"[1] 接到刘少奇指示的当天，湖南省委将此信和中央调查组的报告转发全省。

在天华大队调查期间，刘少奇了解到饲养员冯国全父子，因他们喂养的一头耕牛于 1957 年 2 月死亡，解剖后，在肺内发现一根三

---

[1] 湖南省档案馆：《情系故乡——刘少奇回湘档案史料辑录》，中国档案出版社 1998 年版，第 70 页。

寸多长的铁丝，即被认为有意破坏而受到批斗、关押。刘少奇在初步调查后对此案表示怀疑，认为牛皮那么厚，牛劲那么大，铁丝怎么能穿进去，当即指示对这件事要调查，不仅要向当事人了解情况，还应问问老兽医或专门学过这种医的人。根据刘少奇的指示，湖南省公安厅组织了复查，查明铁丝是一个小孩出于好奇喂给牛吃的，冯氏父子被冤枉了，遂为其平了反。省公安厅还为此向省委和公安部专门写了《关于长沙县广福公社天华大队社员冯国全破坏耕牛一案的调查报告》，刘少奇审阅这个报告后致信公安部长谢富治："各地如冯国全这样的冤案还是有的，应由各地公安政治机关进行认真的调查研究，作出合乎实际情况的结论。"[1]

刘少奇在天华大队总共调查了 18 天，这期间，他只在 4 月 26 日因接见外宾去了一次长沙。在这十几天的时间里，他不是开座谈会或听取中央调查组的汇报，就是到农民家访问，同社员谈话。这使他掌握到了许多以前不知的真实情况，对农业生产和农民生活的困难程度有了真切的感受。4 月 30 日，在天华的调查就要告一段落了。这天上午，刘少奇召集中央调查组研究安排下一步工作，并告诉调查组要自始至终贯彻群众路线，去掉恩赐观点。他说，这个问题讲起来容易，办起来不容易。这三年，就是没有让群众当家作主，搞拆房子呀，搞居民点呀。如果让群众当家作主，这些就办不成。不过那个时候，群众在那个风浪里面也搞得糊里糊涂了，如果那个时候要他表决，他也赞成。所以，走群众路线不能在一股风之下表决，要经过反复商量酝酿。特别是关系多数群众利益的问题，不能急急

---

[1]《刘少奇年谱》下卷，中央文献出版社 1996 年版，第 518 页。

忙忙作决定。

这天下午，他又在省、市、县委工作队全体干部会议上作了讲话，着重谈了如何做好调查研究工作和实行群众路线问题，指出：真正把情况调查清楚，对每一个问题、每一个问题的各个方面都调查清楚，不是一件容易的事。不容易就是人的主观世界要反映客观世界不容易，要经过一个过程，甚至是一个曲折的过程，才可能对客观实际认识清楚。作调查是认识世界，认识世界的目的是为了改造世界，在改造世界中又进一步认识世界。认识世界和改造世界要统一起来，认识世界以后改造世界，在改造世界中更深刻地认识世界。

当天晚上，他同天华大队部分干部谈话，希望他们吸取教训，改正错误，共同把天华大队搞好。

4．"不是天灾，是人祸"

在天华调查结束后，刘少奇去长沙参加五一国际劳动节庆祝大会。5月2日上午，离开长沙前往宁乡县城。当天下午，他听取了宁乡县委的工作汇报。

晚上，刘少奇又召集宁乡县、社工业干部座谈。刘少奇对大家说，想找同志们谈一下工厂的情况，不要受拘束，好的东西讲，不好的东西也讲，实事求是。他一开始就问：工人现在的生活比手工业合作社的时候，是好一些，还是坏一些？讲老实话。参加座谈会的干部如实相告：合作社的时候好一些，粮食多些，油多些，工资差不多。接下来，刘少奇询问了工人们的工资与过去比是提高了还是降低了，生产出来的产品质量比以前是好一些还是差一些，材料与以前相比是节省还是浪费，成本比以前提高了还是降低了，品种是比以前多了还是少了，工厂是赚钱还是蚀本？对此，参加座谈会的人员一一如实作了回答。

刘少奇又问工人的口粮是多少斤，当得知最高的机械厂是34斤，最低的服装厂只有24斤时，刘少奇说，口粮少一点，又没有肉，又没有油，所以困难一些。又说，问题是农民不养猪，不养鸡，因此你们就没有肉吃，没有油吃，没有蛋吃。如何使农民养起猪来，养起鸡来，大家才有得吃。

刘少奇开这个座谈会，除对县办工业作一般的了解外，还有一个重要的目的，就是农村的公共食堂解散后，各家各户分灶做饭所需日常用具的供应问题。食堂办起来后，社员的日常用品也归了食堂，由于保管不善损坏严重，而在1958年大炼钢铁时，社员家里锅铲之类的铁器又大都当作废铁，投进了小土高炉。现在解散食堂已成定局，刘少奇十分关心这些群众日常生活用品的生产和供应问题。刘少奇说，食堂，现在看来难于办下去。中央的政策可以办，可以不办。大概除了城市以外，乡村办的食堂办得好的很少。其所以办不好，就是生活用工太多，百分之三十到四十的劳动力去打柴、种菜、挑水、煮饭，结果作田的人就少了。仅仅这一条，食堂就办不成。食堂分伙以后，家家户户要做饭，因此就要有锅子、水壶、火钳、菜刀、碗筷、桶子、柴刀、坛坛罐罐，等等。这些东西要赶快造！过去打烂了的，通通补起来，不然实在对不起农民！

5月3日，刘少奇又在宁乡县城召开了政法和商业两个座谈会。当天晚上，刘少奇乘车回到了花明楼公社的炭子冲。王光美回忆说："我们到达炭子冲少奇老家屋场时，已经是夜里，周围一片漆黑。我是兴致勃勃地去的，但到了那里一进去，感觉不是很好。进门第一间是堂屋，空荡荡什么也没有。""在其他一些房间里，因为没有电灯，就随处放了一些白蜡烛。几张床上都架着白色的蚊帐。""少奇在几个房间里看了看，到他小时候跟他妈妈住的那间屋子里停下来，说要住在这里。少奇9岁那年，他父亲去世，此后他就和母亲住在这个房间。房间很小，除了床，就一个小桌子，但他说愿意住在这里。我们在炭子冲一个星期，我就跟他挤在这个地方。"[1]

回到炭子冲的第二天，刘少奇就听取了花明楼公社整社工作队的汇报，并且说：食堂是勉强搞起来的，极不得人心。在这个问题上，我们犯了错误，蛮干了三年，一直不明白。这样的食堂早该垮台。晚上，又听取了炭子冲大队工作队汇报。在谈到食堂问题时，刘少奇说：办食堂应该是节省劳动力，现在的食堂是浪费劳动力。不节省劳动力就不要它。解决社员住房问题，不要笼统地提"物归原主"，要经过普遍调查，按照实际情况处理，大队要帮助社员解决。[2]

5月5日上午，刘少奇视察花明楼公社安湖塘生产队公共食堂，并与农民作了交谈。下午，又同农民成敬常谈话。在谈话中，刘少奇说：这几年，听说工作搞得很不好，社员吃不饱饭，病了很多人，死了一些人，田土荒了不少。我是回来看看，回来得晚了，对不起社员。现在的政策还没有搞好，政策要大家来讨论。

这天晚上，刘少奇又将自己儿时一起放牛的朋友李桂生请来了解情况。李桂生比刘少奇小两岁，一直在家务农。刘少奇问他："大家说去年干旱很厉害，安湖塘的水车干了吧？"李桂生说："没有，还有半塘水。"李桂生这么一说，刘少奇立即就明白了问题之所在。

---

[1] 黄峥：《王光美访谈录》，中央文献出版社2006年版，第244—245页。
[2] 《刘少奇年谱》下卷，中央文献出版社1996年版，第519页。

刘少奇离开家乡的那一年，即1925年，湖南连续几个月大旱，安湖塘干得个底朝天，但那一年一亩稻田还收了二三石谷子，农民生活也没有这么大的困难。去年安湖塘还有半塘水，粮食问题却那么严重。这时，李桂生直言不讳地对刘少奇说："我讲直话，主要不是天灾，是人祸，是'五风'刮的！"

5月6日，刘少奇找来了炭子冲大队原党支部书记王升平。王升平从1952年起就担任刘少奇的农民通讯员，经常向刘汇报农村情况。1958年人民公社化时，王也不自觉地犯了刮"五风"的错误，后来在反"五风"时被撤职。回乡后，刘少奇让人去找王谈话，王以为是省委工作队找他，拒绝不见，连续找了三次，送信的人说是刘少奇回来了，他才急急忙忙地赶来。

见面后，刘少奇问王升平："你为什么会犯错误？"

王说："冇（没有）听党的话，冇听得毛主席的话。"

刘少奇也不客气地说："还要加上一条，冇听得群众的话。安源塘废掉好田搞鱼池，鱼池那么大，又不养鱼。群众有意见。东源塘搞万头猪场，我看了一百头都不足。农村出现这么的问题，怎么不向我写信呢？"

王说："我向您写了7封信。"

刘说："怎么只收到4封。"

王说："五八年反映农村下计划不从实际出发，五九年反映了浮夸风。"

说到这里，刘少奇无奈地说："下情怎么能上达呵！"

刘少奇又问王升平："山林怎么砍得这样溜光？"

王升平说："五八年大炼钢铁砍了一回，五九年大办食堂，冇柴煮饭又砍了一回。一个姓曹的干部看见山里越来越光，就写了一首顺口溜递给在这里蹲点的县委副书记：'大战戴家洲，青山剃光头，请问副书记，竹苗留不留。'就是这件事，老曹被打了一顿，以后哪个还敢讲。"

在谈话中，刘少奇问王升平："公共食堂到底好不好？"对这个问题，王升平不敢回答，因为刘少奇回来前几天，县里、公社还在宣传公共食堂的十大优越性，说不办食堂就是不坚持社会主义方向，办不办食堂是衡量革命与保守的分界线。于是，王升平只得小心翼翼地说："咯到底是讲得还是讲不得呢？"

"怎么讲不得呢？"刘少奇鼓励王升平说："有人向我写信，尽说好话。你们讲实话，相信你们的。农村搞得咯样糟，不亲自下来不晓得。"听刘少奇这么一说，王升平打消了顾虑，大胆地说："现在农村公共食堂不好，还办下去会人死路绝。"

坐在一旁的王光美感到很惊讶，问道："问题有这么严重？"

王升平说，邻近的柘木冲食堂刚办时有120人，现在不到80人，饿死12个，跑了十几个，还有几个患浮肿病的住进了大队临时医院。罗家塘食堂是全公社的重点食堂，各种物资优先供应，几年来却只生了三个小孩，还有两个至今走路不稳。

对于出现死亡的原因，王升平说，主要是没有饭只得吃树皮、谷糠。连刘少奇家门口不远处的一棵梧桐树的皮也被剥光了。当地干部得知刘少奇要回来，赶紧在树上涂了一层黄泥，用绳子捆上。

宁乡是我国有名的产猪大县，宁乡猪是有名的优良品种。过去开春前后，邻近各县都有不少猪贩子去宁乡贩运小猪。这几年国家对发展养猪没少号召，但生猪产量总是上不去。于是，刘少奇又问食堂还有多少猪。王升平说，过去每户平均有两头猪、三只鸡，现在全生产队只有一头猪，毛有五寸长，皮有三分，只见骨头不见肉。全队只剩下一只鸡婆，连报晓的公鸡都绝了种。[1]

听了王升平的话，刘少奇愈加感到农村问题的严重。

5月7日，刘少奇在炭子冲大队召开基层干部和社员座谈会，他对大家说："我将近40年没有回家乡了，很想回来看看。回来了，看到乡亲们生活很苦。我们的工作没有做好，对你们不起。"他问参加座谈会的干部和社员："乡亲们谈谈看，社员的生活比1957年是好了还是差了呢？不是好，是差了吧？生产比以前降低了，是这样，就承认这个现实。"有人回答说："生产是降低了，生活差了。"

刘少奇接过话头说：

"什么原因呢？为什么生产降低了，生活差了？有人说是天不好，去年遭了旱灾。恐怕旱有一点影响，但不是主要的，主要是工作中犯了错误，工作做得不好。我问过几个人，门前塘里的水是不是车干了？安湖塘的水是不是车干了？他们说都还有半塘水。看来旱的影响不是那么重。我记得过去有两年遭受旱灾，安湖塘和门前塘里的水都车干了。"

"所以主要是这里的工作犯了错误。这是不是完全怪大队干部呢？也不能完全由他们负责，上边要负主要责任。县有一部分责任，省有一部分责任，中央有一部分责任。当然，大队干部不是没有责任，要负一小部分责任。有的是中央提倡的，如办食堂。因此根子还在中央，不过到了下边就加油添醋了。"

---

[1] 参见易凤葵：《少奇同志回故乡》，《湖南日报》1980年5月17日；阳宝华：《丰碑永立天地间》，《人民日报》1998年11月25日。

"这次回来，看到这里工作搞成这个样子，中央有责任，要向你们承认错误。人没有不犯错误的，世界上没有不犯错误的人。犯了错误不要紧，要紧的是认识错误，改正错误。人对错误的态度有三种：改正得快，改正得慢，死而不改。改得慢不好，死而不改更不好。"

过了一会儿，刘少奇又问："你们的食堂散了没有？"群众回答说："散的多。"于是，刘少奇说："食堂情况，以前我们也不清楚，讲食堂有优越性，可以节省劳力，解放妇女等。下来一看，不是那么回事，专人做饭，专人炒菜，专人砍柴，专人担水，专人舂米，一个食堂占用了三分之一的劳动力，甚至半数的人都去做饭了。烧硬柴砍树，不砍茅草，砍了山林。还有其他毛病。好处也可以讲个一条两条，说是出工齐。出工齐可以用别的办法解决嘛。"

刘少奇接着说："食堂没有优越性，不节省劳动力，不节省烧柴。这样的食堂要散，勉强维持下去没有好处，已经浪费几年了，不能再浪费下去。"

公共食堂办起来后，社员原来家里的锅铲、坛坛罐罐不是被食堂收去，就是在大炼钢铁时被当做废铁送进了土高炉里。社员集体吃饭，集体住宿，原有的房屋，有的被食堂占用，有的则被拆掉用去肥田。所以食堂解散后，这些问题不解决，仍然会影响群众生活。对此，刘少奇表示："食堂一散，有些社员有困难，没有锅子、铲子、坛坛罐罐，回家做饭怎么办？要赶快生产这些东西。大队、公社、县、省、中央，组织生产这些东西，组织铁匠打铲子，组织木匠、篾匠生产炊具，生产一批解决一批，分给生产队。"

刘少奇还说："散食堂以后，马上需要解决的问题就是房子。一个屋场住那么多户，没有地方打灶。房子不确定，社员的很多事情不能定，自留地不能定，养猪喂鸡也难办，厕所也不好定，生产就不放心。有一些是公家占用的房子，如银行、供销社、学校、公社和大队的办公室、工厂、猪场等，都要挤一下，把多占用的房子都退出来给社员住。"

"这里搞我的旧居纪念馆，曾写信问过我，我几次写信说不要搞，结果还是搞了。这个房子应退出来，纪念馆不办了，省委、县委都同意了。这个房子谁来住？由工作队主持，同大队商量好，分几户社员到这里来住，我家的亲属不要来住。桌子、凳子、仓库、锅子、灶等，都作为退赔，退给社员。这些楼板，拿去替没有门的人家做门。社员在这里至少可以住上十年、二十年，等有了比这个更好的房子，愿意搬再搬。"

接着，刘少奇讲到了清算"共产风"后的退赔问题。他说，这个账要一户一户地结。这个账要记住。赔清以后，立块碑，或者写一个大单子，用镜框子镶起来，挂在公社里。不这样搞，老百姓下不得地（不得了之意）。不要半途而废，马马虎虎了事。要扎扎实实算一回账，算得疼一点，公社、大队、生产队干部算疼了，社员也要疼一下，疼几年。这次教训很深刻，要子子孙孙传下去，以后再也不犯这个错误。

刘少奇认为，"共产风"之所以屡禁不止，有的社员之所以乱拿集体或他人的东西，就是所有制问题没有解决。他说，所有制不确定，就没有办法安心生产。三级所有制，还有部分个人所有制，不能随便侵犯，自留地的产品要归社员所有。不能动摇所有制，一动摇社员就不安心生产。现在讲清楚，上边拿的要坚决退赔。社员拿了别人的、拿了公家的就不退赔？也要统统退赔。上边退赔，社员退赔，大家退赔。

刘少奇还对当地的干部们说:"请你们给我一点通信自由,不要扣我的信,好不好?和我通信并不是要捣公社、大队的蛋,我是想帮你们的忙。我这个人也可能犯错误,帮个倒忙,那我再向你们承认错误,作检讨。为了大家的事情,还可以到北京来向我反映,我出路费。"[1]

5月8日,刘少奇到炭子冲大队临时医院看望了正在那里治病的社员。说是医院,其实是因为病人多,临时找了个房子,安排一些简单的护理和照顾,并给病人吃一点黄豆。这些病人中既有老人,也有青壮年,基本上是因为饥饿引起的浮肿病。其实,花明楼不但有众多的浮肿病人,非正常死亡的现象也很严重,仅1961年3月,全公社就死了800人。到刘少奇来时,死人的现象仍未停止。看到这么多病人,想起家乡农民这种生活状况,刘少奇的心情格外沉重。

5月9日,刘少奇同花明楼公社整风整社工作队座谈。刘少奇说,民主这个东西不能恩赐,是大家争来的。我们有些干部,一方面说上边不让讲话,但自己不去争民主;另一方面又怕群众,怕群众起来了事情不好办。他要求工作队把群众发动起来,让他们敢于讲真话,要使干部转变作风。又说:现在群众提出粮食、锅子、房子问题,这是群众当前最迫切需要解决的问题。生活可以单干。小部分的荒山、荒土、田塍可以包产到户。此外,定额、评工记分问题也要解决。穷队和富队是有差别的,穷富都一样是不利的,不然就拉平了。

当天下午,刘少奇在返回宁乡县城途中视察了黄材水库。这是

---

[1]《刘少奇选集》下卷,人民出版社1986年版,第329—330页。

1958年开始宁乡举全县之力修建的一座水库。刘少奇一路上几次看到用小车推着行李家具的农民,问他们干什么,说是搬家。在途经双凫铺公社的黑塘仑生产队时,刘少奇让司机将车子停下,信步走到村里去看看。进村不久,忽然听到路旁的屋子里有哭声,刘少奇忍不住走进屋,只见一个妇女带着两个幼小的孩子,正在伤心在哭泣。一打听,才知道这是一个寡妇,家里的房子在"大跃进"中被拆了盖集体养猪场,几年来她一直住别人家的房子,已经搬了8次家。现在这家房主急需用房,强催她搬走。她走投无路,急得哭了起来。看到这种情景,刘少奇对陪同的人员说:"中国有句老话:'人搬三次穷'。鸟还要有个窝呢!群众连个安定住处也没有,这怎么行呢?我们是共产党啊!"他当即找来大队干部,请他们做工作暂时不要让这位妇女搬家,等县里下达文件,然后统一安排。[1]

当天晚上,刘少奇回到宁乡县城,并主持召开了有主管农业、手工业和财贸等工作的县领导参加的会议。会上,他开门见山地说:办了几年的食堂,没有优越性,群众意见很大,纷纷要求解散。可是食堂一解散,又出现了新问题,社员缺少煮小锅饭必需的炊具。这个问题我也没想到那么严重,今天我请大家出出主意,想想办法,我们要在最短的时间内,把这件事办好。你们是工业、农业的后勤部,不是天天讲为人民服务吗,我看尽快把这件事办好,就是为人民服务。

5月11日,刘少奇就在湖南农村调查的情况,给毛泽东写了一封信。信中首先介绍了他在天华大队调查的情况。刘少奇说:"我们的调查工作不是很顺利进行的,我们直到最后才了解一些这个大队

---

[1] 黄峥:《王光美访谈录》,中央文献出版社2006年版,第254—255页。

的真相。这个大队的生产和社员生活，在湖南虽然算是比较好的，可以算作二类队，但是总算起来，粮食和副业生产比1957年是降低了，社员生活更不如1957年，这主要是由于社员过去都有自留地，还在山上开了些荒土，每家都有几千斤红薯、芋头和田塍上的豆子，都喂了猪和鸡鸭，都有肉、油、蛋供自食和出卖，而现在这些几乎完全没有了，只有定量的大米和小菜，因此，都感到不够吃。这个大队去年下半年也有相当多的人害浮肿病，有二十几个人外流到江西，山林竹木受到严重破坏，房屋拆毁三分之一，百分之六十的社员现在住着别人的住房，干部贪污多占的现象也很严重。"

信中还谈到解决社员住房，退赔社员财物，巩固国家、集体和社员个人的所有制，在一部分乡村中建立公安派出所和巡回法庭，机关干部、军官和职工在乡家属待遇等问题的处理意见。刘少奇说，在食堂散伙后，群众立即提出一个尖锐的问题，就是住房如何解决，因为现在住得太挤，无法养猪、养鸡、积肥，甚至难做饭。到宁乡以后，发现有些社员为了自己住回原屋，把现在住的社员赶走，有的社员房屋被拆，就被赶得走投无路。对于平调和被破坏的炊具和其他生活用品，基本上没有退赔，有些县、社说退了百分之几十的数字，是完全不可靠的。

在谈到关于巩固国家、集体和社员个人的所有制问题时，刘少奇说：现在乡村中乱拿别人的东西和小偷小摸现象相当多，引起群众的不安，妨碍生产。形成这种乱拿别人东西的风气，一是由于现在吃的东西太少；二是由于过去几年刮了"共产风"，动摇了社员个人的那一部分所有制，也动摇了国家和集体的所有制。有的社员对工作组说，他们可以平调，乱拿别人的东西，为什么我不可拿别人一点东西呢？因此过去平调的东西，必须坚持退赔，就是由于搬家、大兵团作战而破坏的东西，也必须坚决退赔。一年退赔不完，两年三年五年也必须退赔完。国家和集体拿了社员个人的东西坚决退赔，社员拿了别人的东西，也应要求社员退赔，一次还不清，几次还，一年还不清，几年还，但是不可不还。只有这样，才能巩固国家、集体和社员个人的各方面的所有制，安定社会主义的社会秩序，以利生产的发展。[1]

5月12日，刘少奇从宁乡到长沙。第二天，他听取了湘阴县委关于整风整社情况的汇报，并指出：我们不能剥夺农民的利益，这是马列主义的原则，必须彻底退赔。但是，不要完全拿钱退赔，应该搞点实物，有利发展生产，搞好生活。对于"分田到户"这个问题，要正面提出这样做不对，要教育群众，给他们说清楚：生产与生活问题不同，生活可以自由，生产应当是集体的。集体生产的优越性群众是懂得的，要正面教育，讲清道理，不要戴帽子。[2]

5月15日，刘少奇结束了他在湖南的44天调查，离开长沙回北京。在途经郑州时，刘少奇听取了河南省委负责人的工作汇报，并指出：现在做好工作的关键是依靠群众，走群众路线。如何搞群众路线是个问题，过去搞过，但是后来忘掉了，恢复起来不容易。搞好群众路线可以避免许多错误，可以保护多数群众的意见，可以顶住上边的瞎指挥，群众还可以替少数干部担负责任。

---

[1] 湖南省档案馆：《情系故乡——刘少奇回湘档案史料辑录》，中国档案出版社1998年版，第78—81页。

[2] 《刘少奇年谱》下卷，中央文献出版社1996年版，第523页。

六、问计普通百姓间

1. 周恩来邯郸之行

就在刘少奇回湖南调查之际,周恩来于1961年4月底5月初到了河北邯郸,重点对武安县的伯延公社进行调查。

广州中央工作会议结束后,周恩来就于4月初派总理办公室副主任许明打前站,先带领一个工作组,到邯郸地区农村进行调研。

许明等人离京赴邯郸不久,周恩来利用去广西与越南领导人会谈,并去云南会见缅甸总理吴努的机会,沿途对武汉、南宁、成都、昆明、西双版纳等地的农村工作进行调查,发现各地在试行"农业六十条"时还存在一些问题。4月19日,周恩来给毛泽东写了一封信,谈了他对这些问题的看法。

信中说:"这次在武汉、南宁、云南、成都与省委和云南五个县委书记谈整社和六十条时,均接触到'三包一奖'和'三七开'这两个问题。广州会议上和六十条中对'以产定分'没有深入讨论,所以在分配上没有作出明确规定。""现在看起来,这一问题是具有普遍性的。""其他按劳动等级或按工作定额定工分的,都为群众所不赞成。"[1]

1961年4月28日深夜，周恩来从北京来到邯郸。第二天，他将邯郸地委书记庞均等人找来，听取他们汇报有关情况。在此后的几天，他又听取了许明的汇报，同时召集河北省省长刘子厚等人开会。5月1日，他接见了邯郸的劳动模范。

在听取汇报的过程中，周恩来就有关问题发表了自己的看法。其中，他讲得最多的是食堂问题。他说：

现在发现食堂办那么多不行。在（19）59年5月主席曾经说过，食堂维持到30%就不错了，办农忙食堂、全年食堂、部分人参加的、全部人参加的都是可以的，爱搞什么样的就搞什么样的。

把食堂提高到两条路线斗争的高度，说食堂是社会主义阵地，有的还说是社会主义心脏，谁还敢提反对意见啊！群众与我们在食堂问题上有很大的距离，群众给我们泼冷水，叫我们清醒清醒，我们听不进去，干部有顾虑也不敢说。其实，食堂同社会主义联系不是绝对的。

现在看来，食堂问题更多了。有多少条：（一）费粮食；（二）费副食品；（三）费燃料；（四）费劳动力；（五）费时间；（六）多占自留地；（七）影响养猪、养家禽等副业；（八）饭菜千篇一律不合群众口味；（九）两头冒烟,特别是北方冬季取暖不便；（十）多占房屋家具；（十一）干部多吃多占；（十二）粮食分到户浮肿病就减少。

开始还是考虑食堂怎么办的问题，现在看来是办不办的问题了。这个问题要让群众充分讨论，一定要走群众路线，不能有框框，不

---

[1]《周恩来年谱》中卷，中央文献出版社1997年版，第405页。

要把食堂看成偶像，不要用箍子把自己套起来。有的人顾虑群众自己做饭不会过日子，把粮食吃亏了。其实，不是群众不会过日子，而是我们不会过日子。敞开肚皮吃饭，那还不是我们干部提的吗？结果吃空了。事情包揽那么多，把我们累个死，费劲不讨好。在群众中不会过日子的是少数，也不过 5%。这是相信不相信群众的问题。[1]

周恩来此次来邯郸，本来是打算摆脱其他事务，专心开展调查研究，可正巧他刚来邯郸，就发生了老挝国王萨旺·瓦达纳在美国总统特使进行阻挠性活动后，反对召开任何国际会议讨论老挝问题，使得柬埔寨国王西哈努克于 5 月 1 日在万象宣布撤回他在年初提出的关于召开十四国会议（即扩大的日内瓦会议）的建议，并决定取消日内瓦之行的事件。中国政府对西哈努克的建议曾给予积极支持，并且是此次会议的主要参加国。面对这一突如其来的变化，周恩来不得不在 5 月 2 日赶回北京，处理有关事宜。

5 月 3 日凌晨，周恩来刚处理完有关问题，就踏上返回邯郸的专列，并于当天前往武安县的伯延公社进行定点调查，前后调查了四天的时间。

武安是革命老区，抗日战争时期，这里是八路军晋冀鲁豫军区所在地。解放战争时期，晋冀鲁豫中央局和晋冀鲁豫军区，就驻在武安的冶陶镇，邓小平、刘伯承就是从冶陶出发，率部挺进大别山，开辟中原解放区的。

伯延公社的前身是鼓泹高级农业社。这个高级社是 1955 年下半

---

[1] 中共邯郸地委办公室整理：《周总理插话指示纪要》，1961 年 5 月。

今武安市伯延镇的周恩来纪念像

年由伯延、庄晏、同会等 5 个乡共 21 个村 63 个大中小初级社合并而成的。高级社成立时有 6602 户，22081 人，耕地面积 68399 亩，是一个超大规模的高级社。后来，鼓洺农业社更名为曙光农业社。1958 年与邻近明德乡的 9 个农业社合并成伯延人民公社，这时，全公社总人口达到 8585 户，面积则扩大到南北长 15 里，东西宽 25 里，耕地 96700 亩。

受浮夸风的影响，伯延公社成立的后，曾制订了《1959—1967 年生产建设发展规划》，提出 1959 年粮食亩产要达到 3000 斤，1962 年达到 1 万斤，1967 年达到 16000 斤；棉花则分别要达到皮棉 500 斤，1500 斤，3000 斤；要逐步使工业产值超过农业产值，实现农村工业化；

还要实现农业机械化、电气化，农村建设城市化，农民工人化；等等。可是，三年"大跃进"下来，规划中的指标没有一样达到，而伯延农民的生活却十分艰难。周恩来在1961年6月的中央工作会议上说，这里群众吃的"除了树叶、咸菜、野菜以外，就没有东西了，硬是没有存粮"。

有一天，周恩来和县、社的干部在伯延的公路上边走边谈，他无意中发现路旁的树只见树干和树枝，不见树叶。按理，此时应是枝繁叶茂的时候。周恩来便问树叶哪去了，陪同的干部随口说被羊吃掉了，不巧正好被一个在路旁放羊的女孩子听到了，以为是干部说她没有看管好羊，吃了树叶，就反驳说："羊能上树吗？"干部们一时无言以对。

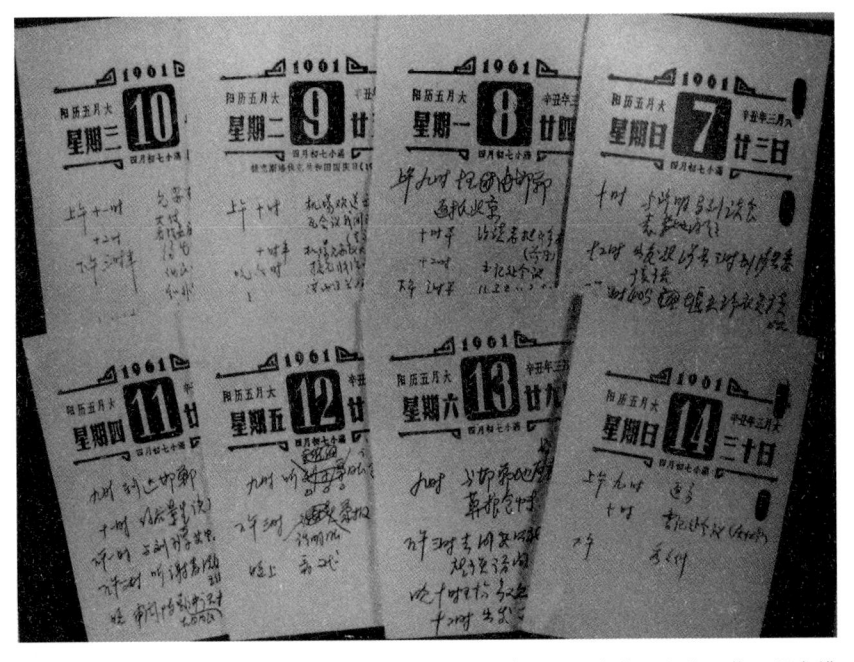

周恩来在邯郸调查期间写在台历上的工作日程安排

在伯延的4天时间里,周恩来先后召开了7个座谈会,参加座谈的有大队、小队的干部,有社员代表,有农机站和修配厂的职工,武安矿区的负责人也参加了座谈。

到伯延的当天,周恩来召开了大小队干部座谈会。会上,周恩来主要了解了食堂、供给制和包工包产的情况。他要求干部们回去后很好地讨论食堂办不办的问题,并表示,如果食堂分开便利,就要分开。他还征求了干部们对供给制的意见,询问他们供给制要不要,是否只照顾五保户。他还说,包工包产、评工记分、四固定这些问题都要讨论,看看有什么问题,怎样办才好。

5月4日,周恩来召开社员代表座谈会,讨论食堂、供给制、自留地等问题。社员们最关心食堂问题,但又不敢说食堂不好,座谈会开始时,言不由衷地讲了一通食堂的好处后,便没有人再发言,座谈会出现了冷场。

周恩来见状,就对社员们说:"这次来就是要听你们的心里话,有话只管说,有问题只管提,错了也不要紧的。"为了打破沉闷的气氛,他问坐在一角的一个叫张二廷的社员:"你叫什么名字,怎么不说话?"

张二廷虽年近五十,但性格耿直。见周恩来点到自己,就站起来说:"总理,你叫我说真话,还是假话?"

周恩来说:"当然是说真话。"

于是,张二廷毫无顾忌地说:"要说真话,刚才说的食堂好的那些话,全是假话。食堂好——食堂吃不饱。"

周恩来问:"为什么吃不饱?"

张二廷说:"一共几两指标?司务长、炊事员多吃一点,他们的

今日武安伯延镇

孩子老婆爹娘老子再吃一点，干部再多吃一点，还能剩几两？最多剩三四两，还能吃饱？要是自己做，糠糠菜菜、汤汤水水就能糊弄饱。你别看我死了老婆，孩子们又多，我也愿意自己做着吃。"

说到激动处，张二廷指着周恩来说："总理，这样糊弄下去，你再迟两年不下来，连你也吃不上饭了。"他解释说："我们吃不饱，干活没有劲，地里就不打粮食。长的那点粮食还不够俺都在地里生啃着吃，哪有粮食交国家？一年不交，国库有，二年不交，国库有。三年不交，国库也没有了。国库没有了粮食，你还能不挨饿？"[1]

---

[1] 中共邯郸市委党史研究室:《领袖莅临邯郸纪实》，中共党史出版社1994年版，第111—112页。

听张二廷这么一说，周恩来觉得这个农民讲得很有道理。他在5月底的中央工作会议上说："这句话对我教育很大，我很受感动。当时在场的地委干部听了以后，说这个人是个落后分子，我跟他们解释说：这样看不对，这个社员说的是真理，一个农民能把我们看作他自己的人才会说这样的话，这是一针见血的话。"[1]

在座谈会上，周恩来就食堂问题逐一征求了意见，结果只有两个人说愿意在食堂吃饭，其他10个人都说食堂不好，要求回家做饭。周恩来说："食堂是上面叫办的，下面报告说好，我们没有调查，就相信了。现在调查了一下，不好。不好就可以不办。"

说到自留地时，一个叫张淑琴的社员说："自留地可不要再收了，秋后打了粮食也不要再给定指标了。"周恩来说："我保证自留地不再收了。社委、区委、县委的书记都在场，都要保证。一、自留地保证不收回；二、自留地收入保证不顶指标。"谈到供给制时，社员说供给制有平均主义，干不干三顿饭。周恩来说："你们议论一下，不要供给制行不行，光照顾五保户、困难户行不行？"[2]

5月5日，周恩来召开大小队干部座谈会上，主要讨论了棉花生产、口粮和公社体制的问题。

5月6日，周恩来召开先锋街、胜利街两个大队干部及部分小队干部和社员代表共25人参加的座谈会。在听完大家的发言后，周恩来就有关问题发表了自己的看法。

关于调查研究问题。周恩来说，前两次和干部座谈，又跟社员

---

[1]《周恩来传（1949—1976）》（下），中央文献出版社1998年版，第633页。

[2] 中共邯郸市委党史研究室：《领袖莅临邯郸纪实》，中共党史出版社1994年版，第106页

座谈,那是背靠背。今天,大家敢说话了,干部和社员一块座谈,这是面对面。你们批评我说:"再迟两年不下来,连你们也吃不上饭了。"大家也提出食堂、拖拉机站等方面的问题,都很好。过去不下来,过去挂了几张像(指会场上的伟人像),不能说话,骂我们也不知道。徐翠叶(社员)提出,让我半年来一次就好了。我不能来,派工作组来。全国现有两万多个公社,这样大的地面,我一辈子也走不遍。今后要求每省找几个公社,一年下来一个月、两个月就好了。"

关于社队规模和体制问题。周恩来说,社有制非推翻不可(按:伯延自公社建立以来一直以社为基本核算单位)。过去没有调查研究,下边说好,中央点了头,搞试点。现在一调查,不行。说到这里,周恩来问公社党委书记韩玉林有什么想法。韩说,那是主席提出小脚女人走路时办的。

1955年下半年,在农业合作化速度问题上,毛泽东与当时中央农村工作部部长邓子恢之间有不同看法,毛泽东认为邓子恢有右倾保守思想,领导合作化运动像小脚女人,不但自己速度太慢,而且还埋怨别人搞快了。伯延公社的前身曙光高级社就是那时办起来的。

周恩来建议社队规模小点好,小点好管理,认为队小了容易接近群众,干部就容易知道社员的要求。他还说,公社也要小点好。公社规模过大,加上一个社有制,一切归公社了,来了个大平均主义。他问社员王二柱,社小了好不好?王二柱回答说好。周恩来接着说,那么大的社,看不到,摸不到,公社干部不能接近群众。我这次来一看,不行,你们的生活很不好。这样大的社,我要是老韩,七天就把我弄垮了,因为我身体不好。你们生活很不好,我很难过。社有制过些年是可以搞的,你们还年轻等得到,我是等不到了。

关于"三包一奖"问题。周恩来说，你们这里产棉花，也产粮食、煤、铁，是个好地方，所以我才选这个地方来。过去调的多，地方不好说话，要少调，保证吃到八九两。现在全国有困难，确实不好办，去年是个全国大灾，本来我不专管粮食，可我每天要问粮食情况。你们吃不饱，心里很难过。我吃了你们四天的饭，不能说瞎话。说瞎话你们就不要我当总理了。

说到自留地时，周恩来说，自留地中央已决定不再收回，我打保票，生产收入归个人，不顶（粮食）指标。

在座谈会上，有社员谈到，过去要说食堂不好，就要受辩论，被指责为社会主义的绊脚石。周恩来说，办食堂是社会主义，不办食堂也是社会主义。我是总理，机关大办食堂时，我入了几天，因为工作忙，接见人多，很不方便，又不吃食堂了，也不能说我是反对社会主义。食堂是上边叫办的，下边报告说好，我们没有调查，就相信了。现在调查了一下，不好可以不办。食堂散要散好，办要办好。过去有两条迷信：单身汉愿办，孩子多的妇女愿办。到这里一看，王春和（社员）是单身汉，三年就没有入食堂；李勤叶（女社员）三个孩子也不愿办食堂。看来食堂是哄起来的，不是自愿办起来的。[1]

在伯延期间，周恩来还多次去探望张二廷，与他拉家常，了解情况。有一次，张二廷对周恩来说："总理光叫我说，你走了，这些人（指区、公社的干部）还不给我穿小鞋？闹不好，还不去推磨（劳改）。"周恩来听后正色地说："那不行！"张二廷说："那怎么不行，

---

[1] 中共邯郸市委办公室：《周总理在武安伯延召开座谈会上的插话》，1961年5月8日。

他们不抓我现在说的话，抓别的事，也能整我。"周恩来对陪同来的公社党委书记韩玉林说："我以后每年都要派人来，要是看不到二廷，就找你要人。"[1]周恩来是个信守承诺的人，在以后的几年中，他都派人到伯延来看望张二廷这位耿直的农民朋友，一直到1966年"文化大革命"爆发。

为了解真实情况，周恩来在伯延公社的三个食堂吃了饭。

第一个是公社食堂。因为中共中央有规定，在经济形势没有好转之前，领导人带头不吃肉、蛋、禽，公社干部不敢破这个规定，但又觉得堂堂总理来吃顿饭，不能太差了，于是给周恩来准备了馒头、红薯和面条，另外炒了四个素菜。周恩来感到公社食堂不能反映整个食堂的情况，决定第二天去一个大队的食堂吃饭。由于公社干部事先打了招呼，等到周恩来去时，社员已经提前打饭走了，结果在大队吃的与公社食堂的没有两样。第三天，周恩来提出要换个食堂吃，干部们没有准备，只得领他到了先锋街大队的第六食堂。到食堂时，社员们已经吃过了饭，在同食堂炊事员聊天的过程中，周恩来掀开锅盖一看，里面只有一点吃剩的玉米面糊糊，于是就着咸菜吃了起来。这顿饭，使他了解到了食堂的真实情形。

在调查中，周恩来发现，不少社员对公共食堂很不满。于是他提出找一个食堂进行一下试点，宣布自愿加入食堂，不愿入的可以把粮食领回去。当时估计会有20％的社员留在食堂。结果，试点的胜利街大队第一小队宣布这个决定后，除了炊事员外，其余的社员全都退出了食堂。

---

[1] 中共邯郸市委党史研究室：《领袖莅临邯郸纪实》，中共党史出版社1994年版，第113页。

5月7日,周恩来将调查了解到的情况用电话向毛泽东作了汇报。他在电话中说:

(一)食堂问题。绝大多数甚至于全体社员,包括妇女和单身汉在内,都愿意回家做饭。我正在一个食堂搞试点,解决如何把食堂散好和如何安排好社员回家吃饭的问题。

(二)社员不赞成供给制,只赞成把五保户包下来和照顾困难户的办法。现在社员正在展开讨论。

(三)社员群众迫切要求恢复到高级社时评工记分的办法,但是已有发展。办法是:包产到生产队,以产定分,包活到组。这样才能真正实现多劳多得的原则。因此,这个办法势在必行。只有这样,才能提高群众的生产积极性。

(四)邯郸专区旱灾严重,看来麦子产量很低,甚至有的颗粒不收,棉花和秋季作物还有希望。目前最主要的问题是恢复社员的体力和恢复畜力问题。[1]

毛泽东对周恩来的意见极为重视,当即将电话记录批发给各中央局与各省、市、自治区党委参考。

当天下午,周恩来又前往涉县的沿头大队调查。在此之前,最高人民法院副院长王维纲带人在这里已经调查了一段时间。

周恩来进村后先在大队会议室召开大队干部和社员参加的座谈会。一开始他就讲到食堂问题,询问大家对食堂的看法。大队干部回答说,群众感觉食堂很好。又问一天开几次饭,在什么地方吃饭?下雨天怎么办。大队干部说,一天开三次饭,吃饭在饭厅,下雨时

---

[1]《周恩来选集》下卷,人民出版社1984年版,第315页。

地方不多，就在房檐和门楼下吃。还说他们的食堂办得不错，登过报，有十大经验、十大优越性。周恩来对此表示不大相信，说："十大经验，十大优越性？你们过去在家里吃饭优越不优越？"接着，周恩来又询问了食堂一天烧多少煤，有多少菜地，一个人能吃多少菜，能吃多少粮食指标，干部和管理人员有没有多吃多占，食堂养不养猪等等。

在了解这些基本情况后，周恩来开始征询干部社员对食堂的意见。他问大队治保主任张仁水："你看是回家吃饭好，还是在食堂好？"张仁水说："在食堂吃饭好。"又问大队团支部书记王义堂，王也说："食堂是社会主义的一面红旗，当然是食堂吃饭好啦！"

周恩来知道他们说的不是真心话，就问："怎么个好法？"王义堂说："我老婆不会过日子。分到的粮食吃了秋季没有夏季，经常吃不到头，接不上嘴，再加上柴米油盐没钱买，叫人作难，如果在食堂吃饭，我就不必操这份心了。"

周恩来听后说："食堂和社会主义没有关系，只是一种伙食形式。"他又问大队妇女主任郝巧的看法，郝巧说："我是妇女，会做饭，依我看还是回家做饭好，个人想吃什么就吃什么，现在粮食指标低，拿回家自己安排，还是可以过去的，比在食堂强。"

周恩来说："这才是心里话呢！"接着又问了其他几个社员，都说是愿意回家吃饭，不愿在食堂吃。周恩来表示，食堂只是群众的生活方式问题，办不办食堂，由群众自己选择。要尊重群众的意见，多数人愿意退出食堂的可以退出。他还要求搞好包工包产和退赔工作，尽快恢复副业生产，不再刮"共产风"，不搞瞎指挥，把群众的积极性调动起来，把生产搞好，生活搞好。[1]

因为公务繁忙，在邯郸调查期间，周恩来两次回到北京处理国际事务和接见外宾。5月11日至13日，周恩来在邯郸市交际处听取农村工作汇报，参加汇报的有已先在这里进行调查的中央调查组组长谢富治、国务院总理办公室副主任许明、最高人民法院副院长王维纲、河北省省长刘子厚，还有河北部分地、市、县的领导。

汇报中，谢富治说，成安公社小堤西大队解决了食堂问题，群众很满意，但开始时干部思想阻力很大，大队党支部副书记两口子都互不敢说出不愿办食堂的真实思想。周恩来说："看闹得多紧张呀！我原来也在食堂吃饭的，后因吃饭时间老赶不对，我就知难而退了。我们政治局的一些同志也没有在食堂吃饭，这能说是非社会主义和反社会主义分子？所以不要把食堂和社会主义制度联系起来。""有些事情是自上而下把概念搞错了。食堂是生活方式。生活方式决定于生产的发展。开始，试想搞食堂对社会的改造有好处，后来不适合于生产的发展，所以什么事也不能看成是一成不变的。"

周恩来又说："现在家庭还是起作用的，即使到了共产主义社会，也不能一下子消灭家庭。实际上，在社会主义时期，家庭是一个基层单元，人是一个分子，这是不能缺少的。现在还是各尽所能、按劳分配的时代，家庭生活并不妨碍社会主义，不能把家庭的作用看得太简单了。有的地方在农村盖了新房子，如徐水、安国就盖了一些，集体住一个楼，弄得连个养鸡、养猪的地方都没有了，上下左右又没有隔音设备，四邻不安，这个问题很值得研究。"

---

[1] 中共邯郸市委党史研究室：《领袖莅临邯郸纪实》，中共党史出版社1994年版，第123—126页。

周恩来在伯延调查期间，多次在这里召开座谈会

周恩来还说，供给制是从军队学来的，徐水在公社化后也搞过，并发过毛巾、肥皂等，不过物质基础还没有达到那个程度，搞供给制太早，那是将来的事。

在谢富治汇报粮食包产和分配时，周恩来一再强调要算算账：农业多少户，多少耕地，自留地除外还有多少粮田，种多少棉花，多少粮食，亩产多少，各种粮食作物产量多少，照七两吃需要多少，是缺还是余，并且说粮食是个大问题，粮食问题解决不了不行。他表示，食堂晚办几年，不妨碍社会主义，最重要的是粮食问题。

王维纲说，涉县沿头大队搞食堂试点，经过工作，全部要求退伙。周恩来插话说："我看了一个大食堂，一天需要20担水，800多斤煤，

4口大锅，一套大笼，800多人吃饭，真乱！他们还盖了一个新房子，还想盖楼，真浪费。"王维纲又说，社员对解散食堂很高兴，说他们现在不吃冷饭了，不两头冒烟了，亲戚也可以来往了。谢富治插话说，越搞得死，革命就越彻底。周恩来不赞同这种说法，认为这是原始社会的办法，我们要进入高级的共产主义社会，而不是退回到原始共产主义社会。王维纲说，散了食堂后出勤率大大提高，社员假日都不休息。周恩来说，看来食堂在麦收前不解决不行。

刘子厚汇报说，干部对解散食堂有顾虑，现在解散食堂关键是要解放思想。周恩来针对这一问题，讲了一段很长的话：

> 1958年时有物质，放开肚皮大吃，吃多了，食堂没有底了，把理想当成现实了。1959年，河北提出少办一些食堂，主席说可以自愿参加，办得不好可以散。庐山会议的时候，河南提出，食堂非办不可，还提出大搞食堂的优越展览。我当时就怀疑，怀疑的不是粮食，而是烧煤问题，他们说可以用柴烧，我说还是不要展览好。他们说物质丰富，条件都有了，可以这样搞。后来主席说，河南是假的，是骗人的。看气人不？
>
> 庐山会议和北戴河会议，一再强调食堂要办好，甚至自留地也不叫群众要，收回来。伯延社员问："自留地还收不收"？中国有句古话"民无信不立"。我们搞了40年的革命，就是讲的"信"，如果变动大就失信了，就食堂这一点讲，就失掉信用了。因此，做事情要讲信用。做事情不能夸大，不能作假，做错了就要承认错误，就要改正错误。错和假性质不一样，作假是品质问题，是党性问题。

说到这里，周恩来想起了在涉县沿头大队调查时大队团支部书记说如何愿意办食堂的一番话，他说："涉县沿头团支部书记对我说，要坚持办食堂，实际上他早已退出来了。揣摩领导喜欢什么就说什么，这是最不好的，这种作风是要不得的。"

刘子厚说，主要是我们对上述问题没有搞清楚，也确实不清楚。周恩来说，归根到底是调查研究问题，坚持真理不容易，必须进行调查研究。现在是多数食堂散了，有人说，可能留30%—40%，我看留下百分之几到百分之十还是对的，再多就有问题了。本来办食堂是好事，现在成了怨声载道。在伯延搞了个私办公助，我认为可以，但现在看还不行。这样搞，多数人会不同意，他们要说你们不公平，否则，就会都进来。现在只用了四个字"给予便利"，这比较好。

周恩来说，还有一个主观和客观的问题。有人说，单身汉一定愿意办食堂。反过来，也不是凡是单身汉都愿办食堂，或都不愿办食堂，什么事都不能绝对化。伯延有个单身汉，比我大一岁，生产很好，就是一直不在食堂。有人说妇女愿办食堂，我们说办食堂解放了妇女，但我在伯延问了三个妇女，都不愿办食堂。有人说，劳动力少，儿女多，无人做饭的愿办食堂，可是伯延张二廷就是不愿在食堂，干部说这人思想落后，我看不是。还有人说，孤寡户愿意留在食堂。我们过去对以上四种人愿意办食堂的说法认为有道理，看来并不如此。所以说，什么事情都不能绝对化，不能主观片面。如何克服，就是调查研究。

周恩来接着说："我这次是来试点的，在伯延揭开了盖子，大家都要求在麦收前散完食堂，这个趋势已定。问题是要不要一哄而散？特别是县委的同志，要帮助社队不愿散的同志卸下包袱，要防止简单化。过去搞食堂是为了生产前进,现在散食堂也是为了生产前进,因为食堂已影响了前进,散食堂依然是前进,而不是后退,现在思想已经解放了,省、地已下了决心,要求县委的同志要慎重散好。"

为了有步骤地解散食堂,周恩来要求各级干部做好九项工作:(一)房屋问题;(二)炉具问题;(三)粮食加工问题;(四)菜地问题;(五)油盐问题;(六)拉煤问题;(七)老弱孤寡挑水问题;(八)农村工作人员吃饭问题;(九)算账问题。在汇报会期间,周恩来还专程派人去武安了解食堂解散的情况,并在会上作了通报,他还就解散食堂后社员节约用粮、生产积极性的调动等一一举例说明,以证明解散食堂是符合现实和群众愿望的。[1]

2. 邓小平、彭真京郊调查

广州中央工作会议一结束,邓小平在处理好中央的日常工作后,于4月7日到了京郊的顺义农村,随后在这里进行了15天的调查,以蹲点、座谈、访问等形式,详细了解农村实际和干部群众的情况。

4月12日,邓小平主持召开了公社、管理区干部座谈会和公社、大队书记座谈会。

据时任任顺义县委第一书记李瑜铭回忆:"小平同志去以前先去了一个工作组,由卓琳、市委办公厅有关负责同志组成,还带了几个同志,先了解情况,做些事先安排,调查农村人民公社的一些问题,要开一些座谈会,要召集农民座谈。""小平同志一去就叫我汇报顺义县的情况。我代表顺义县常委汇报情况以后,按照卓琳同志的安

---

[1] 中共河北省委党史研究室编:《领袖在河北》,中共党史出版社1993年版,第174—178页;中共邯郸市委办公室整理:《周总理在汇报会上的插话指示纪要》,1961年5月。

排开了座谈会。我的任务是介绍情况和负责按照卓琳的安排开展工作,通知把同志们集中起来开座谈会和个别谈话,但是座谈会不让我参加,是怕下面看见我以后有话不敢说,有意回避一下。"[1]

在座谈会过程中,一些干部因以前曾对"一平二调"等问题提出过批评,在"反右倾"斗争中,却被当做攻击总路线、大跃进、人民公社"三面红旗"而受到批判,所以在会上吞吞吐吐不敢直言。邓小平说,"一平二调"搞得大家都没劲头了,要尽快制定"三包一奖惩"和"四固定"责任制。现在包产过大的单位应当适当划小。包产单位小一些,便于互相比较生产条件,你瞒不过我,我也瞒不过你,包产指标就容易落实了,要让他们在同等条件下搞生产竞赛。定生产指标要力求合理,还要留有10%的余地,照顾到有产可超,这样他就会有奔头了,就拼命去干了。

在谈到分配中的平均主义问题时,邓小平说,要认真执行"按劳分配多劳多得"的分配原则,承包单位之间、社员之间无论如何不能拉平,要克服分配上的平均主义,这样才能调动起社员的积极性。评工记分必须搞得严密一些,死分死计、死分活记都不能很好地体现同工同酬。比如二等劳力干一等劳力的活,还记二等工分,这就存在着平均主义,就会打击二等劳力的积极性,这种不合理现象必须克服。一定要实行定额包工,多劳多得是天经地义的事,是社会主义分配原则。

邓小平说,现在农民脑子里想的是多产多吃,但是生产下降了,吃不到300斤口粮,就不能吃300斤。小灾少吃点,中灾再少吃点,

---

[1]《口述邓小平1961年顺义调查》,《纵横》2004年第8期。

大灾更要少吃。自然灾害是这样，人为灾害更应该是这样。即便某个承包单位减产很多，确需调剂口粮，也只能补够最低标准（保命数）。总之，不要拉平，人与人之间劳动有强弱，干活也有好坏，出勤多少也不一样，为了奖勤罚懒，不仅在劳动报酬的工分上有差别，口粮差别也要相当明显，这样就能克服平均主义，农民就放心了，就能刺激生产者搞好生产和克服各种自然灾害的积极性。邓小平同时认为，实行按劳分配后，对那些没有劳力或缺少劳力的五保户、困难户不能将他们丢掉不管，集体对五保户要给予照顾，对困难户要适当补助。

在座谈中，邓小平了解到，木林公社的上辇大队在粮食分配时采取40%卖给国家，剩余60%的一半按工分分配，一半的20%作为大队机动粮，10%按人头分。同时，小队开荒"十边地"的粮食归小队积累，拿出一部分按工分分配，得到社员一致拥护，粮食单产1959年540多斤，比1958年提高60多斤，副业收入3万多元，社员生活水平明显提高。邓小平对这种做法很赞赏。他说：上辇村的余粮分配办法很好，很有道理，国家集体个人几方面都照顾到了，就应该是这样，定好超产部分，几成卖给国家，多为国家作点贡献，而且群众心中也有了底，生产积极性就会高，生产就能搞上去。县委要搞几个这样的好典型，总结推广下去。

4月15日，邓小平在北小营召开的上辇大队、北小营大队、仇家店大队支部书记、生产队队长参加的座谈会上，反复询问参加座谈会的干部：公共食堂是吃好，还是不吃好？会上多数人都不敢说食堂不好，而是违心地大讲公共食堂的好处。邓小平对干部们说：公共食堂是个大问题，现在群众议论很多，要注意一下。随他来调查的卓琳因为已在上辇村社员孙旺家住了一个星期，了解情况，就对邓小平说："上辇吃食堂是假的。由食堂分粮食，社员自己回家做饭吃才是真的。"邓小平对上辇大队的干部说："你们村的干部对共产风、平调风顶得好，锅、碗、瓢、盆没有被刮跑，锁没有砸，门没有拆，是很好的事。吃食堂光荣，不吃食堂也光荣。吃不吃食堂要由群众决定。"

邓小平在牛山公社白庙大队考察食堂时，看到食堂停伙，了解到当地社员没有吃的，觉得问题严重。在桑园大队召开的社队干部会上，他明确指出："吃食堂是社会主义，不吃食堂也是社会主义。以前不管是中央哪个文件上说的，也不管是哪个领导说的，都以我现在说的为准。根据群众的意见，决定食堂的去留。"

邓小平还考察了城镇集市和庙会，了解到农贸市场萧条，供应紧张，便提出要把手工业及家庭副业都发展起来，增加市场上买卖的品种和数量，把农村集市繁荣起来，满足生产和生活需要，增加农民收入。他还召开供销社干部座谈会了解供销情况，明确提出要把有劳力、有原料、社员生活和生产急需的苇编、柳编、荆编、烧石灰、打家居的传统手工业发展起来。邓小平在调查中特别强调，社员的家庭副业不能丢，应该是六畜兴旺，尤其是养猪很重要。他还对顺义的干部说：你们县是一个传统的养猪县，社员喜欢养猪，而且有丰富的经验，若是把这个传统丢了很可惜。一头猪不仅能赚20多元钱，肥料还能养二三亩地，不施化肥也能增产，社会效益就高了。[1]

---

[1]《回忆邓小平》(下)，中央文献出版社1998年版，第10—14页。

4月19日，邓小平来到了牛栏山公社的芦正卷大队。大队长王海首先向邓小平介绍了大队里一般情况和群众的生活水平。村里有100多户，1200多亩地，每人定量300斤粮食，口粮基本能保证。年底分红很少，好多人还欠队里钱。接着，邓小平问了王海许多问题。在问到食堂问题时，王海因为有顾虑，只是说好，一同来的卓琳就对王海说："你说实话，不要怕。"王海这才如实说："不如一家一户方便。"随后，邓小平去食堂看了看。在得知食堂要到很远的地方打水，全村就一口水井时，邓小平还特地询问打一口井需要多少资金。在他的过问下，顺义县随后从密云水库请来人为芦正卷大队打井，还派来了水利员，并给大队架了高压电线。[1]

与此同时，时任中共中央书记处书记兼北京市委第一书记的彭真，也带领工作组来到怀柔，深入农村调查研究。

彭真到怀柔县后，于1961年4月17日召开市委常委会，听取已经先一步到农村调查的市委第二书记刘仁和各县（区）委书记的调查汇报，围绕调整社队规模问题进行了座谈讨论。彭真针对座谈中反映的问题，重点讲了这次调查研究的指导思想和目的要求。彭真说，要下决心按经济规律办事，说话使群众相信，说到哪，办到哪。为什么现在我们讲话群众有点不相信，问题就在没有很好调查研究，没有摸底就下决心，有些问题不是根据群众自愿。要下几年功夫，先把情况摸准，把政策搞对，把干部作风搞好。掌握政权十几年了，我们和农民的关系搞得如此样子，是我们的问题。要下决心调查研究、摸典型。

---

[1]《口述邓小平1961年顺义调查》，《纵横》2004年第8期。

与全国其他农村一样，京郊人民公社规模大都很大，平均每个公社9500多户；作为基本核算单位的大队也很大，平均每个大队540多户，最大的2559户。由于"一大二公"曾被当作公社的优越性广为宣传，一开始，社队干部对这个问题有顾虑。为此，彭真专门讲了调整社队规模问题。他说："调查生产关系方面的问题，首先是公社、生产大队、生产队三级所有。社队规模大了，不适合现在生产力水平。现在社队规模大了，因此，社员看不见，抓不住，管不了。要先把基本核算单位、包产单位定合适了，其他就好办了，把这两个问题解决了，工作就主动了。"[1]

随后，彭真连续几次同调查组和县（区）委书记一起，对社队规模和基本核算单位的问题进行研究。当他得知到该县西三村大队只有54户，是一个基本核算单位，下边还分为三个生产组实行包产，生产搞得好，社员情绪高，社员对集体信得过后，认为像西三村这样很好，农民就看得见、抓得住、管得了、信得过了，这样积极性就起来了。

4月24日和28日，彭真两次召集远郊十个县的县委书记来到怀柔，共同研究讨论大队基本核算单位准备划小的问题。他强调，最迫切的是把基本核算单位和包产单位规模定下来，基本核算单位和包产单位不划小，或是迟迟不定下来，农民积极性就发挥不起来。

供给制和公共食堂问题，是彭真怀柔调查的重点。他说：供给制，对五保户、困难户一定要以不同形式解决，其余是三七开、二八开还是什么开都可以。一个供给制、一个食堂要下决心试验一下。要

---

[1]《缅怀彭真》，中央文献出版社1998年版，第232、234页。

制止瞎指挥，要破除迷信，打消顾虑，冷静地看一看，为什么行不通又一定要捆着自己的脑袋？要坚持真理，随时修正错误。要从经济上把农民积极性调动起来。劳动工分不值钱，干一天不如鸡下个蛋，人家还有什么积极性？

通过十几天的调查，彭真对供给制的弊端有了更多的了解。5月3日，他将市委第二书记刘仁和市委宣传部长李琪找来，共同讨论供给制和食堂问题。彭真用商量的语气说：在供给制上，只补助五保户、困难户，其余完全按劳分配行不行？还是仍然坚持三七开？然后提议刘仁搞一个五保户、困难户占总户数比例调查，摸清楚实行供给制占便宜的有多少，是什么人？改为只补五保户、困难户后分配上会有什么变化等。[1]

5月4日，彭真在顺义县同邓小平一起听取调查组和县（区）委书记的汇报。刘仁具体汇报了丰台区南苑公社大红门大队关于供给制的调查。

刘仁说，1960年大红门大队供给制支出19万元，占总分配金额的35％。按劳动工分应得与享受供给金额比较，占便宜的共151户，其中应该享受的6户（五保户、困难户各3户），不够五保户、困难户的老弱孤寡12户，劳力少、人口多的30户，劳力弱的20户，不出勤或出勤少的懒汉55户，富农4户，地主15户。地主、富农之所以占便宜，主要是其子女上学的人多。如果把供给制改为只补助五保户、困难户，劳动分配将发生很大变化。全大队五保户3户，每户每年只需200元，困难户3户，每户每年300元，两者合计

---

[1]《缅怀彭真》，中央文献出版社1998年版，第238—239页。

1500元，只占现有供给制支出的3.6%。把原供给制支出19万元减去1500元后，用于按劳动工分分配，劳动日值（10分）可以从现在的0.8元，提高到1.33元。社员们说：这样改了，可以大大提高劳动积极性，促进生产，劳动日值更会提高。

刘仁又说，干部社员分析了现行供给制有四大毛病、三个好处。毛病是：第一，工分值降低，影响劳动积极性；第二，出懒汉，有的人懒着少出工、不出工；第三，出学生，等于集体供养学生，假期也不干活，学完都跑出找事干，农业用不上；第四，增加干部工作困难。三个好处一是铁饭碗，人人有饭吃；二是能培养第二代，不会因吃不上饭退学；三是劳动力老了不怕没人管，可以进敬老院。

邓小平听后当时就表示：三七开供给制不搞了。补助五保户、困难户。基本制度是按劳分配，三包一奖、评工记分，彻底改掉死分死记。只要按劳分配，方法可以多种多样。彭真接着说：就这样定了，回去就抓紧认真落实。[1]

5月10日，邓小平和彭真联名致信毛泽东，反映调查了解到的情况，并就农村若干重大政策问题发表了意见。信中着重讲了五个问题：

一是关于社队规模。信中说，北京近郊和各县生产大队和生产队规模都已调整，多数是万把人一个社，大队一般是以村为单位，生产队一般是50户左右，生产队之下一般建立作业组。社队规模的调整，使农民心里有了底，效果很好，它大大提高了社员的生产积极性。

---

[1]《缅怀彭真》，中央文献出版社1998年版，第239—240页。

二是关于粮食征购和余粮分配。在调查中，邓小平和彭真了解到，干部和群众对这个问题有两种意见，即多数生产队赞成对包产部分的余粮购九留一，对超产部分购四留六。有少数生产队愿意包死。他们认为，"因为连续两年歉收，目前社员爱粮如珠，对国家征购后的余粮，大队、生产队不宜留得多了，应该把绝大部分按劳动工分、按出售肥料分给社员，鼓舞他们像经营自留地一样，在集体经营的土地上精耕细作、积极施肥"。

三是关于供给制。邓小平和彭真的看法是："现在实行的三七开供给制办法，带有平均主义性质，害处很多。它不仅使劳动力多、劳动好的人吃亏，也不能适当解决五保户和困难户的问题。"

当时看好供给制，除了它的"共产主义因素"外，还有一个重要的原因，认为它有利于照顾贫下中农。可事与愿违，受到照顾的不是贫下中农，而多是地主、富农等。邓小平、彭真在给毛泽东的信中说："许多典型材料证明，这种供给制，不但不一定对贫雇农和下中农有利，甚至是对地富和上中农更有利。因为贫雇农和下中农一般结婚比较迟，子女少，劳动比较好，在他们中间占这种供给制便宜的人比例较小；而地主、富农一般抚养人口比较多，劳动比较差，又有使子女上学的习惯，在他们中间占便宜的人比例较大。因此，在这次辩论中，干部和群众普遍主张取消这种供给制，而主张只对五保户生活和困难户补助部分实行供给。"

四是关于"三包一奖"和评工记分。信中提出，根据一些典型调查的材料，凡是几年来年年增产的单位，多是大体上坚持执行了"三包一奖"评工记分制度的，有些单位并且建立了比较系统的定额管理制度。一些实行"死分死记"或"死级活评"的单位，因为没有执行按劳分配的原则,一般都减了产。现在,有很多生产队,由于调整了社队规模,废除了老的供给制,实行了新的供给制(即只供给五保户和困难户),再加上执行和改进了"三包一奖"、评工记分的办法,劳动积极性和劳动效率显著提高。

五是关于公共食堂。邓小平和彭真认为,食堂的问题比较复杂,不能像供给制一样,一刀两断地下决心。尤其要走群众路线,让社员慢慢考虑、好好讨论,完全根据群众自愿,他自己感到怎样合算就怎样办。今后,要办食堂的,一般应当把食堂的经济核算同生产队分开。食堂不要大了,应办小型的,或者是自愿结合的。[1]

信中还讲到他们了解到的牲畜和农具的所有制问题,供销社和手工业、家庭副业等问题的情况,并谈了解决这些问题的看法。

毛泽东对这封信很重视,很快作出批示:"此信发给各中央局,各省、市、区党委,供参考。"邓小平和彭真的这些建议,在随后出台的"农业六十条"(修正草案)中都得到了体现。

3. 朱德、邓子恢力陈食堂弊端

在中央高层中,朱德是较早明确反对办公共食堂的领导人。

"大跃进"和人民公社化运动启动后,不但党的领导人热情很高,认为中国从此找到了建设社会主义的好形式、好方法,各级干部和广大人民群众也以极大的热情投入运动之中,表现出了很高的生产工作积极性。在这种情况下,运动开始时,朱德的热情也比较高,他也认为"'大跃进'可以更快地发展我国的社会生产力,改变我国

---

[1]《建国以来重要文献选编》第十四册,中央文献出版社 1997 年版,第 325—329 页。

'一穷二白'的落后面貌"，"人民公社是建成社会主义并向共产主义过渡的最好的组织形式"，也多次谈过总路线、"大跃进"和人民公社的意义。[1]

但是，朱德在经过调查研究后，逐渐发现"大跃进"和人民公社存在不少问题。1958年11月4日，朱德在视察天津大沽化工厂时就表示，建立人民公社不能强迫命令，能办到的就办到，一时办不到的可以慢慢来。快或慢要从具体情况出发。[2] 12月17日，他在听取河南省委负责人汇报工作后，又表示：我们是不是能够很快就实现共产主义了呢？条件尚不具备时，太急了，也是不行的。公社化的速度可以慢一点，不要忙。有的人总想走得越快越好，但事物的发展都有个客观规律，光想快不行。[3] 在当时一哄而上大办人民公社，不少人认为共产主义很快就会到来的时候，朱德这样的认识尤显可贵。

1959年2月，朱德前往广东视察。2月17日，他在同江门地委负责人谈话时说："农村办公共食堂，都吃一样的饭菜，像军队一样，这有点生硬。军队都是年轻人，又是作战部队，可以这样办。社员的生活如果这样长期搞下去，就成问题了。这是一个关系到几亿人口吃饭的大问题。"[4] 1959年6月10日，朱德在听取旅大市委负责人汇报时说："在农村里，粮食要分到各家各户，愿意在农村公共食堂里吃饭的，就入食堂；不愿的，就在家吃。不要强迫命令。要鼓励

---

[1]《朱德传》，人民出版社、中央文献出版社1993年版，第679页。
[2]《朱德传》，人民出版社、中央文献出版社1993年版，第679页。
[3] 中共中央文献研究室：《朱德年谱》，人民出版社1986年版，第442—443页。
[4]《朱德选集》，人民出版社1983年版，第371页。

农民建立家务，修房子，搞家具，这样人心就稳定下来了。家庭巩固了，有饭吃，有衣穿，就可以更好地向前进。"[1]几天后，他在听取吉林省委汇报时说："吃饭不要钱"不行。一吃食堂就增加浪费，不吃"大锅饭"可以节省很多东西。只有生活资料归个人所有，归个人支配，才能调动积极性。这个政策要十年、二十年不变。[2]

在1959年的庐山会议上，朱德讲得最多的是公共食堂问题。7月6日，朱德在中南组会议上发言：食堂要坚持自愿参加的原则，还要搞经济核算。我们应当让农民致富，而不是让农民"致穷"。农民富了怕什么？反正成不了富农。[3]他又说：对农民私有制要看得重些。办公共食堂，对生活有利，但消费吃亏。供给制是共产制，工人还得发工资，农民就那样愿意共产吗？食堂自负盈亏，公家总吃亏，办不起来不要硬办，全垮掉也不见得是坏事。原则上应回到家庭过日子。如不退回到家庭，粮食够不够？食堂要吃饱、吃好，人心才能稳定。[4]

7月9日，朱德在同广东省委第一书记陶铸谈话时说："去年最大的是两件事：一是大炼钢铁；一是公社化。结果该搞的未能搞成。私人的坛坛罐罐归了公，农民的家务被搞掉了，使国家也受到了很大损失。现在应退回去，首先要把农民的家务恢复起来。""可以允许公社社员搞些副业。""吃'大锅饭'我一向就有些担心。当这么多的人的家是当不好的。"[5]过了两天，他又对湖南省委第一书记周

---

[1]《朱德年谱》，人民出版社1986年版，第449页。
[2]《朱德传》，人民出版社、中央文献出版社1993年版，第690—691页。
[3]《朱德年谱》，人民出版社1986年版，第452页。
[4] 李锐：《庐山会议实录》（增订本），河南人民出版社1994年版，第32—33页。
[5]《朱德传》，人民出版社、中央文献出版社1993年版，第693页。

小舟说:"食堂若不退回去,就要改造,以自愿为原则。把粮食分到户和节约粮食结合起来。农民是劳动者,又是私有者,去年试验了一下,他们知道在家吃饭比在公共食堂吃好,可以把粮食节省下来,把猪、鸡、鸭喂起来。这样,看起来是保留了私有制,但实际上对公有制是个补充。这两年我们只强调最好是消灭私有制。现在保留一点私有制,保留家庭副业,农民才愿意多生产出一些东西来供应市场,你不这么搞,他就不生产。去年吃大锅饭把东西吃掉了,这是个极大的教训。"[1]从这些谈话中可以看出,朱德其实是主张解散公共食堂的。

"农业六十条"草案出台后,朱德积极响应中共中央开展调查研究的号召,不顾已是75岁的高龄,前往四川、陕西、河南、河北4省视察,公共食堂问题再次成为他此次调查的重点。回到北京后,他于5月9日致信毛泽东说:"就我们在农村看到的情况来说,那里(按:指四川——引者)的社员吃饭也是'两道烟',即在食堂做一道,社员打回家再加工一道,对人力物力浪费不少。一到西安,陕西省委对食堂的反映就十分强烈了。据他们汇报,多数群众愿意回家自己做饭,少数群众愿意留在食堂吃饭。群众说食堂有五不好:1.社员吃不够标准;2.浪费劳动力;3.浪费时间;4.下雨天吃饭不方便;5.一年到头吃糊涂面。"

朱德在信中还说,干部反映食堂有十一"砸"(即整苦了之意):(1)把眼熬砸了;(2)把会开砸了;(3)批评挨砸了;(4)把脸伤砸了;(5)把上级哄砸了;(6)把群众整砸了;(7)把劳动力费砸了;(8)

---

[1]《朱德选集》,人民出版社1983年版,第372页。

把树砍砸了;(9)牲口草烧砸了;(10)把锅打砸了;(11)炊管人员把鬼日砸了。

朱德在信中还告诉毛泽东:河南荥阳县贾峪公社大塔滩生产队食堂是一个模范食堂,得到过县委的锦旗,可是全队36户中,除两户五保户和两户单身汉愿在食堂吃外,其余32户都要求回家吃饭。禹县干部反映,在食堂问题上,费了不少力,受了不少气;挨了不少骂,作了不少难;食堂办不好,生产受影响;领导还叫干,群众有意见。据豫东地区调查,允许群众回家吃饭不到一个月的时间,浮肿即下降了40%—50%。[1]

广州会议后,邓子恢到福建漳州和龙岩作了一个多月的调查。他回到老家龙岩县东肖公社龙泉大队时,看到山上的林木被砍光,全村一向以上山砍柴、烧炭为副业的门路没有了,原来有20多人专做扁担、犁架的手艺也没用了,农业生产越来越糟,群众生活很苦,心里很难受。为了感谢父老乡亲对他此次回乡的热情接待,他特地托人到龙岩城里买了许多面条,在自己家里煮上了几大锅,请乡亲们都来吃面条。就在大家吃面条时,有几个年长的乡亲走近邓子恢,对他说:"绍仔(邓的小名),面条我们吃了,这只是一顿饱,回去又怎么办?帮助我们大家想想法子吧!"[2]这几句话对邓子恢触动很大,他深感调整农村政策已到了刻不容缓的地步。

5月13日,邓子恢把他一个多月调查到的情况,给中共中央和毛泽东写了一份很长的报告。报告首先反映的是公共食堂的问题。邓子恢说:公共食堂"是包括城乡全体人民所迫切要求解决的问题,

---

[1]《朱德选集》,人民出版社1983年版,第374—375页。
[2]《邓子恢传》,人民出版社1996年版,第542页。

我一回到龙岩边境就有许多群众反映这个问题。当时龙岩县委已宣传了'六十条'，并允许某些老年人、病人、小孩多的户回家自炊，但绝大多数农民还要在食堂吃饭。群众基本口粮从4月1日起，也比以前增加了一二两到三四两大米。但食堂实际上仍是干饭加工厂。群众从食堂领回干饭后，不仅要在家煮菜，还要自己加煮一点粮食（如大麦、地瓜之类）；有的还要把从食堂领回来的干饭和菜混在一起煮稀饭来吃。因此，群众认为办食堂害多利少，甚至是有害无利"。

报告中，邓子恢列举了公共食堂"有害无利"的五点理由：

第一，办了食堂并未节约燃料，反而增加浪费。

第二，浪费劳力，一般100人的食堂要有六七个全半劳力为其服务，而每日三餐每户还要一个人负责做饭炒菜，并要到食堂去领取干饭，一天来回六趟，走了许多冤枉路。人数多的食堂则更不方便。

第三，增加了社员负担。一般食堂工作人员都由小队计工分，影响到本队劳动工分值降低，食堂煤炭也由社员分担；食堂种菜劳力也是从小队抽出的，种的菜并不好。

第四，食堂工作人员和大小队干部普遍多吃多占。经过他们多吃多占，社员口粮普遍比定量要减少10%以上。社员说："大官大贪，小官小贪。"这是最为群众所不满意的。食堂工作人员之所以克扣社员口粮，一是每个人的口粮标准都很低，多吃多占一点，在所难免；二是食堂工作人员怕粮食损耗，要扣留一点，以免亏垫。可是，所扣粮食在月底的余粮，并未分给社员，而是由干部私分，或作了夜餐之用。

第五，食堂不仅克扣社员口粮，而且克扣其他副食品和日用品，如油、酱、盐、鱼、海带、糖、火柴等。这些东西原由分销店供应，社员凭证凭票购买。办了食堂之后，取消了分销店，改由食堂供应。商业部门把这些物品按人口发给食堂，社员参加食堂者由食堂供应，实际上克扣了很多。不在食堂吃饭的则完全不供应，群众对此意见更多。

在调查中邓子恢发现，办食堂已成了妨碍农民生产生活的最大障碍，群众纷纷要求解散食堂，大小队干部也赞成停办食堂，但干部又不敢做主将食堂解散，主要的顾虑是怕犯右倾错误。干部们说，郑州会议后，各地的食堂曾经停办过一段时间，但1959年冬的"反右倾"又把食堂恢复起来了。这次"农业六十条"草案虽然提出了"自愿参加"的原则，但其中有一句"积极办好"，如果现在停办，将来上级会抓住这句话来责备。也有的干部说，食堂是社会主义的重要制度，如果不办好，岂不是反社会主义吗？

根据这种情况，邓子恢向中共中央和毛泽东建议："在目前口粮紧、副食品缺少的地方，食堂应该全部停办。当然，大忙季节要办农忙食堂，群众也有此要求，但也应采用由各户自己拿米放到食堂蒸煮的办法。至于单身汉和孤寡老人，平时也要办部分人食堂，但要重新改组，不能将现有食堂这批人马原封不动地留下来，菜地也应该转归小队所有，作为商品菜地。食堂账目应该清算公布。"[1]

调查中，邓子恢了解到，龙岩地区由于连续两年农业大减产，公社除了供给社员口粮外，几乎没有什么工资，而"群众普遍反映供给制有害无利"。实行供给制后，降低了社员的工分值，一般比1957年降低了50%—60%，甚至70%—80%，大大影响了农民生产的

---

[1]《邓子恢文集》，人民出版社1996年版，第527—530页。

积极性。

邓子恢在调查中还发现,得到供给制好处的往往不是贫下中农,而是地主富农。他在报告中说:供给制使"地、富、反、坏、二流子得到好处(据我工作组在龙溪地区了解,这类人人口多,劳力少,劳力弱,劳动又不积极,但对他们的供给却占到40%左右),贫雇农反而吃亏(特别是雇农,很多人土改后才成家,现在顶多三四口人,劳力强,他们所得供给只占25%左右)。由于供给制对地富反坏一视同仁,他们占了便宜,基本群众不满意。他们说:'二九年分地主(按:龙岩是革命老区,1929年闽西暴动后即进行了土地革命),五八年养地主'"。不但如此,供给制还供出了一批懒汉,有些人是偷懒不劳动,有的人是不满供给制而不出工。

社员们对于供给制大多数很不满,但他们又不敢说不好,怕将来"反右倾"。邓子恢在调查中问社员,如果不搞三七开,而是实行一包两照顾,即包五保户和照顾人多劳少的困难户和劳力有病伤的困难户如何?社员听后都说这一办法好,认为这样既可解决五保户、困难户的问题,又可提高工分值,调动大家的积极性,还可使地主富农、二流子、懒汉无机可乘。因此,邓子恢在调查报告中明确表示:"像龙岩这样大减产的地区实行一包两照顾是适宜的"。[1]

邓子恢根据调查了解到的情况,还在报告中建议将耕牛、农具归生产小队所有,使用权与所有权统一,以利于对耕牛农具的养护和保管;在自留地少又有荒地的地方,应允许社员开荒,谁开谁种谁收;口粮上应保证多劳多吃,按全劳力、半劳力所定口粮标准,

---

[1]《邓子恢文集》,人民出版社1996年版,第533—534页。

以一部分为基本口粮，另一部分作劳动粮，按各人所得工分分配；山林应划为生产小队管理，确定林权，规定山林产品分成办法，以保护山林不再受破坏；社队规模过大不但增加了管理上的困难，而且穷队富队勉强凑在一起，造成平均主义和刮"共产风"，应划小社队规模，小队一般以20户左右为宜。

4. 陈云青浦农村调查

在刘少奇、周恩来等中央领导人前往湖南、河北农村调查稍后一点时间，陈云也回到了家乡上海青浦县开展农村调查。

调查的第一个点是青浦县小蒸公社。1927年秋，陈云曾在这里领导过农民运动。1954年年底他回青浦调查研究时，也到过小蒸。对于陈云来小蒸调查的情况，为调查组做准备工作的陆恺悌回忆说："工作组一行10人，准备工作比较简单，只要打扫干净房间，安排好住处，准备好床铺、席子、蚊帐就可以了。那时是三年困难时期，粮油票证由工作组自带，在伙食上当地能买到什么就吃什么。"[1]

6月27日，陈云乘专列到小蒸附近的石湖荡火车站，小蒸公社派了两名党委副书记摇一只小木船来迎接陈云。一路上，两位副书记边摇船边汇报公社的生产情况。在一个半小时的行程中，陈云对小蒸公社的基本情况有了初步了解。

当时，陈云身体不好，心脏有病，体质瘦弱，医生要他半天工作半天休息。但是，到小蒸的第二天上午，陈云就召开座谈会，开始了紧张的调查研究。他每天的日程安排是：上午在住处开座谈会，

---

[1]《缅怀陈云》，中央文献出版社2000年版，第438页。

下午三四点钟就到田间地头、养猪场和农民家里实地考察。那时，小蒸农村全是土路，不但路面狭窄，而且水沟纵横，时常需要跨越。从住地小蒸镇到各个自然村，来回要步行六七里路，有些大队更远一些，隔着河，要靠渡船摆渡才能过去。因此，他的实际工作时间远远不是 4 小时，而是在 8 小时以上。

陈云在小蒸住了 15 天，仅专题座谈会就开了 10 次，内容是：（一）公养猪；（二）私养猪；（三）农作物种植安排；（四）自留地；（五）平调退赔；（六）农村商业；（七）公社工业和手工业；（八）粮食包产指标、征购任务、农民积极性；（九）干部问题和群众监督；（十）防止小偷小摸，保护生产。此外，他还听了公社党委两次汇报，参观了十多个集体养猪场，访问了多家农民家庭。

这些专题座谈会全部由陈云亲自主持。在同农民谈话时，陈云明确表示，现在遇到的问题，一部分是由于自然灾害，一部分是由于工作中的错误。对于这些错误，公社干部有责任，但不能完全由他们负责，县委、市委以至中央也要负一部分责任。他还风趣地问大家："我们究竟是好人还是坏人呢？"农民都说，你们是好人，你们辛辛苦苦都是为农民打算。陈云接着说："我们是好人，想为你们办些好事，但因为没有经验，又没同你们好好商量，所以有些事情办错了，使你们受了损失。"[1] 参加座谈会的群众为陈云这种坦诚承担责任的精神所感动。

陈云到小蒸后，农民们纷纷传说："这一回要增加口粮了。"陈云坦白地对他们说：现在你们三餐粥，吃不饱。但现在不可能增加

---

[1]《薛暮桥晚年文稿》，生活·读书·新知三联书店 1999 年版，第 328 页。

口粮，因为别的地方的农民比你们吃得更少，你们能不能忍耐 3 年到 5 年，一步步好起来。比如说，口粮不增加，种好自留地，分一点超产粮，争取明年能吃一顿干饭。后年更好一点，少则 3 年，多则 5 年，恢复到 1956 年和 1957 年的情况。农民们觉得陈云的话有道理，乃表示"只能如此，总不能一步登天"。[1]

一天晚饭后，陈云到小蒸的三官桥上去散步，有几个老农坐在桥上乘凉，陈云问他们解放以来生活过得如何？干部态度好不好？老农说："解放以来老百姓分到土地，当了土地的主人，年底再也不用为还租米担心了。干部不打人、不骂人，比国民党时期好得多，但现在就是肚子吃不饱。"他们还拍拍肚皮说："肚皮这么大，是天天喝稀粥喝的。"

谈完话回来，陈云一夜没睡好。第二天，他在农村干部座谈会上激动地说："共产党领导人民闹革命的目的，就是要改善人民的生活，使大家有饭吃，有衣穿。现在老百姓的肚子还吃不饱，生活还那么困难，说明我们的工作没有做好，还存在不少问题。应该说主要责任在中央，是我们中央的几个同志工作没有做好，我就是其中之一。我们一定要想办法尽快改进工作，这次来调查研究，就是这个目的。希望我们能共同努力，上下一心，找出问题的关键，采取有效措施，力争在较短时间内能让老百姓吃饱肚子。"[2]

一个时期以来，小蒸也有一些干部虚报浮夸、弄虚作假，为此有群众编了一段顺口溜："干部出风头，社员吃苦头。干部吹牛皮，社员饿肚皮。"座谈会上，有人认为这是老百姓在说怪话，陈云说："这

---

[1]《薛暮桥晚年文稿》，生活·读书·新知三联书店 1999 年版，第 326 页。
[2]《缅怀陈云》，中央文献出版社 2000 年版，第 440—441 页。

不是怪话,他们讲的是实际情况,是在说实话。我们确实有一些干部,头脑发热,虚报成绩,夸大产量,而且一级一级层层加码,以至于误导中央决策。虽然这是少数人,但危害很大,群众对他们的批评,完全正确。我们要善于听取各种不同意见,特别是反面意见。多听这种实话,能使我们头脑清醒,及时发现工作中的缺点和错误,尽快设法改正。我们不要喜欢听人家说好话,好话大多是奉承话,容易使人自我陶醉,迷失方向。同时使错误缺点得不到纠正,以至于脱离群众,丧失人民的信任。在我们这个会上,希望大家要说实话,不要有顾虑,要反映实际情况,指出存在缺点,以利我们及时改进工作。"[1]

在调查中,陈云了解到,在农村诸多问题中,小蒸农民最关心的是母猪私养、农作物种植安排和自留地三个问题。

在1958年的人民公社化运动中,社员私养的生猪基本上被收进了公社或大队的养猪场里。1959年以来,尽管中共中央不断发出指示,要求各地大力发展养猪,但这时粮食严重不足,城乡居民的口粮指标都一减再减,哪还有粮食去喂猪。又由于自从公共食堂办起来后,社员吃喝在食堂,也没有自留地,想喂猪也没有条件。所以1958年以来,全国生猪存栏数不断下降。小蒸公社也是如此,据统计,1958年全公社共养猪16000头,收归公养后,到1960年就下降到5600头,数量减少三分之二,而且多数是皮厚毛多的瘦猪。群众私下说,集体养猪是"愈养愈瘦","愈养愈小"。

对于养猪,中央紧急批示信"十二条"曾规定:"养猪应该两条

---

[1]《缅怀陈云》,中央文献出版社2000年版,第443页。

腿走路，公养和私养并举，公养猪应该以小队和食堂为主，社员户养猪也应该鼓励。公社和生产队现有的养猪场，应该继续保持和发展，但是，绝对不许采取向生产小队、食堂和社员个人征调猪、羊和家禽的办法，来发展公社和生产队的养猪场、养鸡场。"陈云在调查中发现，虽然大多数公社已经把肉猪下放给社员私养了，但大部分母猪仍然由公社、生产大队或生产队公养。母猪是否应该下放给社员私养，许多公社仍然犹豫不决，等待观望。

在小蒸期间，陈云亲自观察了全公社15个养猪场中的10个，了解养猪场的饲料分配和储备情况：每天每头猪能吃到多少饲料？能否吃到青草饲料？需补充多少？并重点了解母猪的饲养情况：母猪产仔后怎样照看？母猪吃不饱，奶水不足，影响小猪长不大怎么办？怎样减少乳猪的死亡率？等等。他还到多家养猪的农户家中去访问，了解他们收割青饲料的情况以及用精饲料搭配青饲料喂猪的经验。[1]

通过深入调查，陈云清楚地感到私养母猪养得好，产苗猪多，苗猪的成活率高。相反，公养母猪空怀多，流产多，苗猪死亡多。他认为，要迅速恢复和发展养猪事业，必须多产苗猪；而要多产苗猪，就必须把母猪下放给社员私养。这是今后养猪事业能否迅速恢复和发展的一个关键。

陈云为此召开了两次养猪问题座谈会。在一次老农座谈会上，陈云问大家："把你们的猪没收对，还是发还对？"老农们不知陈云是何意，听后面面相觑，不敢回答。良久，有一个老农说了一句模

---

[1]《缅怀陈云》，中央文献出版社2000年版，第443页。

棱两可的话:"上面说没收、发还都是对的。"

陈云又问:"你们现在敢不敢养猪?"

这个老农说:"还不大敢,说不定哪一天又是没收对了。"

陈云对大家说:"没收不对,发还才是对的,以后再不会没收了。"

听了陈云这个表态,小蒸农民如同吃颗定心丸。7月1日,小蒸公社为庆祝中国共产党成立40周年,宣布放假一天。这天农民几乎家家户户都到别的公社去抢购苗猪,妇女们把所有的小船都开出去抢捞水浮莲作养猪的青饲料。陈云得知这一情况后十分高兴,他说:你们看,现在猪私养,妇女养猪的积极性就起来了。她要是不养猪,收工回家,除了做饭,劳力就闲起来了。这样算下来,要闲下来多少劳力啊!他又说:我们党犯了错误,必须向农民承认,不然就是改正了,农民还是不相信我们党的正确政策。[1]

小蒸公社地势低洼,每一个农业人口平均有耕地2.4亩。几年来,这里的农业生产比较稳定,1960年的粮食产量,比1957年还有所增长,与大丰收的1956年大致相当,这在当时已很不容易了。尽管粮食产量没有大的下降,但由于生产上搞瞎指挥,强迫农民种双季稻和小麦,群众反映这样做是"明增暗减,得不偿失"。

在小蒸地区种双季稻,早稻每亩可以收稻谷500斤左右,晚稻可以收300斤左右,两熟共收800斤左右。以前种单季稻,每亩可以收580斤左右。两者比较,双季稻比单季稻每亩多收220斤左右。表面上看起来,种双季稻确实可以增产。但通过调查,陈云发现,种双季稻后,双季晚稻在单季晚稻田中寄秧,因此少产稻谷约150斤;

---

[1] 孙业礼、熊亮华:《共和国经济风云中的陈云》,中央文献出版社1996年版,第229页。

双季比单季每亩多用稻种 40 斤;种了双季稻就不能种夏熟（豆、麦），每亩少收豆麦 80—100 斤;此外，种双季稻还要多用肥料，多用劳动力等。通过全面算账，种双季稻比种单季晚稻每亩多收稻谷 220 斤，但是，种双季稻的各项损失加在一起，则合 310—330 斤稻谷。

调查期间，陈云"带着问题亲自到田头察看耕作情况、除草质量、稻苗长势;询问早稻、晚稻、小麦、蚕豆的耕作规律，施肥种类和肥料储备情况;了解种双季稻和种单季稻、稻麦间作的优缺点，在本地区采用哪种方式比较切合实际"[1]。通过深入调查，陈云得出结论:"种双季稻各方面损失很大，实际上并不合算。"[2]

自留地问题自人民公社化运动以来，就成为广大农民和农村基层干部的一块心病。几年来，自留地收收放放，收一次有收的理由，放一次又讲放的道理。由于政策反复，农民辛辛苦苦在自留地种点农作物，常常是"共产风"一来，就被各级干部以各种名义刮走。"十二条"和"农业六十条"草案，都对自留地问题作出了明确规定，强调凡是已经把自留地全部收回的，应该拨出适当的土地分给社员，作为自留地。今后不得将社员的自留地收归公有，也不得任意调换社员的自留地，社员自留地以不少于也不要超过当地每人平均占有土地的 5% 为限。陈云到小蒸时，这里虽然又重新分给农民自留地，但平均每人不到八厘，仅占耕地总数的 0.5%，远远低于政策规定的 5%，还不到高级社时期的四分之一。

陈云在走访农民家庭时，总要看看他们的自留地，看看种植蔬菜的品种和长势，询问何时能收获，可以解决多少问题。陈云最关

---

[1]《缅怀陈云》，中央文献出版社 2000 年版，第 445 页。
[2]《陈云文选》第三卷，人民出版社 1995 年版，第 178 页。

心的是农民有没有饭吃，能不能吃饱饭的问题。他一再鼓励农民多想办法，多提意见，共同努力，克服困难。

在调查中，有农民告诉陈云：农村有许多"十边地"如屋边、场边、河边、田边、岸边、路边、坟边、荡边等，现在集体都不去种，农民想种又不允许种。如果能允许农民自己去开发这些边角地，他们就会见缝插针，遍地开花，就能增加不少收获，解决不少问题。陈云觉得农民们讲的有道理，他说："这些'十边地'，单个来看，零零星星，微不足道。但一点一滴积聚起来，就能汇流成河，数量相当可观。如能充分加以利用，就能增加不少种植面积，可以缓解一部分粮食困难。"[1]

在关于自留地问题的专题座谈会上，社队干部提出现在这一点自留地，满足不了农民各方面的要求。农民的自留地不仅不应该比高级社时期少，还应该多一点。他们认为，让农民多种一点自留地有以下好处：（一）可以补充口粮。现在口粮少，多数农民一天吃四餐粥，这是不能持久的。（二）便于养猪积肥。农民需要在自留地上种些杂粮作饲料。（三）可以种些蔬菜，满足农民自己的需要。（四）农民可以有些零用钱。有了自留地，农民可以种些东西出卖，也可以养鸡、养鸭，卖蛋换钱。农民手头灵活了，干部也省掉许多麻烦。（五）可以恢复和发展竹园。因为自留地不够，有些农民砍了竹子种粮、种菜，竹园比解放前减少很多，这是十分不利的，应分出一部分自留地恢复和扩大竹园。

陈云对这个意见很重视，认为增加一点自留地，可以使农民的

---

[1]《缅怀陈云》，中央文献出版社2000年版，第446页。

口粮得到一些补充，生活有所改善。他在座谈会的讲话中说，我国集体生产的耕地仍占全部耕地的 90% 以上，增加一点自留地的比重，决不会动摇社会主义的经济基础。当前农民最关心的不是"社会主义还是资本主义"，而是"吃饭还是吃粥"。多分一点自留地，可以使农民多得一点口粮，对巩固工农联盟和社会主义制度有好处，是社会主义经济的必要的补充。农民的口粮和收入主要来自集体生产，如果贯彻执行少扣多分、多劳多得的原则，种这样一点自留地决不会妨碍集体生产。他还说，让农民多种自留地是目前补充口粮的主要办法，此外还便于养猪积肥，赚些零用钱，在宅前宅后种竹子、蔬菜等。[1]

他在随后写给中共中央的调查报告中又说：小蒸公社的干部提出把自留地扩大到占耕地总面积的 6%（最近上海市委已经决定，自留地增加到占耕地的 7%），其中大田只占耕地的 3.5%。达到这样的标准，要再分 700 亩大田。现在饲养场饲料地和公共食堂菜地共有 374 亩可以分给社员，再抽出 326 亩大田就够了，这并不算多。[2]

经过半个月的调查，陈云基本摸清了青浦农村的情况。调查结束后他在给邓小平的信中说："农民对我们党有赞扬，也有批评。他们的意见和情绪，概括起来有四：一是粮食吃不饱；二是基层干部不顾实际、瞎吹高指标，参加劳动少，生活特殊化；三是干部在生产中瞎指挥，不向群众进行自我批评；四是没有把集体生产组织好，农民的积极性差，相反，对自留地、副业生产积极性高。"[3]

---

[1]《陈云年谱》下卷，中央文献出版社 2000 年版，第 85—86 页。
[2]《陈云文选》第三卷，人民出版社 1995 年版，第 186 页。
[3]《陈云文选》第三卷，人民出版社 1995 年版，第 170—171 页。

在小蒸公社的调查结束后,陈云又到杭州、苏州,找了与青浦情况相仿的嘉兴专区的嘉兴、嘉善等县,苏州专区的吴县、吴江、昆江等县的县委书记和部分大队支部书记座谈,调查种双季稻和小麦的问题,同时也对养猪和自留地的情况作进一步了解。他还将与青浦土地、人口、气候条件不同的萧山和无锡两县的负责人找来,了解种植情况,研究了农作物种植安排上的有关问题。此外,他还就养猪、农作物种植安排、自留地等三个问题,同上海市委、浙江省委、江苏省委交换了意见。这年8月,他将调查的情况写成了三个报告:《母猪也应该下放给农民私养——青浦县小蒸人民公社调查报告之一》《种双季稻不如种蚕豆和单季稻——青浦县小蒸人民公社调查报告之二》《按中央规定留足自留地——青浦县小蒸人民公社调查报告之三》,就上述问题明确提出了自己的意见。

七、全党农村大调查

1. "食堂问题多,在家吃饭好"

三年的"大跃进"带来了严重的后果,也使全党上下深感调查研究的重要。1961年4月25日,中共中央发出《关于在5月中旬召开中央工作会议的通知》,要求各中央局,各省、市、区党委,应该利用目前这一段时间,对农村工作中的若干关键问题,包括食堂问题,粮食问题,供给制问题,山林分级管理问题,给农民留一定数量的柴山作为自留山的问题,"三包一奖"问题,耕牛、农具归大队所有好还是归生产队所有好的问题,一二类县、社、队全面整风和坚决退赔问题,恢复手工业问题,恢复供销合作社问题以及其他问题,进行重点调查,下10天至15天的苦功夫,切实地了解情况,向群众寻求真理,以便五月会议能够比较彻底地完成任务。

在此前后,中共中央还组织了一批调查组,前往各地农村进行调查研究,如习仲勋率领的河南长葛调查组,谢富治率领的河北邯郸调查组,杨尚昆率领的河北徐水、安国调查组,陈正人率领的四川简阳调查组,胡耀邦率领的辽宁海城调查组,钱瑛率领的甘肃天水调查组,王从吾率领的黑龙江双城调查组,平杰三率领的山东泰安调查组,廖鲁言率领的山西长治调查组等。这些调查组与农民同吃同住同劳动,掌握了农村的许多真实情况,对人民公社存在的问题有了深入的了解。在中共中央的带领下,各省、地、县的党委也纷纷组织调查组,深入本地农村了解"农业六十条"草案的贯彻情况。

为了克服严重的困难,毛泽东了解农村真实情况的心情也格外的迫切,对这次各级干部开展的大规模的调查研究活动,给予了极大的关注。1961年5月6日,他致信中共中央西南局第一书记李井泉和正在四川简阳作调查研究的农业机械部部长陈正人说:

> 陈正人同志:五月一日给我的信收到,很高兴。再去简阳做一星期,最好是两星期的调查,极为有益。井泉同志:你为什么不给我写信呢?我渴望你的信。你去调查了没有?中央列举了一批调查题目,是四月二十五日通知你们的。五月四日又发了一个通知,将会期(按:指即将召开的中央工作会议)推迟到五月二十号,以便有充分调查研究的时间,将那批问题搞得深透,到北京会议时,比起广州会议来,能够大进一步。我这里还有一个要求,要求各中央局,各省、市、区党委第一书记同志,请你们在这半个月内,下苦功去农村认真做一回调查研究工作,并和我随时通信。信随便写,不拘形迹。这半个月内希望得到你们一封信。如果你们发善心,给我写信,我准备给你们写回信。[1]

---

[1]《建国以来毛泽东文稿》第九册,中央文献出版社1996年版,第484页。

中共中央派往各地的调查组,就食堂、粮食、供给制、社队规模、山林分级管理等,开展广泛深入的调查。在调查过程中,各调查组发现,在农村的诸多问题中,农民反映最强烈、也是最为迫切希望解决的,是公共食堂和供给制问题。

这年4月底5月初,国务院副总理习仲勋率领一个中央调查组,前往河南长葛县和尚桥公社调查。长葛在"大跃进"时以深翻土地而闻名全国,在八大二次会议上,长葛县委还介绍了其通过深翻土地大幅度增产的经验。

调查组到来之前,和尚桥公社的食堂已大部分散了伙,全县已有70%的食堂相继停办,余下来仍在勉强维持的,群众都在等待观望,只要干部一松口,也会马上停办。一些干部曾担心食堂解散后会影响社员出勤,调查组发现事实正好相反,社员利用早晚时间推磨并没有占用干活的时间,有辅助劳力的,连在家做饭的时间都不占,而且让社员在自己家里做饭,还可以把30%左右的劳力从食堂中节省下来,全部投入农业生产。

食堂停办后社员自己吃粮精打细算,再加些野菜,比过去吃得好,吃得稠。调查组所到的三个大队,自从食堂解散后,浮肿病人显著减少。宗寨大队在食堂解散前,有浮肿病人145人,食堂解散不久就只剩下27人,小孩子的面色也好看了许多,大人干活也有劲了。过去在强调办食堂的重要性时,一些干部总是说贫雇农、下中农拥护食堂,中农、上中农不赞成办食堂。真实情况并非如此。樊楼大队的第五生产队共有49户,调查组除了3户地、富外逐户进行了调查,结果是不论贫农、中农,男女老少都不赞成再办食堂,只有几户五保户和单身汉愿意在农忙时办小型食堂。

能节省劳动力曾是公共食堂的一大"优越性",实际情况是食堂不但不能节约劳力,反而占用了大量的劳力。和尚桥公社宗寨大队第四生产队食堂有316人吃饭,仅炊管人员就有28人,占全队整劳力的29.4%,其中磨面的16人、炊事员9人、事务长1人、会计1人、监灶1人。而该大队全部7个食堂共有劳动力452个,炊管人员竟有186人,占总劳动力的41.1%。社员们说:"食堂把干部、劳力占去一半,下地干活的净是些老婆娃娃,一天干不了半天活,三个劳力不顶一个用,照这样弄法,再过一年吃啥?"

这年5月初,陈正人率一个中央调查组到四川简阳平泉公社的石子大队,就公共食堂问题作了一次专题调查。这个大队共有7个全民、全日、全年的"三全"食堂。由于过去总是讲食堂"是社会主义的阵地","是通向共产主义的桥梁",调查组刚来时,社、队干部和社员在食堂问题上仍顾虑重重,干部怕自己说错了话再来一个"反右倾",社员们则怕说食堂不好挨"辩论",所以谁都不敢说出自己的真实想法。

调查组5月2日进村后,有意采取"放"的方针,号召干部群众敞开思想,畅所欲言,说出自己的真心话。"放"的结果是全大队的7个生产队中,第二生产队有92%的社员主张办食堂,第三生产队有50%的社员主张办院坝食堂,其余5个生产队的绝大多数干部社员都要求退出食堂。全大队除第二生产队外共有237户,表示参加食堂的只有16户,占总户数的6.7%。

调查组没想到有这么多的社员不赞成办食堂,认为群众要求退出食堂,可能是干群关系不好造成的,乃从5月6日起向群众反复说明食堂是社员集体的公共福利组织,食堂应该实行民主管理,要求干部改进工作作风，号召群众向干部提意见。于是，干部们纷纷表示要把食堂办好，自己带头吃食堂。这样一来，除了第二生产队坚持办食堂，第一和第七两个生产队坚持解散食堂的态度没有变外，原来多数人要求解散食堂的第三、四、五、六这4个生产队，多数人又表示要参加食堂。据5月8日的统计，除第二生产队外的237户中，表示参加食堂的有131户，占总户数的55.2%。

为了弄清楚干部社员对办食堂的真实想法，调查组通过个别访问、干部座谈等方式，将社员办食堂的态度进行了逐户的分析，了解到5月6日后表示参加食堂的社员，其实真正出于自愿的并不多。调查组对其中的100户作了分析，发现自愿参加的只有45户，其中包括6户干部，其余是单身汉和没有独立生活能力的孤寡老弱户，也有少数因家庭不和愿在食堂吃饭的。表示暂时参加的47户。这些户之所以同意参加食堂，是因为他们现在回家做饭还有困难，如果粮食和副产品分到户，划定了私人的柴坡，分配给一定的菜地，他们就会退出食堂。另外8户则是在干部的影响下勉强参加食堂的。

通过深入的调查分析，调查组认为，这个大队坚决参加食堂的占10%—20%，如果除去其中的干部，这些人中半数是因为独立生活有困难而离不开食堂的。自愿退出食堂的占50%；本意要求退出食堂，但在目前条件下勉强参加的占30%。如果口粮、柴坡和菜地等问题得到解决，将有80%左右的社员退出食堂。

在调查过程中，调查组召开了几次社员大会，由社员谈自己对食堂的看法，一部分愿意参加食堂的社员谈到了食堂的好处，但调查组听到更多的是谈食堂的缺点。社员丁祖昆说："过去不敢讲食堂的坏话，怕挨斗，现在趁早散伙。可少死人。"女社员苏秀贞说："这几年硬是吃的受气饭，再不退伙，肚皮都要气爆了。"社员埋怨干部多吃多占，利用职权扣饭减粮，可干部们也有一肚子的委曲。第五生产队队长丁继祥说："办食堂就像捏个麻雀，捏紧了怕它死，捏松了怕它飞。"

经过此次调查，调查组认为："目前形式的大多数食堂，如果继续坚持办下去，即使增加一些'小自由'和采取改进食堂的一些措施，一般地可以肯定是弊多利少。反之，如果让绝大多数的社员回家做饭，对少数困难户根据他们的自愿，帮助他们组织生活互助组、抖米下锅，或者办几户、十几户的院坝食堂或农忙食堂，这样做一般也可以肯定是利多弊少，或者说只有好处没有坏处。"[1]

驻河北省滋县成安公社（原为成安县，1958年并入滋县，1961年复设成安县）中央调查组4月上旬一进村，就有80%左右的社员要求食堂下放。4月中旬讨论"农业六十条"时，因"农业六十条"中有"生产队要积极办好公共食堂"一条，社员们不敢再要求解散食堂，只是表示愿意办农忙食堂。

4月下旬，调查离开成安到涉县调查，成安公社贯彻河北省制订的关于"农业六十条"的补充条例，规定食堂炊管人员工资在生产队统一记工分，并号召巩固食堂。于是大队干部对社员说：食堂不能散，食堂是方向，解散食堂就是不走社会主义道路。谁要散，要经过县委批准。群众听干部这么一说，都不敢退出食堂了，于是又有80%的社员表示愿留在食堂，并且说，有了这几道"箍"，叫退也退不出食堂了。

---

[1] 陈正人：《四川省简阳县平泉公社石子大队关于公共食堂问题的调查》，1961年5月10日。

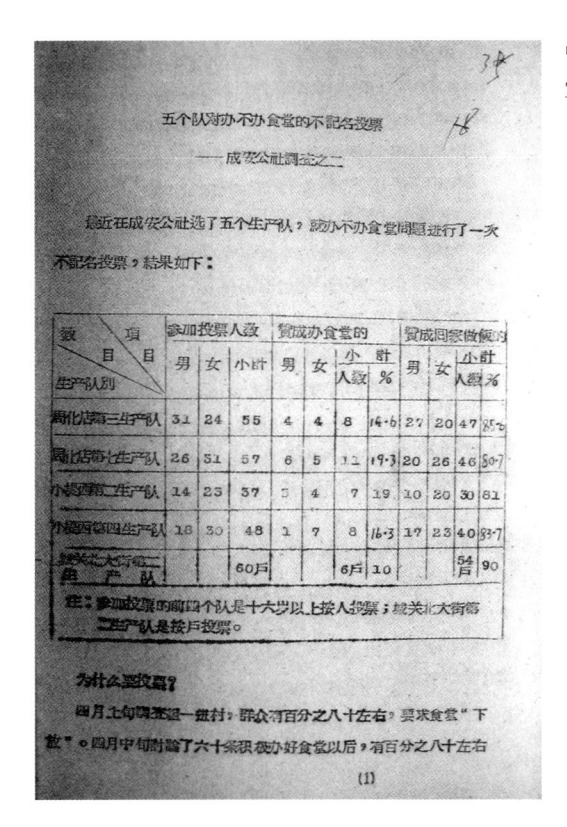

中央驻成安公社调查组关于食堂问题的调查报告

5月初，中央调查组从涉县回到成安，再次向社员征求对"农业六十条"的意见，说明可不受"农业六十条"和河北省补充规定的限制，有啥就说啥，在食堂和不在食堂一律平等，都是走社会主义道路。这样一来，"群众情绪大为活跃，干部和社员思想大解放"，但仍有少数人不敢公开表示自己的意见。调查组为了摸清真实情况，决定就食堂问题搞一次无记名投票。群众对这种办法很感兴趣，不但踊跃参加投票，而且投完票后仍然不散，说这个办法好，真正自愿，每个人都能说出心里话。

参加投票的有5个生产队的社员，这几个队的食堂好、中、差都有，但投票的结果大体相同，80%以上的社员赞成回家做饭，只有不到20%的社员赞成办食堂。赞成办食堂的主要是三种人：一种是老年孤寡困难户；一种是单身汉或全劳力户；再一种是不愿在家做饭的年青妇女，主要是结婚不久的新媳妇，第四生产队赞成食堂的8票中，有7个是青年妇女。

赞成回家做饭的，也有三种情况：有20%左右的人，坚决要退出食堂，并表示"即使食堂一天吃三顿肉，也不后悔"；有40%左右的人，也要求退出食堂，但这些人还在观望，等待政策如何规定，没有摸清调查组的底，不轻易表明自己的态度；另有20%左右的人是随大流的。周化店大队党支部书记苑士杰的老婆，投票前几天因食堂修锅灶，在家做了几天的饭，有些不耐烦，讲气话说要赶快恢复食堂。这次投票，苑士杰揣摩老婆的心意，投了赞成办食堂的票。回家给老婆一说，才知道老婆并不愿办食堂，已经改投赞成回家做饭的票。

投票以后，调查组组织社员讨论食堂问题，社员认为回家做饭有十大好处，如节约劳力，节省煤炭，节约粮食，节约开支，可以多养猪多积肥，干部可以集中精力领导生产，等等。许多社员说：食堂成了大家的心病，下地干活，只要有人一提起谁多吃多占，大家就议论不休，干活没劲。食堂下放，能去掉这个心病，不用担心吃不够，吃不公道，吃不好。心上的压力去掉了，才能调动积极性，增加生产。[1]

中央辽宁海城调查组负责人胡耀邦在报告中说：青壮年、妇女、

---

[1] 谢富治:《五个队对不办食堂的不记名投票——成安公社调查之二》，1961年5月6日。

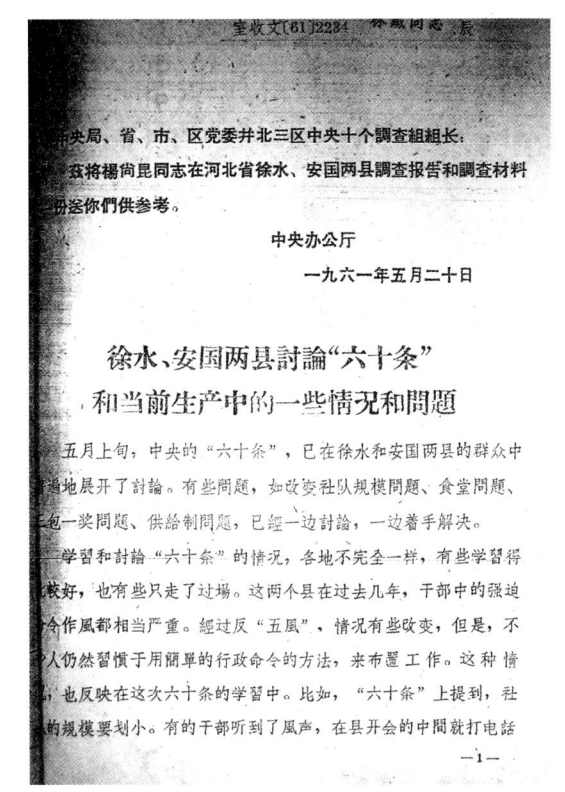

杨尚昆关于河北徐水、安国县讨论"六十条"情况的调查报告

老年人、基层干部,没有一个说食堂好话的。干部们说:自从办起食堂,通常有一个干部顶着,不是丢就是坏,不是修就是补,不是吵就是闹,这个说"饼子有大有小",那个说"勺子长眼睛啦",伤透了脑筋。干部们表示,宁肯领导两个生产队,也不愿分管一个食堂。

中央驻河北安国、徐水调查组的杨尚昆在报告中称:两县不少社队食堂已经散了,为了应付上级的检查,出现了一批"支应食堂"或各户轮流派代表去食堂吃饭的"代表食堂"。对于食堂,社员们最有意见的是食堂工作人员多吃多占,有的食堂炊管人员自己承认,他们每月要吃到40多斤粮食,比社员要多一倍,这种情况,造成群众之间、群众同干部之间不团结。此外，社员们还认为办食堂不利于积肥，浪费劳力和燃料，扩大了供给制部分，降低了工分值等。

各中央局直至县委派出的调查组，通过调查后得出的结论，也是食堂不能不散。

1961年4月中旬至5月上旬，中共中央西北局派出调查组到陕西蓝田县三里镇公社的农光生产队进行调查。调查组发现，干部、社员议论最多、反映最大的也是公共食堂问题。这个大队在1958年8月仅半个月的时间就实现了食堂化，由于一开始就搞"吃饭不要钱"，食堂只办了4个月便吃了全年口粮一半还多。针对这种情况，蓝田县委提出"食堂不散，分户做饭"，食堂实际上名存实亡了。1959年庐山会议后整风反右倾，主张解散食堂的人不加区别全遭批判，当时提出的口号是"社会主义是天堂，公共食堂是心脏"，"反对食堂就是反对社会主义"，到1960年二三月间又全部恢复了食堂。

调查组从座谈和个别访问中了解到，90%以上的社员不愿参加食堂，只有不到10%的人愿意在食堂吃饭。社员们主张不办食堂的理由是：（一）食堂占用的劳动力多。一般要占生产队劳动力的20%左右，多的达25%，而且多是"硬棒棒的强劳动力"，其中不少是党员、团员和积极分子。不但如此，社员把饭打回家后，还得加些野菜再做一遍，结果是"两头冒烟"，更浪费时间。（二）烧柴有困难。全大队每年集体收获的烧柴，不过150万斤，而食堂全年需要500万斤左右，每年的秋末冬初要80%的劳动力上山割一个多月的柴，加上社员零星收集的，才够食堂烧。到了冬天，社员家里取暖还得烧柴，所以办食堂更费柴。（三）粮食标准本来就低，却要过保管员、管理员、炊事员、磨面的等几关，每一关都拿一点，社员吃不到定量。（四）

社员对管理员、炊事员不信任,这些人换来换去,增加了社员间的矛盾。(五)食堂做饭,私人养猪没有泔水,影响了社员养猪积肥。(六)亲戚朋友来往吃饭不方便,有时还得受气。(七)排队打饭,等饭的时间比自己做饭的时间长,还不如过去各家自己做饭出工齐、出工快。(八)食堂困难多困难大,干部把大部分时间花在食堂上,把心费砸了,还是管不好。[1]

青海省乐都县汉庄公社的下营大队1958年公社化时办了4个食堂,1959年春天一度停办,1960年春又全都恢复。食堂恢复之初,要求群众"带粮入伙",在不得已的情况下,每一户派一名代表到食堂去吃饭,办成了"代表食堂"。为了让全体社员在食堂吃饭,干部们采取逐户搜查的办法,把社员家里凡是能吃的东西都拿走,强行办起了"全民食堂"。"十二条"下发后,由于允许社员打粮回家自炊,再也没有社员在食堂吃饭了,但食堂的招牌还在,干部们还不敢松口说不办食堂,食堂所用社员的房屋和炊具也没有退,并且每个食堂还留一名管理员和一名炊事员。社员讽刺说:"管理员给炊事员打面,炊事员给管理员做饭。"

这年4月10日至5月24日,西北局派出调查组到这里进行贯彻"农业六十条"草案的试点,征求社员对食堂的意见,开始社员对食堂还不敢说出自己的心里话,后来经过"农业六十条"的宣传,又慢慢与调查组熟悉,才把满肚子的意见说了出来。事后调查组在给西北局的报告中说:"(社员)一讨论食堂就有讲不完的意见,并且火气很大,半夜不散且也没有一个打瞌睡的。"讨论中有人提议:"(食堂)现

---

[1] 中共中央西北局蓝田县调查组:《陕西省蓝田县三里镇人民公社农光生产大队第二次调查》,1961年5月9日。

在不办,等以后粮食多了时再办"。马上有人反对说:"气受够了,粮食再多,办得再好,也不吃食堂了!"话闸子一打开,社员们你一言我一语地说开了。这个说:"在劳动的时候,一想起食堂,刷的一下,就没劲了。"那个说:"只要不说不参加食堂是思想不好,不说不合政策,我就不参加食堂。"调查组问:"在家吃饭不是要耽误生产,影响妇女的休息吗?"不料妇女们异口同声地回答说:"用排队打饭的时间够在家做饭了","只要不办食堂,哪怕半夜出工也保险不耽误"。

这个大队的社员对食堂的意见,主要集中在这几个方面:一是口粮标准本来就低,又被层层克扣,管理员、炊事员多吃多占,口粮标准更是吃不到口,尽管炊管人员一换再换,但仍不能制止多吃多占的现象。调查组问一个社员:"如果要是你当管理员会怎样?"这个社员回答说:"我也非多吃多占不行。"二是排队打饭,耽误生产。三是办食堂不能养猪,以前没有办食堂的时候,每家都养一两头猪,有钱花,有肉吃,还能积肥,多打粮食,现在这个有194户的大队包括刚生下来的小猪,总共才六七十头。四是办食堂亲戚朋友来了没饭吃,不方便。五是基层干部的主要精力都放在办食堂上,削弱了对生产的领导。六是在食堂吃饭,"有面子的人打得稠,没面子的人打得清",不办食堂,"眼里看不见,心里不受气"。七是4个食堂每天得派4个人,12头牲口驮炭,浪费人力、畜力,在家吃饭,社员每天下地捎回一些柴草就解决了燃料问题。八是食堂不能按自己的口味调剂花样,在家吃饭忙闲稠稀也好掌握。因此,这个大队的社员的态度是"一致主张不办食堂"。[1]

---

[1] 中共中央西北局青海调查组:《青海省乐都县汉庄人民公社下营生产大队"六十条"试点工作报告》,1961年6月15日。

乐都县田蒲家生产大队的公共食堂也是三起三落。1958年8月，这里办了3个全日食堂，全体社员参加，开始搞"放开肚皮吃饭"，不算洋芋、蔬菜，每人每天吃一斤半面。到了10月，这3个食堂又合并成一个大食堂，吃粮标准由一斤半下降到一斤。不过，这样的日子并没有持续多久，1959年开春后，洋芋、蔬菜吃完了，口粮标准又下降到了七两五。到了1959年3月，这个大食堂也就散了。庐山会议后，上级号召办食堂，但群众不愿办，为了应付上级，就办了一个"代表食堂"，每户参加一个人，带粮、带菜入伙，干部来检查，到食堂吃饭，干部走了，各自回家吃饭，这个代表食堂办了一个月也垮了。1960年5月，大部分社员的口粮吃完了，粮食靠国家供应，由于粮食不分给社员个人，而是直接拨给食堂，这个大队又办起了全民参加的全日食堂。

在贯彻"农业六十条"草案过程中，青海省委派了一个工作组来这个大队调查。这时，公共食堂已经垮了，当调查组提起食堂问题时，社员竟一致认为"食堂问题多，在家吃饭好"。他们向工作组历数了食堂的诸多弊端，如：

（一）在食堂吃饭，口粮要过"五关"，定量吃不到嘴里。社员说，现在一天只有半斤粮，经过大队保管员、生产队保管员、磨面的、食堂保管员、食堂炊事员等"五关"后，过一道关少一点，一百斤粮最少短三五斤，一百多人的食堂管理员、炊事员、队干部、磨面的总共有十几个人，这样一来，真正吃到社员嘴里就不多了。一个社员说："一个萝卜几头切，社员能吃到几嘴？"他们说："打面回家，有一两是一两，眼睛看着，心里放心。"

（二）食堂人多锅大，烧硬柴，破坏林木。这个大队没有柴山，离煤矿又远,食堂只好砍树作燃料。两年来,食堂烧掉大小树木1500多棵,积肥拆掉的40多间马棚、圈房的木料,也都烧了。社员们说:"再办食堂,树都砍光了。"这两年口粮标准低,食堂的饭不够,社员把饭打回家还要添些野菜、代食品再做一遍。而在家做饭人少锅小,东捡西凑,烧柴问题就解决了。

(三)食堂做饭费劳力、费时间,在家做饭,捎带就做好了。该大队有两个食堂,共有276个人在食堂吃饭,一个食堂需要一个管理员、两个炊事员、三人去砍柴,常年要12个强壮劳动力做饭,占了全大队总劳力的8.1%,加上磨面的、采集和加工代食品的、择菜洗菜的临时用工,全年共要用1685个劳动日,占了全年总劳动日11.2%,如果加上食堂11亩菜地的用工,这几项占去了全大队15%左右的人工。由于食堂人多,排队打饭往往需要一个多小时,比自己做饭的时间还多。社员们说:"有到食堂打饭的工夫,自己做凉面也吃上了。"

(四)食堂吃饭费用大。该大队的蒲家生产队食堂,1960年平均伙食费44.51元,占人均收入64.04元的74.2%,平均每人每月3.71元,如果在家吃饭,柴、菜、炊事员工分都不要出钱,每人每年只要18元就够了,比吃食堂能节约一半。由于食堂费用高,降低了工分分值,许多社员生产不积极,这个生产队只有35户,却有8人老装病不出工。

(五)食堂吃饭不方便、不自由。社员们说:"食堂吃一样的饭,每人一勺,多没有,少不打,不分老汉、娃娃、病人,都是糊糊。"[1]

湖北省安陆县青龙公社字畈大队第一生产队第四小队的食堂,

---

[1] 中共青海省委工作组:《关于乐都县蒲家生产大队食堂问题的调查》,1961年5月12日。

有饭厅、加工房、伙房，喂了4头母猪，种了4亩菜，在当时是一个办得很不错的食堂。"农业六十条"草案公布后，安陆县委就食堂问题在这里召开了一次座谈会。

座谈会一开始，小队长说："我们的食堂吃菜不愁，又喂了4头母猪，（19）60年那样大的困难都克服了，现在没有什么困难，改进不改进，照这样办下去就可以。最大的困难是13个湾子（按：该队38户社员分散居住在13个湾子里）不能搬拢来。"

分支部书记也说："食堂已扎下了根，再不好改了。如果要改小，还有几个湾子，房子、用具也有问题。但是，照这样办下去，社员家里养猪、养鸡、照顾小孩又不好解决。"

小队长又说："食堂是万岁之一，不办又散了筐，那还能办社会主义！"

分支书接着说："社员在家里吃饭也有困难，出工不齐。"

干部说完后，社员对食堂提了许多不同的意见。

住在食堂附近的社员聂自付说："办个农忙食堂好，忙时大家一起好抢季节，闲时各人在屋里，又能喂猪、打杂事，生产又好抓。"

住得远的女社员孙道英对办农忙食堂也不赞同，她说："你们近，当然好，受罪的是我们。我们吃一顿饭，跑二里多路，小孩拿饭在路上泼了，我爱人气得不得了，说：'办个鸡巴食堂，拿回去算了。'"

社员郭定喜马上接着说："我同意！"小队长一听这话，立即来了气，对郭定喜说："都拿回去，生产你去抓？"

女社员龙冉芳在一旁说："你莫气，我说点你听一下，我二妹三个小孩，肚里又怀了一个，我也有三个小孩，肚里也有一个，办食堂这大一会我简直跑怨了，抱也抱不动，拖也拖不走，最后没有办法，只有叫他们吃冷的，喂猪、喂鸡更不用说。"

郭定喜接着说："我看不在（于）食堂不食堂，一切在于工分不值钱。（19）57年没有办食堂，个个起五更做饭，天不亮就出工，生怕别人工分抢多了。队长说：办食堂人快活些，做活多些。我看（19）57年，人还扎实些，粮食吃的还多些。"[1]

2. "供给制养懒人，养坏人"

对于与公共食堂紧密相关的供给制，"农业六十条"草案仍坚持分配中供给和工资三七开。各地在调查中却反映供给制严重挫伤了农民的生产积极性，广大群众也纷纷要求取消。

北京市委通过调查发现，"所谓三七开的供给办法，害处很多；只对五保户和困难户实行供给制的办法，则好处很多，两者利害比较，优劣极为明显。"

北京郊区按理说是条件比较好的地方，但北京市委调查的结果是，这里的许多公社，社员根本上拿不到工资；即使发工资的，工分也不值钱。近郊区的工资高一点，一个工分能拿到一毛钱，远郊区一个工分一般只能拿到五分钱，低的只值一二分钱。社员们说："养个鸡，下个蛋，也比劳动挣工分强。"供给制使劳动力多、劳动好的人吃亏，吃亏户一般占总户数的百分之四五十，多的达60%。群众对这种平均主义的供给制很不满意，他们说："供给制养懒人，养坏人。""说什么吃饭不要钱，是不要死人的钱，可要活人的钱。"

如果不实行供给制，只对五保户和困难户实行供给，供给部分

---

[1] 中共安陆县委办公室：《字畈一队四小队食堂座谈记录》，1961年5月。

只要 1%—5% 就够了,最多 10%,这样 90% 以上的收入可按劳分配,社员分值也就会大大提高,一般可提高 50% 以上。怀柔县梭草生产大队还刚刚讨论只包五保户和困难户,其他实行按劳分配办法,就有许多过去偷懒的人开始下地干活了。该大队有一个社员,已有两个月没有下地干活,每天出门打兔子到北京去卖,听说要取消供给制,再也不去打兔子而是下地劳动了。

北京市委在给中共中央和华北局的调查报告中说:"现在看来,改变供给制的办法是势所必至,迫不及待的。"在开始讨论这一问题时,群众还有些顾虑,仍在工资与供给究竟是三七开、二八开还是一九开上兜圈子。只对五保户和困难户实行部分供给的意见一提出来,马上得到所有积极分子、劳动力多和劳动好的人的积极拥护。就是原来占供给制便宜的户也表示赞成。他们说:"虽说占点便宜,但懒人多,总收入少,就会吃大亏。"懒汉们虽然对改变供给制有些不满意,但由于是大势所趋,也不得不表示同意。社员们说:"这样做既合理又解决问题,劳动好的人满意,真正困难户问题也解决了,懒人也不懒了,生产准能搞好。"[1]

据杨尚昆率领的中央调查组对河南省长葛县和尚桥公社宗寨大队的调查,这个大队 1958 年 8 月至 1959 年 3 月,在分配问题上搞公社统一核算,公社对社员实行衣、食、住、生、教、婚、病、葬的 8 包供给制,食堂吃饭不过称,社员吃饭不要钱,社员的工资由公社按四级劳力统一发放,同级别的社员劳与不劳、劳多劳少都得同样的工资。由于分配办法不合理,社员劳动积极性普遍低,出勤

---

[1]《北京市委关于改变供给制的办法向中央、华北局的报告》,1961 年 5 月 15 日。

人数减少,干活效率低,质量差,有的生产队出勤的劳动力只有20%—30%。有一个女社员,3个多月时间只出工两天,队长批评她,她反驳说:"我不干活也吃不着你,不用你管。"即使出工也是磨洋工,干的时间没有歇的时间长,过去一个劳动力一天能锄二亩地,实行供给制后只能锄四分地。社员对集体财物也不爱惜。该大队第三生产队1957年死了头骡子,几十户社员都心里难受,公社化后死了牲口,社员不但不在乎,而且要求吃牲口肉改善生活。

1959年4月至1960年11月底,大队成为基本核算单位,分配上实行粮、煤、盐、油、菜不要钱的伙食供给制,这个大队在1960年的分配中,供给部分占83.7%,工资部分只占16.3%。由于供给部分过大,社员多劳而不能多得,少劳者有的甚至还多得。社员张

和尚桥这个地名就是来源于这座桥,据说此桥是一个和尚为纪念其母亲而修造的

文卿一家 5 口人，两个整劳动力，两个半劳动力，全年共挣得工分 4800 分，得工资 59 元，享受伙食供给 185 元，两者共计 224 元。如果按劳分配，应得 289 元，少得 45 元。女社员李爱香一家 4 口人，其丈夫外流，家里只有一个劳动力，一年挣得工分 1790 分，得工资 23 元，享受伙食供给 126 元，共计 149 元。如果按劳分配，只能得 126 元，多得了 31 元。由于供给与工资的比例不合理，导致社员生产情绪低落，出勤率低，劳动质量差，劳动力外流，超龄学生上学。东大路张生产队实行伙食供给制后，就有 7 个超龄学生重新上学。其中有一个人已经 20 岁，早就没有念书了，1960 年却又背起了书包去读小学。而生产却连年下降，宗寨大队 1958 年粮食作物平均亩产 560 斤，1959 年下降为 321 斤，1960 年再下降为 310 斤。

调查组对东大路张生产队调查的结果是，全队 47 户中，有 40 户赞成只包五保户，照顾困难户，其余的全部按劳分配。他们的理由是，实行这种办法能调动社员的生产积极性，能挖掘劳动潜力，鼓励外流劳力返乡，也便于生产管理。而主张实行粮食半供给制的有 5 户，其中劳力少人口多的 4 户，无劳力的 1 户。这些人的理由是，劳力少人口多挣工分不够吃。另有两户两种分配办法都表示赞成，这两户一户人口虽多，但家中有劳力，外边还有工人挣钱，另一户是 6 口人 3 个劳力，觉得无论实行哪种分配办法都不算吃亏。可见，这个生产队绝大多数社员赞成取消供给制实行按劳分配。[1]

广州会议前，中央农村工作部副部长王观澜带领一个调查组，前往陕西临潼县华清公社和长安县韦曲公社进行调查。关于供给制

---

[1] 中央调查组：《河南长葛县和尚桥公社宗寨大队分配制度调查》，1961 年 5 月 15 日。

问题，王观澜在调查报告中写道："社员和干部认为实行按劳分配、包五保户、补贴困难户的办法好得很。他们反映，高级社时实行评工记分，按劳分配，'干部愁活少，社员抢活干'，'社员做活挡也挡不住'。如果干部分配给哪个社员的活少了，活轻了，还认为干部对他'有冤'。'工分是命根子'是当时大家公认的一句话。他们回忆起当时'活不够干，粮吃不完'的情景时，个个兴致勃勃，说得津津有味。讲到现在的情形：'干活要队长挨门叫，叫也叫不动。''锣打破了都叫不齐。'来了也是'马马虎虎向前干，工分多少都吃饭。'""许多干部主张包五保户和定时定量补贴困难户，其余的社员都按劳动工分的多少，进行分配。认为这样办，'可以治有劳不劳的人'，'去掉依赖的根'。"[1]

广州会议后，中共中央东北局农委与辽宁省委农村工作部、阜新市委、阜新县委组成联合调查组，于 4 月 10 日至 29 日，在阜新县的富荣、大板两个公社的 4 个大队，进行了 20 天的调查。这 4 个大队中，朝阳寺大队代表富队，黑帝庙、四楞子两个大队代表一般队，六寨子大队是个穷队。这 4 个大队 1958 年以后，特别是 1960 年，劳动力大量外流，牲畜瘦弱死亡，农具丢失损坏严重。四楞子大队的于家荒生产队和黑帝庙大队的土地营子两个生产队，劳动力由 1957 年的 194 名减少到 163 名，牲畜由 1952 年的 59 头减少到 46 头，主要农具由 1957 年的 804 件减少到 616 件。1960 年这两个队并没有遭受自然灾害，粮食产量却由 1958 年的 40 万斤减少到 28.7 万斤，减少 30%。由于生产下降，社员收入逐年减少。土地营子生产

---

[1] 王观澜：《在西安临潼华清公社和长安韦曲公社的调查》，1961 年 5 月 10 日。

队 1956 年每个劳动日分红 0.7 元，1957 年 0.65 元，1958 年 0.3 元，1959 年 0.22 元，1960 年 0.2 元。

这 4 个大队在贯彻"十二条"、开展整风整社后，群众情绪有了很大的好转，外流人口纷纷返乡，种自留地、发展家庭副业的劲头很大，但参加集体劳动的积极性还没有调动起来，出工晚收工早，休息时间长，每天只劳动四五个小时，劳动效率很低。造成这种状况的原因，除了生产瞎指挥、刮"共产风"、农业税负担重等原因外，据调查组了解，"最主要的还是由于分配上的平均主义，挫伤了群众的积极性，破坏了生产力"。用社员们的话说："这是根，人越平越没劲，牲口越平越瘦弱，地越平越荒，再平下去，草就要上房了。"

这 4 个大队的平均主义除穷队与富队拉平，产量高的队多劳不能多分多吃外，更为重要的是社员与社员之间"多干少干，一样吃饭"，劳动好的社员不能多分多吃。这 4 个大队一般都实行口粮供给或半供给，从大队这一级来讲基本上三七开，而到了生产队一级就变成了伙食供给制，供给与工资的比例，有的对半开，四六开，有的倒三七开。朝阳寺大队第三生产队有"十不算"，土地营子生产队有"十五个不要钱"，即柴、米、油、盐、酱、菜、豆腐、淀粉、炊事员工资等统统由生产队包下来，包不了就挪用大队财产或扣留大队分给社员的工资。这个生产队由于供给与工资倒四六开，全队 10 户劳动力多人口少的户的收入，比实行供给制以前减少 20%，少数户甚至减少了一半，他们说："净替别人养活老婆孩子。"

这几个大队的其他实物也是按人头分配。土地营子生产队 1958 年以前除口粮以人定量外，其他实物都是随工分分配，而 1960 年分配社员的 50 多种实物中，都是按人按户平均分配的，使得有些小孩多、劳力少、挣工分少的社员,按人口分配的东西吃不完,拿到自由市场上去高价出售,而那些劳力多、人口少的社员,按人分配东西还不够吃,要高价向别人去买。由于工分分值低,一个劳动力一年挣的工资,只能买到 30 个大萝卜。因此,劳力多、人口少的社员对此十分不满,他们说:"按人头分东西,整了能干活的人,奖励了尖头懒汉,没个好。"

据调查组对土地营子生产队的调查,全队 46 户社员,一致要求改变供给、工资倒四六开的状况,对今后实行哪种供给制,有四种意见:一是主张取消供给制,实行五保户、困难户的社会保险和困难补助,像以前高级社那样,由国家负担。二是赞成供给制,但只包五保户,补助困难户,持这种意见的社员说:"供给比重再大,劳力多、人口少的受不了。"三是主张包老小两头,补助困难户。四是提出实行口粮半供给。持第一种主张的有 10 户,占总户数的 21.9%,都是些劳力多、人口少的户,他们说:"这种办法不行,就同意第二种办法"。赞成第二种方案的 25 户,占 54.1%,这些都是劳动、人口一般的户。赞成第三种方案的有 9 户,占 20%,都是人多劳少或有病的困难户。赞成第四种方案只有 2 户,占 4%,全是人口多的户。根据这种情况,调查组在给东北局的报告中说:"在目前生产力水平较低的情况下,供给比例过大,对生产是不利的","在最近若干年内,供给应仅限于五保户、补助困难户,再多就使劳动力多、人口少的社员收入减少,对生产不利"。[1]

吉林省农安县合隆公社烧锅局子大队共有 398 户,2252 人,

---

[1] 冯纪新:《关于两个平均主义问题的调查报告》(草稿),1961 年 5 月 3 日。

1959年和1960年供给和工资的比例都是三七开，实行的是粮食供给制。1961年5月，吉林省委和农安县委组成联合调查组，对这个大队的供给制情况进行专题调查。从供给与工资的比例上，虽然大队一级是三七开，但由于大队只供给社员口粮，而盐、菜、柴、炊事员工资和食堂的杂费开支，均要生产队负担，结果使生产队用于供给的现金支出占了现金分配部分的69.5%，加上实物供给和炊事员的工资等，占了生产队分配部分的97%。

实行供给制，有些劳动力多的户感到吃亏，就抽走劳动力到外地干活挣钱，家里只留一个劳动力，全家同样享受供给。据对第四生产队的调查，全队就有17户社员家中有劳动力在外边干活，其中有11户占了供给制的便宜。而那些劳动力多、挣工分也多的户反而吃亏，他们说："提起供给制，叫人生气，多劳不多得，少劳不少吃，不管干不干，一天三顿饭。"有个社员对调查组说，干部宣传供给制是"共产主义因素"，为什么干部不实行三七开的供给制，光叫农民实行供给制呢？也有的社员说："挣钱多自己得不到，给人家养活老婆孩子"，"明明自己吃亏，也不敢提，说了就得挨辩论，真是哑巴吃黄连有苦说不出。"

在座谈和讨论中，社员对供给制的态度也各不相同。第五生产队在讨论这个问题时，有两个亲兄弟为此还争吵起来了。哥哥王忠，5口人，1个劳动力；弟弟王祥，3口人，1个半劳动力。哥哥说："有了供给制，我这几年不错，干活劲头高了，再也不愁吃穿了。"弟弟说："你生活好了，还不是大家替你养活老婆孩子。你说合理，我看不合理。"

讨论的结果是，大多数社员只同意对五保户和困难户实行供给制。他们认为，对五保户和困难户不能不管，不能自己吃干的，他们连稀的也吃不上，但除了对五保户和困难户实行全部或大部分粮食供给外，其余全部要按劳分配。[1]

3. "一定要搞好调查研究"

这次调查研究，在共和国历史上是规模空前的，党的第一代领导集体的成员都深入农村调查，从中央到县级以上各级党委都组织调查组，写出了大量的调查报告，了解到了许多曾经不知情的真实情况，发现了人民公社中存在的大量问题，并在调查中找到了解决问题的对策。通过近两个月的调查，许多事关人民公社的政策问题基本明朗，对农业"六十条"草案需要修改、补充和明确的地方也大体明确。在此基础上，1961年5月21日至6月12日，中共中央在北京召开工作会议。会议的主题是讨论和修改广州会议制定的"农业六十条"（草案），同时制定精简城市人口、压缩粮食销量方案，对几年受到错误批判和处分的党员干部进行甄别平反。

会上，党的领导人对几年出现的失误和错误作了认真的分析。毛泽东在会上承认，两次郑州会议开得仓促。第一次就是搬斯大林，讲了一次他写的《苏联社会主义经济问题》。第二次就是分三批开会，第一批是一天，最后一批是一天半，问题并没有解决。那时心里想着早点散会，因为三月份春耕来了。如果要把问题搞清楚，一天两天是不行的。时间短了，只能是压服，而不是说服。庐山会议后，错就错在不该把关于彭、黄、张、周的决议，传达到县以下。应该

---

[1] 中共吉林省委、农安县委调查组：《烧锅局子生产大队实行供给情况的调查》，1961年5月6日。

传达到县为止,县以下继续贯彻《郑州会议记录》、上海会议的十八条,继续反"左"。一反右,就造成一个假象,可好了,生产大发展呀,其实不是那样。军队不搞到连队,地方不搞到公社以下去就好了。搞下去就整出了许多"右倾机会主义分子"。现在看是犯了错误,把好人、讲老实话的人整成了"右倾机会主义分子",甚至整成了"反革命分子"。

毛泽东强调:"一定要搞好调查研究。一定要贯彻群众路线。平调的财物要坚决退赔,但不要有恩赐观点。还有一个,凡是冤枉的人都要平反。"他深有感触地说:"社会主义谁也没有干过,没有先学会社会主义的具体政策而后搞社会主义的。我们搞了十一年,现在要总结经验。"

最后,毛泽东说:"经过三月广州会议、这次北京会议,今年的形势跟过去大不相同。现在同志们解放思想了,对于社会主义的认识,对于怎样建设社会主义的认识,大为深入了。为什么有这个变化呢?一个客观原因,就是1959年、1960年这两年碰了钉子。有人说'碰得头破血流',我看大家的头也没有流血,这无非是个比喻,受了苦就是了。"[1]

刘少奇就经济困难的原因及克服的办法作了讲话。刘少奇说,现在,各方面的矛盾,如工业和农业的矛盾,文教和其地方面的矛盾,都集中表现在粮食问题上。总而言之,人人都要吃饭。城里人要吃饭,乡下人也要吃饭,读书人要吃饭,我们这些"做官"的人也要吃饭。人不只是吃饭,还要吃油、吃肉、吃鱼,要有副食品。没有那些东西吃,

---

[1]《毛泽东文集》第八卷,人民出版社1999年版,第273—277页。

即使粮食不减少,身体也要坏。这几年,农民的身体弱,工人的身体也弱,主要是副食品少了。现在连城市里面、学校里面,也有不少浮肿病人。学生的口粮一般不少,主要也是油、肉、鸡蛋这些东西吃得少了。

刘少奇说,现在地主阶级被我们打倒了,实际上是城里人跟农民争饭吃,争肉吃,争油吃,争鸡蛋吃,争棉花,争麻,等等,很多东西统统被收购起来,农民很不高兴。这样一来,就使工农之间发生了尖锐的矛盾。这个矛盾不解决是很危险的。它对我们的无产阶级专政,我们的国家,甚至于我们的社会,能不能继续维持和发展下去,是一个很严重的问题。

刘少奇对高级干部们说:"为什么会搞成这个样子呢?我看,在农村里面,我们的工作有缺点错误,也有天灾;在城市里面,在工业方面,我们的工作也有缺点错误。农业方面是高指标、高征购,等等。工业方面也是高指标,横直要搞那么多钢材,那么多煤,那么多交通运输。文教也是这样。结果,把原材料和各种东西都搞到这些方面来,其他方面就没有了,势必挤了农业和轻工业。这是从中央起要负责的。"

一个时间以来,党内有相当多的人不愿承认严重困难的现实,并且认为虽有困难,但困难主要是自然灾害造成的。经过40多天的湖南农村调查,刘少奇对困难的严重程度及原因有了深入的了解。他问高级干部们:"这几年发生的问题,到底主要是由于天灾呢,还是由于我们工作中间的缺点错误呢?"他借用在家乡调查时农民们对他说的一句话,对此作了回答:"三分天灾,七分人祸"。

刘少奇说:"总起来,是不是可以这样讲:从全国范围来讲,有些地方，天灾是主要原因，但这恐怕不是大多数；在大多数地方，我们工作中间的缺点错误是主要原因。"

"大跃进"以来，在成绩与缺点的问题上，人们总习惯于用九个指头与一个指头，来形容二者的关系。总是讲成绩是九个指头，缺点和错误是一个指头。因而也使得党内形成了一股不愿正视缺点和错误的现象，往往用所谓九个的指头，去掩盖本已十分严重的缺点错误，使之不易发现和纠正，也使党内难以开展正常的批评与自我批评。对此，刘少奇严肃地指出："有的同志讲，这还是一个指头和九个指头的问题。现在看来恐怕不只是一个指头的问题。总是九个指头、一个指头，这个比例关系不变，也不完全符合实际情况。我们要实事求是，是怎么样就是怎么样，有成绩就是有成绩，有一分成绩就是一分成绩，有十分成绩就是十分成绩。成绩只有七分就说七分，不要多说。我们这几年确实做了一些事，也做了一些不见效的事情。我们在执行总路线、组织人民公社、组织跃进的工作中间，有很多的缺点错误、甚至有严重的缺点错误。"他甚至说："如果现在我们还不回头，还要坚持，那就不是路线错误也要走到路线错误上去。所以在这个问题上，现在要下决心。"

接着，刘少奇语重心长地说："恐怕应该得到经验教训了。农民饿了一两年饭，害了一点浮肿病，死了一些人，城市里面的人也饿饭，全党、全国人民都有切身的经验了。回过头来考虑考虑，总结经验，我看是到时候了，再不能继续这样搞下去了。"[1]

周恩来在会上对几年来在经济建设方面的经验教训，谈了自己

---

[1]《刘少奇选集》下卷，人民出版社1985年版，第335—338页。

的体会。他说,庐山会议以来,由于我们缺乏分析,而把"反右倾"和工作上的问题混淆起来,更重要的是没有实事求是,所以尽管想搞好一点,结果却是适得其反。一切都搞全民化,动摇了集体所有和全民所有,得罪了小资产阶级。另外,在分配上的平均主义,劳动关系上的命令主义,上层建筑上的规章制度一般化、简单化,认识上的主观片面性,作风上的"五风"问题,有些问题在理论上也说不通,如以农业为基础,但是农林牧副渔普遍减产了;以工业为主导,由于战线拉得太长也不起主导作用了。

周恩来表示,工作中出现的这些缺点错误,中央应负很大责任,中央主要是书记处和政府部门。他说:"有些事情发生问题,就是因为我们没有调查,摸得不细,心里没底"。[1]

为了克服工作上的缺点,周恩来认为必须从思想方法上解决六个方面的问题:(一)不断革命论和革命发展阶段论要相结合,不能只要不断革命,超越了革命发展阶段;(二)主观能动性和客观可能性要相统一,如果过分强调主观能动性,对客观可能性估计不足,结果必定要破坏生产力;(三)革命热情和科学精神要相结合,有了创造性、预见性,还要有科学性,不能以感情代替政策;(四)正视困难和克服困难是相一致的,承认矛盾就要允许讲困难,只有发现矛盾,解决矛盾,矛盾才能统一;(五)理论和思想不应脱节,在具体执行中,不能把理论问题歪曲了;(六)必须认识经济发展的规律,违背客观规律,必然要碰壁。[2] 周恩来认为,要解决上述六个方面的思想认识问题,就必须调查研究,实事求是,实行民主集中制,

---

[1]《周恩来传(1949—1976)》(下),中央文献出版社1998年版,第637页。
[2]《周恩来年谱(1949—1976)》中卷,中央文献出版社1997年版,第412页。

做到坚持真理，修正错误，发扬党内民主。

陈云在小组会议上发言说，调查研究要下基层去，同时也要注意在周围干部中间多听反面的意见，这也是调查研究的一种重要方法。反面意见有正确的成分，可以吸收过来，使正确意见更加完备。即使是错误的，也可以起到使正确意见更加正确的作用，因为驳倒错误的过程，就是生长正确的过程。他还讲到了对农民的退赔问题：对农民退赔估计全国有150亿至200亿元，每年要拿出20亿元，其中，中央拿15亿，地方拿5亿。要下决心彻底退赔，这是恢复政治信仰的问题，不要以钱计算，即使有400亿元也要退赔。煤、铁、木、竹等作为退赔的东西，要列入计划，它在政治上比钢铁还硬。我们讲了话要算数。[1]

陈云还在中央工作会议上专门就精减职工和城市人口下乡问题讲话。他指出：农村的情况，这个年度比上个年度要好一点，下个年度会更好些，因为农民的积极性起来了，但现在看，国家掌握的粮食，明年将比今年度还要紧张，因为库存减少了，要解决粮食紧张问题，一是继续调整党在农村的基本政策，二是工业要大力支援农业，三是进口粮食，四是动员城市人口下乡。这四条中第一条是根本的，第二、三两条有时间和数量的限制，第四条则是必不可少的。

陈云进而分析说，现在问题的实质，就是城市人口如果不下乡，就只好再挖农民的口粮。虽然有了"十二条"和"六十条"，但是，如果粮食的征购任务不减少，这些政策就起不到应有的作用。因为农民最后还是要看国家征购多少粮食。如果征购还是那么高，农民

---

[1]《陈云年谱》下卷，中央文献出版社2000年版，第79页。

还是吃不饱,那么,他们的积极性仍然不会高。"所以,面前摆着两条路要我们选择:一个是继续挖农民的口粮;一个是城市人口下乡。两条路必须选一条,没有什么别的路可走。我认为只能走压缩城市人口这条路。"[1]

由于国民经济遭到严重困难,最直接的表现就粮食缺乏,虽然压低了城乡人口的口粮指标,决定进口部分粮食,但随着农村调查的进行,党的领导人发现,农村的形势远比他们想像的严峻,农业生产要在短期恢复困难很大,广大农民急需休养生息,不能再在农村实行高征购,靠正常的办法不可能解决粮食问题,现在最直接也是最根本的,只有大幅度减少吃商品粮的城镇人口。因此,此次中央工作会议制订了《关于减少城镇人口和压缩城镇粮食销量的九条办法》,规定3年内减少城镇人口2000万以上,本年内减少1000万。

4. "农业六十条"的重大修改

5月中央工作会议的一项重要成果,是对《农村人民公社工作条例(草案)》中关于公共食堂和供给制的内容作了重大修改,对生产大队的山林、社员的房屋和干部纪律作出了明确规定,最后形成了《农村人民公社工作条例(修正草案)》。

对于公共食堂,"农业六十条"修正草案第36条规定:在生产队办不办食堂,完全由社员讨论决定。凡是要办食堂的,都办社员的合伙食堂,实行自愿参加、自由结合、自己管理、自负开销和自由退出的原则。这些食堂,都要单独核算,同生产队的财务分开。

---

[1]《陈云文选》第三卷,人民出版社1995年版,第161页。

生产队对社员办的食堂,应该给予可能的支持和帮助,但是在经济上不应该有特殊的待遇。对于参加和不参加食堂的社员,生产队都应该同样看待,不能有任何的歧视。社员的口粮,不论办不办食堂,都应该分配到户,由社员自己支配。口粮分配到户的办法,可以在收获后一次发,也可以分期发。[1]

对于供给制问题,"六十条"修正草案取消了原草案中关于社员分配中供给部分和工资部分"三七开"的规定,改为社员一切收入都"按劳动工分进行分配"。

对于山林问题,修正草案增写了一条即第21条,主要内容是:原来高级社所有的山林和大队新植的林木,一般都归生产大队所有,固定包给生产队经营;少数不便于生产队经营的,由大队组织专业队负责经营;对于不在计划之内和不合规格的采伐,生产大队和生产小队都有权制止。

对于社员的房屋,修正草案第43条规定:社员的房屋永远归社员所有,任何组织和个人,都不得强迫社员搬家。任何机关、组织、团体和单位,都不得占用社员的房屋;如因建设需要必须征用的,应该严格按国务院有关征用民房的规定,给予补偿,并且对移民户作妥善安置。

人民公社一大二公的体制,客观上造成了少数社、队干部的瞎指挥和强迫命令的工作作风,也便于其搞生活特殊化。1960年下半年,各地开始了以纠正"共产风"为中心内容的整风整社运动,对改进干部作风起了一定的促进作用,但是,这个问题没有从根本上

---

[1]《建国以来重要文献选编》第十四册,中央文献出版社1997年版,第401页。

得到解决。据习仲勋对河南省长葛县和尚桥人民公社的调查，1960年11月中共中央《关于农村人民公社当前政策问题的紧急指示信》下发后，"五风"虽然刹了车，但干部作风和工作方法还没有彻底改变。主要表现是不作调查研究，自上而下布置任务多，自下而上反映群众要求少，文件多，会议多，报表多；群众路线的工作作风差，事情很少同群众商量，光要群众听干部的话，干部很少听群众的话；党委包办行政事务，书记事情很多，什么事情书记都要管。[1]

干部作风问题曾较早地引起了中共中央的注意。1960年12月下旬的中央工作会议期间，毛泽东就要胡乔木借鉴红军的经验，搞一个党政干部三大纪律、八项注意的稿子。胡乔木很快就写出了初稿，毛泽东看后觉得太复杂，不如红军三大纪律八项注意简单明了。根据毛泽东的意见，胡乔木作了二次修改后，1961年1月底发给了各中央局和各省、市、自治区党委讨论修改，并要求于3月底将修改意见报送中共中央。由于广州中央工作会议时，一些地方没有报来修改意见，加之党内也没有对此进行深入的讨论，广州会议通过的"农业六十条"草案中，没有写上有关三大纪律八项注意的内容。通过调查了解，中共中央感到，有这样一个纪律约束，对于端正干部作风是十分必要的。

"农业六十条"修正草案增设了公社各级干部三大纪律、八项注意一条。三大纪律是：(一)如实反映情况；(二)正确执行党的政策；(三)实行民主集中制。八项注意是：(一)参加劳动；(二)以平等的态度待人；(三)办事公道；(四)不特殊化；(五)工作要同群众商量；

---

[1] 习仲勋：《河南长葛县和尚桥人民公社整风整社问题的调查》，1961年5月15日。

（六）没有调查没有发言权；（七）按照实际情况办事；（八）提高政治水平。

这次中央工作会议通过了《农村人民公社工作条例（修正草案）》，并且通过了《中共中央关于讨论和试行〈农村人民公社工作条例（修正草案）〉的指示》，要求各级党组织都要详细研究这个修正草案，抓紧利用农闲时间，把修正草案读给和讲给人民公社全体党员和社员听，深入地展开讨论，并且在群众同意的基础上，领导群众逐步实行。要将这个工作条例的每条、每款，一字不漏地、原原本本地告诉群众，要防止一部分干部把那些不符合自己口味的规定不告诉群众，或者任意加以篡改。

"农业六十条"修正草案的上述重要修改，是毛泽东、刘少奇、周恩来等党的第一代领导集体和党的各级领导干部，在广泛调查研究的基础上所作出的，表明中共中央在农村政策上有了重大突破，它对于扭转农村困难局面发挥了重要作用。

为彻底肃清"共产风"，1961年6月19日，中共中央作出了《关于坚决纠正平调错误、彻底退赔的规定》，要求把自人民公社化以来，县级以上党政机关和企事业单位及各公社、生产大队、生产队，凡是违背等价交换和按劳分配原则，抽调或者占用了生产大队、生产队和社员个人的生产资料、生活资料、劳动力和其他财物的，都必须彻底地清算和退赔，并且向群众作检讨。《规定》强调要通过彻底退赔来教育干部，"要使我们的干部懂得，只有彻底退赔，才能恢复广大农民群众对党的政策的信任，才能使农民心情舒畅，要使干部认识，任何时候都不能剥夺农民；对于人民公社的三级集体所有制，对于社员的个人所有制，都不容许有任何侵犯，要通过这一次彻底退赔，来教会干部懂得等价交换和按劳付酬的社会主义原则，使他们真正学到，好像上了一次学校"[1]。

5月中央工作会议后，各地对农业"六十条"修正草案作了广泛的宣传贯彻。这是一个顺民心、得民意的文件，自然得到了广大农民的衷心拥护。尤其是办不办公共食堂完全由社员自愿的规定和取消供给制，最受农民欢迎。"农业六十条"（修正草案）公布之后，广西区党委调查组对石龙县的三里、象州、寺村、罗秀等公社，就"农业六十条"宣传后的反应做了一次调查。调查组给区党委的报告中说："食堂确实是一个大盖子，只要一揭，如沸汤漫溢，不可遏止。对干部来说，又确实是一个大框框，有许多迷信，破除不了，但只要交给社员讨论，又如疾风卷浮云，很快会吹得天气晴朗。盖子是我们上边盖的，框子是我们上边做的。有了盖子和大框框，基层干部才又套上许多小框框。大框框是社会主义阵地，小框框是一些清规戒律。大框框一拆除，小框框也随之开放。当把"六十条"和"十七条"（按：指广西区党委制订的十七条补充规定）向社员做了宣传，并且领导明确表明态度之后，社员立即沸腾起来，成为一时舆论的中心。"

这几个公社对于办不办食堂开始还有一些争论，有个别干部提出一些不同意见和疑问，如有人说："散了食堂，会影响出工。"但马上被人反驳说："高级社没有食堂，为什么出工比现在还整齐？"有人说："分米回家，有人要吃过头粮。"又被反驳说："农民有两件本事，一会种田，二会过日子，用不着担心。"有人说："回去没有锅头。"主张解散食堂的人说："没锅头，脸盆可以煮。"有的说："食

---

[1]《建国以来重要文献选编》第十四册，中央文献出版社1997年版，第434页。

堂东西不好分。"又被反驳说:"怎么不好分,上起房子,下至锅碗瓢勺,哪一件不拿自社员,各人拿回去不得了。"

"农业六十条"(修正草案)中明确取消供给制也深为社员所拥护。三里公社台村大队一个妇女对上级派来的工作队干部说:"好比上楼,你们连梯子都未搭好,就想一步跨上楼,那怎么行?"有的社员,把实行供给制看成是给共产党打长工。象州公社有一对兄弟俩,在地里做活,哥哥对弟弟讲:"算算,够买口粮工分了没有。"不够,继续做,够了,就马上停工回家。宣布取消供给制后,社员们说:"说一百次,也教育不了懒人,这一下,从根本上把问题解决了。"[1]

在贯彻"农业六十条"之前,河北丰润县小集公社供给和工资的比重,虽然在大队算账都没有超过三七开,但由于生产队的许多收入都没有计算在内,食堂的用工统于生产队内分红,实际核算的结果,最少的是四六开,一般的达到对半开,有的成了倒三七开。因此分红很少,占供给制便宜的人增多。群众说这是"鹰饱不拿兔,鸟饱不出窝",劳动好的社员对此意见很大,对生产的积极性影响也最大,说那些不积极劳动的人是"三先""三省""一自在",即到食堂打饭在先,分实物抢先,买东西争先;省心、省劲、省衣服;光吃饭,不干活,清闲自在。有的社员看到这种状况后说:"这样下去,人们生产情绪低落,粮食减产,体质减弱,猪只减少;再过5年,不用帝国主义侵略,我们自己就得灭亡。"

在贯彻"农业六十条"后,小集公社社员的出勤率普遍提高。柳河大队社员王廷绪,年龄50多岁,过去以自己年老为借口,总是

---

[1] 中共广西区党委调查组:《关于中央"六十条"宣传后的一些调查材料》,1961年6月7日。

挑轻活干。贯彻"农业六十条"后,在栽白薯时也挑起水来了,别人问他今年咋变样了呢?他回答说:"政府变了(指纠正平均主义,克服瞎指挥风),我也变了。""今年遂心的事多,不遂心的事少,过去是上级要劲(跃进),现在是社员鼓劲。"[1]

河北省滋县成安公社周化店和小堤西两个大队的干部和群众,总结出宣传贯彻"农业六十条"后有十大变化:

一是群众的心情大为舒畅,他们说:"六十条进了村,大家越讨论越痛快,好像一把钥匙,把心里的疙瘩捅开了。"他们说最近有四大高兴,一为下放食堂;二为按劳分配,多劳多得;三为建立作业组,实行小包工;四为领导愿意听群众的话,社员能够当家作主。

二是干活积极,出勤率大大提高。两个大队的出勤率由原来的60%多提高到98%,许多辅助劳动力也积极参加劳动了。

三是改变了干活"一窝蜂",工效显著提高。小堤西大队实行小段包工以来,许多人天刚亮就下地,日落还不回家。干部反映,过去是三等(等打钟,等喊叫,等人到齐),现在上工是"自动化",每天劳动时间,由过去的5个半小时增加到9个小时。

四是由不愿养猪到家家养猪。周化店大队仅一个月的时间,社员就买猪20头。

五是许多人盖修房屋、院墙和厕所。社员说:"现在想过好时光的心劲起来了。"

六是新开了小片荒地,两个大队共开荒地40多亩,种上了高粱、谷子和红薯。

---

[1]《唐山地委关于贯彻执行农村人民公社工作条例(草案)试点工作的报告》,1961年5月23日。

七是拾粪积肥的人多了,溜溜逛逛的人少了。

八是弃农经商的人由 72 人下降为 2 人。

九是超龄学生回家生产了。

十是社员敢提意见的多了,害怕干部的少了,周化店大队第七生产队队长作风恶劣,贯彻"六十条"后一个队分成两个队,社员们为防止干部贪污多占,自动组织起来看管仓库,要求清点食堂家底,生产队长和会计为此非常恼火,组织"辩论会",威胁说要将带头的社员送公安局,可社员不怕,坚持清点了仓库。他们说:"毛主席要社员当家作主,给咱们壮了胆,无论啥事都能办好。"[1]

---

[1] 谢富治:《粮食包产和分配问题——成安公社调查之四》,1961 年 5 月 13 日。

八、为下放核算单位再调查

1. "三包一奖"解决不了平均主义

"农业六十条"草案和修正草案,是全党恢复实事求是传统和大兴调查研究之风取得的一个重要成果。"农业六十条"修正草案公布后,各省、市、自治区分别召开三级干部会议,统一思想认识。各级党组织还召开各种形式的座谈会,在了解存在的具体问题的基础上,有针对性地宣传"农业六十条",并结合各地的实际制定一些补充规定。在此后两三个月的时间里,农村的"共产风"基本上得到遏制,党同农民的关系有了改善,农民的生产积极性显著提高,各地的生产普遍有了起色。

据中共中央农村工作部1961年8月24日《关于各地贯彻执行六十条的情况和问题》的简报,这些变化主要表现在:

(一)初步调整了社、队规模。到1961年8月下旬,全国27个省、市、自治区人民公社的总数增加到55682个,比调整前增加了30478个;生产大队为708912个,增加225098个;生产小队为4549474个,增加1561306个。

(二)退赔已经部分兑现,公社化以来全国平调总数大约为250

亿，已退赔20%—30%。

（三）进一步确立了以生产大队为基础的三级集体所有制，基本上制止了瞎指挥风。

（四）给社员分配和补充了自留地，发展了家庭副业。

（五）普遍地恢复了"三包一奖"和定额管理、评工记分等制度。

（六）过去用行政命令方式组织的"全民食堂"大部分有领导地散了，剩下20%左右是群众自由结合的合伙食堂和农忙时的劳力食堂。

（七）普遍地实行了粮食分到户的办法。

（八）多数地方对今年夏收比较重视，"三包一奖"、按劳分配等比去年执行得好。

（九）各地普遍地重视了人民公社的经营管理工作。

（十）在中央的正确政策领导下，各地对于恢复和发展生产，有了更大的信心。[1]

但是，"农业六十条"的贯彻执行在各地也存在一些问题，如对"共产风"的退赔很不彻底，其中退赔到社员手中的，仅占平调数字的20%—30%；有的地方没有按规定给社员留足自留地，也有的地方没收社员自留地的粮食顶上交任务或顶分配口粮，一部分干部仍认为自留地和自由市场是资本主义，怕其影响集体生产，怕社员搞"自发"（即自发搞资本主义）；平均主义的思想仍然存在，在夏收分配中，一些地方对该奖的生产队不敢奖，该罚的不敢罚，有的生产队仍一律按人口平均分配口粮；广大群众对"农业六十条"既热烈拥护，

---

[1]《建国以来农业合作化史料汇编》，中共党史出版社1992年版，第647—648页。

但又普遍存在"怕变"的心理。

尤其重要的是，"农业六十条"草案和修正草案贯彻落实后，虽然社、队规模有了缩小，但以生产大队为基本核算单位没有改变，大队仍然承担着"统一管理各生产队的生产事业"，"在全大队范围内统一分配归大队所有的产品和收入"的职能，生产大队对生产实行包工、包产、包成本、超产奖励的"三包一奖"制度，生产队仅仅是一个组织生产的单位，没有生产经营的自主权和劳动产品的处分权，这就使得生产队之间的平均主义问题依然没有从根本上解决。

山东省历城县南郊公社东八里洼大队有5个生产队，各队的生产条件基本相同，第一生产队生产好、增产多，超产粮食18000斤，第二生产队只超产4000斤，结果大队从第一生产队提走超产粮9000斤，从第二生产队只提走了2000斤。第一生产队感到吃亏很大，又听说第二生产队搞了瞒产私分，实际超产粮不止那么多，更感到吃亏，该队队长干脆躺倒不干了。[1]

包工、包产、包成本、超产奖励的"三包一奖"办法，没有真正解决生产队与生产队间的平均主义问题。湖北武昌县锦绣生产大队的社员说："养儿当兵，种田纳粮，我们没有意见，就是对明明看到我们队生产的粮食，调给别的生产队吃，思想不通。"因为怕别的队把本队的粮食调跑了，富队的生产也不积极了。就是多产，也瞒起来，不向上报，怕别的队调走，收下粮食就私分，浪费、偷盗现象也多起来。队长一管，群众就骂他是个"勺"（湖北方言，"傻"之意）。他们说："别的队都在浪费、偷盗，为什么管我们这样紧？"

---

[1] 中共山东省委农村工作部：《关于农村人民公社体制问题的座谈意见》，1961年3月17日。

群众之间也互相不监督了,怕自己偷少了便宜了别的队。

为了解决穷队与富队的矛盾,这个大队想了许多办法,先是搞"三包",按作物和面积,包工、包产、包成本,但土质好坏、耕作难易、水利阳光等千差万别,分类排队、分丘分块搞不准,队长只好要求各生产队"不要斤斤计较",并许诺到了处理奖赔时保证合理。可是一到处理奖赔,又发生了一个更大的不合理:劳力多、土地少的队,单产高,以单产乘总面积得出来的总产,超产多,得奖也多;而土地多、劳力少的队,单产低,再努力,总产也达不到包产的产量,结果不奖反赔。

"三包"不行,又搞土劳平衡,也就是重新调整土地、耕牛、农具等,这样一来,不论是调进还是调出的都有意见,也行不通。于是,又来了一个"按常年产量包总产"。这一办法看似简单,但到底以哪一年为正常年景,各生产队间也是争得一塌糊涂,而且只讲包总产,不讲包产值,有的队旱地多,种的麦子、大豆多,产量不高但产值高,而有的队水田多,稻谷多,产量高但产值低,结果该卖小麦、大豆的队也不愿意出卖了。对此,干部和社员们说,"六十条"政策好,要是再有一条政策解开这个疙瘩,那就全好了。

这个大队的群众还说,自从办起高级社以来,年年制定"三包",调整"三包",处理"三包",从正月初一到腊月三十至少有 5 次吵"三包"的高潮,每次总吵个半个月 20 天。开干部会不行,开社员代表会;社员代表会不行,开群众大会。开会把人熬到眼泡肿,还是搞不合理,只好说:"算了,算了,今年不说了,明年再来。"[1]

据中共中央东北局和辽宁省的调查,阜新县的富荣、大板两个公社

---

[1] 中共孝感地委工作组:《武昌县锦绣生产大队试行以生产队为核算单位的调查》,1961 年 8 月 12 日。

队与队之间的平均主义十分严重,首先是生产资料"抽肥补瘦",穷富拉平。1956年成立高级社时,就对各生产队的土地、耕畜、农具无偿地进行了统一调整,使生产资料少的"共"了生产资料多的产。1958年成立人民公社后,又多次在生产队之间搞"一平二调"。这个公社的黑帝庙大队1958年以来队与队间无偿调剂串换耕地54垧,耕畜18头,把一个初级社时人强马壮、农具齐全、收入水平很高的土地营子生产队,抽调得只剩下"老牛破车疙瘩套",生产队的生产和社员生活都大幅度下降。

这两个公社在"三包"中不是以产定工、以产定成本,而是按垧定产、定工、定成本,增产多的队,因为投资大、用工多,超产不奖励,多投的工和钱由生产队负担,实际等于挨了罚。相反,不好好经营以致减了产的队,因为投资和用工都少,不但不挨罚,而且还可以把节约的工日和财务包干费来分配。在粮食分配时不根据生产队生产的好坏、打粮多少,而是统一规定一个口粮标准,又不实行粮食超产奖励,使生产好的队不能多吃,生产差的队也不少吃。征购粮则实行大队统一交售,减产队完不成任务,就由增产队来负担。工资分配也不是根据各队劳动日创造的价值高低计算评定,而是统一规定一个劳动日值,不管生产队生产好坏、效益高低,全大队统一工分分值。黑帝庙大队土地营子生产队1960年总收入为15800元,扣除生产费和公共积累,每个劳动日值(包括供给部分)为0.96元,安其营子生产队总收入为5032元,平均劳动日值0.18元。大队按统一标准分配后,这两个队的平均工值都是0.2元,土地营子生产队吃亏很大。[1]

---

[1] 冯纪新:《关于两个平均主义问题的调查报告》(草稿),1961年5月3日。

另据河北省委工作组在保定地区的调查，满城县城内生产大队为了搞"三包一奖"和夏秋分配，大队和生产队两级，春、夏、秋三季要搞 5 次 10 套方案，要算 49 个百分比，1191 笔账。群众说："年年搞三包一奖，年年稀里糊涂，吃亏沾光心里不清楚。"干部和会计人员反映，搞"三包一奖"一年有三愁："算账、吵嘴、熬油灯"。实行"三包一奖"，对社员应分部分的分配方法是，把包产以内的总收入刨除扣留部分后，全大队按照一个平均工值进行分配。这样，使收入多的队不能多分，收入少的队也不少分。虽说有超产奖励，但奖励的产量往往只占超产量的很小一部分，超产的大部分交给了大队。对此，群众不满意地说："这好比新出嫁的姑娘住娘家，带回去的东西少，拿走的东西多。"

在"三包一奖"中，因为分配是按一个平均包工值确定的，包工多包产低的队就会多分，包工少包产高的队就会少分。河北涿县西皋庄大队，1960 年包产时第二生产队有 10 亩低洼地，每亩只包产 28 斤豆子，每亩包工 9 个。这个队算了一笔账，就算这 10 亩豆子颗粒不收，按亏产罚 30% 计算，共要罚款 8.4 元；每亩包工 9 个，按每个工决算时分值 0.35 元计算，能分款 31.5 元。除去赔款还净得 23.1 元。如果把这些工用去搞副业，还可得 100 多元。其他队的社员说："三包一奖好是好，就是投机取巧管不了。"[1]

为克服"三包一奖"的弊端，前面说及的湖北武昌县锦绣大队，针对"三包"搞了好几年，各种办法都想到了，变来变去总是出现不合理的情况，大队的干部经过反复讨论，最后认为在目前条件下，

---

[1] 中共河北省委工作组：《关于分配大包干的调查报告》，1961 年 8 月 17 日。

只有实行以生产队为单位进行分配核算，才能解决队与队之间的矛盾。以生产队为核算单位，除了完成国家征购任务和上交大队以外，其余的都归生产队自己分配，社员对生产、收入、分配都有了底，民主办社、勤俭办社才能实现，生产队和社员的积极性才能充分发挥出来。最后，经过充分讨论，报经孝感地委批准，这个大队决定试行以生产队为单位分配核算，大队向生产队实行"新三包"，即包征购任务，包上交公积金、公益金，包大队行政费。生产队生产的东西，完成"新三包"后，自劳自得，按劳分给社员。大队提留按生产队总收入的10%提，其中公积金5%，公益金3%，行政管理费和大队干部补助2%。在公益金和行政管理费中，提一部分实物，解决五保户的生活需要，照顾烈军属的困难和大队干部的补助。实行"新三包"后，生产队非常满意，社员的积极性大增。他们说，分配权下放，生产的东西，除了提成都是我们的，收多收少都归本生产队分配了，再不积极干，那就太"勺"了。[1]

河北保定地区的唐县、定县、满成、安国一些公社，则创造了"分配大包干"（群众叫做"老包干""砸估堆"）的办法。"分配大包干"的特点是：按照"农业六十条"修正草案规定的比例，大队从各生产队的总收入中，提取农业税、公积金、公益金、生活费、管理费之后，剩下的都归生产队；生产队除按照有关规定提留自己的生产费用和管理费用外，都按本队社员实出工数进行分配。这样经营好的队可多分而不多摊，经营差的队少分而不少摊，从根本上防止了队与队之间的平均主义。这种方法，实际上是将生产队作为核算单位。

---

[1] 中共孝感地委工作组：《武昌县锦绣生产大队试行以生产队为核算单位的调查》，1961年8月12日。

八、为下放核算单位再调查　　323

保定地委关于分配"大包干"给河北省委的报告

中共保定地委

关于"分配大包干"问题向省委的报告

1961年9月8日

在宣传"六十条"的时候，同群众讨论"三包一奖"时，发现有生产大队实行一种与"三包一奖"不同的办法。群众叫它"老包"、"硬估堆"，我们称之为"分配大包干"。凡是实行这种办法的大队，队内部"五风"问题不大，外部"五风"到队内也被化小了。因此，这些队的生产逐年稳步提高，群众生活很好。对此，引起了我们的注意，组织力量专门作了调查，并选择了生产条件不同的大队进行了试点。同基层干部谈起来，他们都说："这是土办法、庄稼腿、简便、又合理"。

从现在实行的"分配大包干"来看，有几种不同的作法：

第一种是唐县张显口、定县八里店、安国南旺等大队，实行的"整提取、粮食征购按队平摊，消费部份，超产部份由队分配"的办法。这些大队是以各生产队的人口、土地、劳力、牲畜、农具基本平

— 1 —

干部和群众认为，实行"分配大包干"后，"丝罗子事少了"。大队干部说：大包干以前，从春天作计划开始，到年终决算分配为止，一年到头"丝罗子事"不清，把工夫都用在事务上，不能很好地搞生产。在包干后，哪个队干得好就多吃点、分多点，各队相互什么搅缠都没有。生产队干部说：过去足着劲闹本位，向大队争粮、瞒产，现在足着劲往地里使，争生产。此外，"生产队有了底码了"，生产队的责任制更加落实，经营管理权限明确了，各生产队都是干着今

年，盘算明年。"大伙的家大伙当"，过去许多事情顶多大队干部同生产队干部一商量就定了，如今一个生产队里，收入多少，开支多少，办什么，花多少钱，都与社员有直接利益关系，非同社员商量行不通。过去有人糟蹋粮食无人管，反正大队几百户那点粮食没我多少；大包干后谁要是拿队里一穗粮食，只要有社员看见就会出来制止，他们说：多收一把咱也有份。

中共保定地委调查后也认为，"分配大包干确是一种正确处理生产大队内部关系的好办法。它是符合人民公社以生产大队的集体所有制为基础的三级集体所有制这一根本制度的。它的实质问题是：更明确划分了大队与生产队的经营管理范围，适当地扩大了生产队的经济实权，更彻底地贯彻了'承认差别，多劳多得'的原则，避免了队与队之间的平均主义。"[1]

2. 毛泽东肯定分配大包干

这年7月，河北省委召开三级干部会议，专门讨论"分配大包干"问题。参加会议的人员绝大多数赞成"大包干"的做法，但也有少数人对此心存疑虑。正好这时毛泽东到外地视察路过天津（当时河北省委驻天津），河北省委向他汇报了唐县峒笼公社各生产大队实行"分配大包干"的做法，并且告诉他，这个公社实行"大包干"后，鼓励了社员生产积极性，粮食增产了，向国家交售的粮食多了，在困难时期群众生活安排得比较好，没有发生浮肿病。毛泽东听后认为这是一个好办法，指示河北省委继续试行下去。[2]

---

[1]《中共保定地委关于"分配大包干"问题向省委的报告》，1961年9月8日。
[2] 中共河北省委党史研究室：《领袖在河北》，中共党史出版社1993年版，第97页。

毛泽东一直把"农业六十条"当作他的心爱之作，对于贯彻执行"农业六十条"之后生产队之间存在的平均主义，也是他在"农业六十条"（修正草案）通过后关注和思考的一个重要问题。

1961年8月23日至9月16日，中共中央在庐山举行工作会议，重点讨论工业、粮食、财贸和教育等问题，但毛泽东此时的注意力仍主要在农业方面，关注农业"六十条"的执行情况。在会议的第一天，毛泽东说：

"我们有把握的、有成套经验的还是民主革命。民主革命搞了几十年，经过了陈独秀的错误，三次'左'倾错误，又经过了抗日战争时期的右倾错误，犯了许多错误，碰了许多钉子，最后经过了整风，才搞出了一套包括理论的和具体政策的为大家所公认的教科书。"

"讲到社会主义革命，则不甚了了。公社工作六十条，讲的是所有制、分配、人与人的关系，都是社会主义。这个问题究竟如何？你们说有了一套了，我还不大相信。不要迷信广州会议、北京会议搞了一套，认为彻底解决问题了。我看还要碰三年，还要碰大钉子。会不会亡国（蒋介石来，打世界大战）？不会。会不会遭许多挫折和失败？一定会。现在遭了挫折和失败，碰了钉子，但还碰得不够，还要碰。再搞两三年看看能不能搞出一套来。"

"对社会主义，我们现在有些了解，但不甚了了。我们搞社会主义是边建设边学习的。搞社会主义，才有社会主义经验，'未有先学养子而后嫁者也'。说没经验，已经搞了十二年，也有些，但也只有十二年。我们现在还处在斯大林时代即苏联两个五年计划时期。我们还没有原子弹。这不能怪我们，因为我们时间还短。……现在刚搞了一个'六十条'，不要认为一切问题都解决了。搞社会主义我们没有一套，没有把握。比如工业，我就不甚了了。计划工作怎么搞，现在总搞不好。"

毛泽东的这段话，大致反映了他当时的心情。对于"农业六十条"，他倾注了大量的心血，也希望有了这个东西，农村和人民公社的发展就有了规矩，就不至出大的乱子。但是，是否有了"农业六十条"，农村和人民公社就不会再出问题，农民的积极性就能提高，农村的形势就能根本好转，毛泽东心中也是没有底的。对于社会主义"不甚了了"，的确是他的肺腑之言。

在这次会议上，中共中央中南局负责人陶铸、王任重向毛泽东反映，"农业六十条"解决了生产队的问题，但土地、牲畜、劳力归生产队所有，而分配则以大队为基本核算单位，所有权与分配权有矛盾。如何解决这个问题，自决定起草农村人民公社工作条例以来，毛泽东一直在思考和探讨。

1961年2月，毛泽东在同浙江省委和湖南省委负责人谈话中，就提出了核算单位是以队（相当于"农业六十条"后的大队）为基础还是以生产小队（相当于"农业六十条"后的生产队）为基础的问题。他建议不要小队，把小队改为生产队，相当于原来的初级社，把生产队改为生产大队，要两个省考虑是将核算单位放在过去的高级社好还是放在初级社好，也就是放在生产队好还是放在生产小队好。这是党内最早提出可以将基本核算单位放在相当于后来的生产队。

广州会议期间，陶铸给毛泽东报告了一份关于广东南海县大沥公社沥西大队试行生产队包干上调任务的情况调查。沥西大队在试行"三包""四定"的基础上，在全大队实行统一分配的前提下，定死各生产队对大队的包干上调任务，完成上调任务后，超产部分全为生产队自行处理。试行这个办法后，各生产队和社员的积极性被进一步调动起来，整个大队的生产面貌完全改观。这实际上就是以生产队为基本核算单位。毛泽东认为这不失为一种解放生产大队内部平均主义的办法，就在这份材料上批写道："印发各同志，请各组讨论，这个办法是否可以在各地推广。"

但是，这份材料并未引起与会人员的太多注意。当时，人们关注的重点在供给制和公共食堂等问题上。因此，在"农业六十条"草案和修正草案中，都没有定死生产队对大队的包干上调任务的内容，而是强调要"认真执行包产、包工、包成本和超产奖励的三包一奖制"，并且重申生产大队是基本核算单位，这就不可能从根本上解决生产大队内部的平均主义。

1961年9月下旬，毛泽东在从外地视察回北京的途中，于9月27日在河北邯郸邀集河北、山东省委和邯郸、邢台、保定、石家庄、张家口5地委的负责人谈话。

谈话一开始，毛泽东问河北省委代理第一书记刘子厚："你们想扯什么问题？"

刘子厚回答说："还是上次谈的大包干问题。"

这正是毛泽东所关心的，他说："这是一个大问题。不以脚为基础，以腰为基础，脚去生产，腰在分配，闹平均主义。"

毛泽东问山东是怎么做的，山东省委分管农业的书记周兴介绍了山东一些地方搞大包干的情况。毛泽东说："噢！那就是交公积金、公益金、管理费，还有征购粮。我过济南时说，河北唐县有一个公社几年来连年增产，并不闹大队统一核算，统一分配，他们分配大包干，年年增产，生活好，也能完成征购任务，真正调动积极性靠这一条。三包一奖，算账算不清，强迫命令定局，搞平均主义。三包一奖搞了六年之久，从来没有搞清楚这个问题，反正他有办法对付你瞒产。"

刘子厚对此也颇有同感，说道："三包一奖太麻烦，保定有个调查，37道工序，49个百分比，1128笔账。张家口比较简单的办法，也有800多笔账。"

毛泽东说："这是烦琐哲学嘛。"

刘子厚说："很麻烦，光会计搞，许多大队干部文化水平低，不懂。"

毛泽东问："'三包一奖'是哪个发明这一套？中央来的吗？"

刘子厚说："我们晋县周家庄'三包一奖'说是搞得比较好的，是一帮知识分子在那里搞的，归根到底搞了个平均主义。"

毛泽东说："那么搞不瞒产才怪呢，或者瞒产，或者降低积极性。"

刘子厚说："三包一奖年年吵个一塌糊涂，一年至少吵四次，一次吵多少天。"

毛泽东说："最后吵得没办法了，来个强迫命令算了。"

在听取刘子厚汇报河北实行大包干的经过后，毛泽东说："广州会议时，河北要在全省实行小队核算。山东开了个座谈会，提出了这个问题：生产在小队，分配在大队，这不是矛盾吗？在广州开会时，我批了一个文件，让大家议一议，大家议的结果都不赞成。农村现在20户左右的生产队，有人说规模太小。20户不小了，山里头更小一些也可以，十来户，七八户搞一个核算单位。20户有八九十人，30个、40个整半劳动力，不算少啦。生产队有40来个劳动力，就是个大工厂嘛，再大了管不好。河北平均42户，有80个到90个整半劳动力，已经很大了。这个工厂难办，它是生产植物、动物的工厂，是活的，钢、铁是死的。"

刘子厚说："今年春天在北京开会讨论这个问题的时候，熟人开玩笑说，你们退到初级社了。"

毛泽东说："问题是搞不搞积累。大队、公社有一部分积累，就没有退到初级社。"接着，他又问保定地委书记李悦农："你们唐县那个公社有个材料没有？"

李悦农回答说："没有文字材料。唐县的峒笼公社11个大队，名义上是县对区都实行'三包一奖'，实际上是大包干，被评为'右倾'他们也不改，群众拥护。"

毛泽东说："他们粮食年年增产，牲口也很壮，照他的办就行了，还有什么讲的。"过了一会儿，毛泽东又说："整风整社，'六十条'是根据，可是'六十条'就是缺这一条。"

刘子厚又汇报到按劳分配问题。毛泽东觉得这是不成问题的问题，顺口说来："按劳分配就是搞嘛。还有什么问题？还讨论了什么？"刘子厚介绍了他们准备实行的实物分配办法。所谓实物，当然主要是粮食。毛泽东说："唐二里那个地方，口粮按劳分配部分5%到10%，太少了。湖北孝感规定每人口粮360斤，这不行。有了这些基本口粮，就可以不做工了。最好定180斤，吃不饱就得努力。看来基本口粮高了不行。高了就没有积极性了。"

毛泽东还说："什么叫队为基础，就是以现在的生产队为基础，就是过去的小队。三级所有，基础在队，在脚。这样搞上十年、八年，生产发展了就好办了。"[1]

---

[1] 中共邯郸市委党史研究室：《领袖莅临邯郸纪实》，中共党史出版社1994年版，第34—38页；《毛泽东传（1949—1976）》（下），中央文献出版社2003年版，第

9月29日，毛泽东将自己亲笔作的《邯郸谈话会记录》，批印给政治局常委们进行讨论、研究。同一天，他致信政治局常委说：

"我们对于农业方面的严重平均主义的问题，至今还没有完全解决，还留下一个问题。农民说，六十条就是缺了这一条。这一条是什么呢？就是生产权在小队、分配权却在大队，即所谓'三包一奖'的问题。这个问题不解决，农、林、牧、副、渔的大发展即仍然受束缚，群众的生产积极性仍然要受影响。"

"我的意见是'三级所有、队为基础'，即基本核算单位是队而不是大队。""请各中央局，省、市、区党委，地委及县委亲身下去，并派有力调查研究组下去，做两三星期调查工作，同县、社、大队、队、社员代表开几次座谈会，看究竟哪样办好。由大队实行'三包一奖'好，还是队为基础好？要调动群众对集体生产的积极性，要在明年一年及以后几年，大量增产粮、棉、油、麻、丝、茶、糖、菜、烟、果、药、杂以及猪、马、牛、羊、鸡、鸭、鹅等类产品，我以为非走此路不可。"

"在这个问题上，我们过去过了六年之久的糊涂日子（一九五六年，高级社成立时起），第七年应该醒过来了吧。也不知道是谁地谁人发明了这个'三包一奖'的糊涂办法，弄得大小队之间，干群之间，一年大吵几次，结果瞒产私分，并且永远闹不清。据有些同志说，从来就没有真正实行过所谓'三包一奖'。实在是一个严重的教训。"[1]

10月2日，共青团中央第一书记胡耀邦写了一个题为《二十五天三千六百里路的农村察看》的报告。报告说，农村形势确实比去年好。所到之处，群众都说形势比去年好多了，不平调了，不瞎指

1176—1178页。
[1]《毛泽东文集》第八卷，人民出版社1999年版，第284—285页。

挥了，干部不打人整人了，能多劳多得，生产、生活有了奔头。根本问题在于认真而具体地贯彻"农业六十条"。大队统一分配，在当前是保护队与队之间的平均主义的一个堡垒。经过邯郸时，听说主席早就说过这个问题，并且说用分配大包干代替"三包一奖"，是解决生产在小队而分配在大队这个矛盾现象、真正调动小队积极性的一个大问题。我认为这是十分正确的。

报告还说，我们在安徽看到一个突出的问题，就是许多生产队实行了一种叫做计划、分配、大农活、抗灾、用水看水五个统一下的田间管理责任制。这种责任制的实际内容就是按劳力分等，把田长期分到户管，包死产量，超产全奖，减产受罚，遭灾减免。许多群众通俗地把它叫做"分田到户"或"包产到户"。在一些"五风"刮得严重的地方，这种做法对调动社员的劳动积极性确实起了积极作用，但这种做法已出现了一些难以解决的矛盾和纠纷。如大家还要干，仍可试行，但要允许不同意的地方不这样做，更不要把它说得绝对，避免被动。如果要转过来，也要有准备、有计划地转，不要造成混乱，使生产再受损失。

对于如何克服农村中生产队与生产队间、社员与社员间的平均主义，是1961年以来毛泽东思考得很多的问题，他为此花了很大的精力主持起草和修订"农业六十条"。但是正如他所说的，"六十条"还缺了一条，就是没有解决基本核算单位放在哪一级的问题，使得队与队之间仍在闹平均主义。他多次提示一些地方负责人，可否试一试以生产队为基本核算单位，但这些负责人并没有跟上他的思路。河北等地实行"大包干"的做法，与他将基本核算单位下放到生产队一级的想法不谋而合，因此他对"大包干"作了充分的肯定。

毛泽东虽然对将基本核算单位下放到生产队给予充分的热情，但他始终认为不能用"包产到户"的方法，去解决农村生产关系中存在的问题。搞"包产到户"就有滑向分田单干的危险，因此他对安徽的"包产到户"一直比较冷淡。"三南会议"时，安徽省委第一书记曾希圣向毛泽东汇报了"责任田"的情况。此时，他正在全力探索如何解决队与队、社员与社员间的平均主义问题，所以对曾希圣说："你们试验嘛！搞坏了检讨就是了。"同年7月，曾希圣又到蚌埠就"田间管理责任制"问题向途经这里的毛泽东作了汇报，毛泽东表示："你们认为没有毛病就可以普遍扩大。""如果责任田确有好处，可以多搞一点。"[1]

毛泽东认为安徽"责任田""可以多搞一点"，并不是表明他已经认同了"责任田"，而是认为安徽"责任田"也可作为一种解决两个平均主义的探索。而通过邯郸谈话会，毛泽东认为有了"大包干"，解决大队内部的平均主义已有了办法，不需要再搞"责任田"一类"包产到户"了。胡耀邦这种既明确赞成"大包干"，又不同意"包产到户"做法的态度，这正是毛泽东所需要的。看了胡耀邦的报告，毛泽东高兴地批写道："此件写得很好，印发各同志，值得一看。"

受毛泽东的委托，1961年10月3日，邓子恢主持召开中央有关部门负责人座谈会，讨论以生产队为基本核算单位的问题。10月6日，邓子恢向毛泽东报送了《关于座谈基本核算单位下放到生产队问题的情况报告》。报告不但完全同意将基本核算单位下放到生产队，而且还总结出了这样做的几个好处：

---

[1] 安徽省农村经济委员会、安徽省档案局：《安徽责任田资料选编（1961—1963）》，1987年编印，第4、7页。

（一）可以彻底克服队与队之间的平均主义，大大调动社员的积极性，从而更好地发展农业生产；

（二）把生产权与分配权统一起来，解决了自高级社以来大队与小队之间，长期存在的责权不明的矛盾，从而取消了"三包一奖"这个糊涂制度，结束了大小队干部一年吵几次的情况，减少了许多工作麻烦，使大家能更好地分工合作，搞好农业生产；

（三）便于干部遇事与群众商量，社员也才好充分发表意见，真正建立起生产上的民主管理制度；

（四）分配权下放，大队成为各生产队在经济上的联合组织，大队的支配权只限于各队上交的公积金、公益金、管理费，大队直属企业有限，这也减少了大队干部贪污、多占，有利于防止官僚主义与"五风"为害；

（五）分配权下放可以减少大队干部，节约开支，大队干部也可更好地集中精力把直属企业办好，把党与政治工作做好。

10月7日，毛泽东起草了《中共中央关于农村基本核算单位问题给各中央局，各省、市、区党委的指示》（以下简称《指示》），连同《邯郸谈话会记录》，河北省关于"分配大包干"的5个材料，湖北省委关于试行以生产队为基本核算单位给中南局并报中央、毛泽东的请示报告，山东省委农村工作部《关于农村人民公社体制问题的座谈意见》和山东省委关于"三包一奖"问题的情况报告，广东省委调查组关于南海县大沥公社沥西大队试行生产队包干上调任务的情况报告，一同下发到各地。

中共中央在《指示》中肯定了以生产队为基本核算单位的做法，认为"它最大的好处，是可以改变生产的基本单位是生产队、而统一分配单位却是生产大队的不合理状态,解决集体经济中长期以来存在的这种生产和分配不相适应的矛盾"。中共中央要求各级党委的负责同志,都要亲自下乡,并派得力的调查组下去,广泛征求群众意见。各县还可选择一二个生产队进行试点,以便取得经验。[1]

10月23日,中共中央转发了河北省邢台地委《关于南宫县贯彻大包干政策的通报》,介绍了这个县贯彻大包干政策的具体做法和大包干政策所产生的巨大力量。中共中央认为南宫的经验很好,要求各地认真研究,参照办理。

10月下旬至11月上旬,邓子恢率工作组回到家乡福建龙岩,就基本核算单位的试点问题进行调查,并于11月23日向中共中央和毛泽东报送了《关于农村人民公社基本核算单位试点情况的调查报告》。邓子恢在报告中说,对基本核算单位下放,各级干部和群众一致拥护,认为这对克服平均主义、官僚主义,贯彻民主办社,勤俭办社,调动社员积极性,发展农副业生产都有很大好处。但也有少数大队干部感到权力受到了限制,思想上有抵触;小队干部和群众也有一部分过去在大队分配中占便宜的人,主张维持现状不变。这些人经过说服,经过大多数群众通过,也只好赞成。

《调查报告》着重谈到了以生产队为基本核算单位后要注意解决的几个问题,认为基本核算单位下放后,现有的小队应基本不动,个别调整,有些小队范围太大需要划分者,可以小乡村一村一队,大乡村一村数队,生产队的规模应以30户左右为宜,最少不得少于20户,各小队划分应经公社批准;体制下放后大队的职权,主要是

---

[1]《建国以来重要文献选编》第十四册,中央文献出版社1997年版,第738—739页。

承担政权方面工作、党与政治工作、联村社工作、办好大队企业4个方面;报告中还介绍了几个大队土地调整、新三包(公积金、公益金、管理费)提留、社员口粮分配的具体办法,并提出了他对这些问题的看法。

对于邓子恢的这个报告,毛泽东看后作了充分肯定,并以中共中央的名义将报告转发给各中央局和各省、市、自治区党委。毛泽东在批语中说:"邓子恢同志这个报告很好,发给你们参考。因为目前各地正在普遍试点,此件可发至地、县、社三级党委参考。认真调查研究,对具体问题作出具体的分析,而不是抽象的主观主义的分析,这是马克思主义的灵魂。"[1]中共中央和毛泽东还要求在12月20日以前,各省委第一书记带若干工作组,采取邓子恢的方法下乡去,做10天左右的调查研究工作。

下放基本核算单位,毕竟是涉及人民公社体制变革的大问题。为了做好这项工作,各省区吸取了人民公社化时一哄而上的教训,相继进行了以生产队为基本核算单位的试点。

中共广西区党委在调查中发现,"农业六十条"(修正草案)下发后,群众对调整社队规模,贯彻食堂自愿参加原则,粮食征购3年不变,劳逸结合,恢复自留地,允许生产队和社员开荒、口粮分配到户,开放农村集市贸易,以及干部作风的改进,都是满意的。他们说:"有了六十条,生活好过多。""过年过节吃肉,去年是看大队的老牛,今年是看自己的鸡鸭,明年就要看自己的猪肥不肥了。"

尽管如此,"群众集体生产的积极性还不是那么高涨,集体生产

---

[1]《建国以来毛泽东文稿》第九册,中央文献出版社1996年版,第605页。

部分的增产也还不那么显著",还有相当数量的社员,愿意多搞自留地和开荒,不愿多出集体工,表示出集体工所得的工分,只要能拿回口粮就算了。也有一些生产队不愿多要土地,甚至把一部分土地丢下不种,让社员去"开荒",他们的想法是,反正大队要统一分配,生产少一点也可以得到统一调节。贯彻"农业六十条"后,社员的自留地和开荒地都种得很好,集体生产则起色不大。

出现这种现象的原因,主要是队与队之间、人与人之间的平均主义没有解决,因而在分配上仍是一拉平,生产队是生产的基本单位,而大队则是分配单位,虽然也搞了"三包一奖",但并没有解决平均主义的问题。为了穷队富队收入不拉平,也曾采取了富队降低包产产量,按土地面积、产量多少计算包工包资等办法,但富队包产包低了穷队不同意,包高了又不能解决穷富队间的平均主义问题,最后往往是富队吃亏,穷队多占,社员说这是"多产不多得,生龟养死鳖"。

试行生产队为核算单位后,对当前的生产"立竿见影起了显著的推动作用"。广西区党委给中共中央和中南局的报告中说:"试点的绝大多数生产队干部和社员群众,在确定了生产队核算后,立即动手扩大冬种,增加积肥,增置农具,积极进行备耕工作,社员出工也比过去整齐得多。"因此,以生产队为基本核算单位,"看来是非搞不可"。[1]

青海省委经过试点后总结说:"下放基本核算单位,对于充分调动广大农民群众集体生产积极性,成效显著,出现新的气象。""争

---

[1] 中共广西区党委:《关于基本核算单位试点情况给中央、中南局的报告》,1961年11月13日。

工分抢活干的人多了，撂荒几年的耕地现在都抢着种。许多生产队购置、修补农具，不少社员把这几年乱拉私藏的农具拿出来。""社员们说，这种闹生产的劲头与1957年的情况差不多，'十二条'下放了生产权，现在又下放了核算权，保证明年生产能加一番。"[1]

山东省委经过试点后认为，凡是实行了以生产队为基本核算单位的地方，"气象焕然一新，广大农民群众的集体生产积极性大大提高，开始出现了新的生产高潮。事实表明，普遍实行以生产队为基本核算单位，已经是人心所向，大势所趋"，"对此，必须肯定，不要再犹豫不决"。[2]

黑龙江在这年10月20日前后，共派出12个工作组，在全省选择了16个公社的33个生产大队，进行以生产队为基本核算单位的试点。黑龙江省委在给东北局并中共中央关于试点情况的报告中说："把基本核算单位由生产大队下放到生产队，是广大基层干部和群众的要求，而且这种要求早在去冬今春贯彻十二条、六十条时，就有人提出，这次工作组就基本核算单位放在哪一级好的问题，向广大基层干部和群众广泛征求意见时，迅速得到强烈反映，绝大多数人都主张基本核算单位放到生产队。"[3]

对于基本核算单位下放到生产队，毛泽东十分关心，也抓得很紧。1961年12月14日，毛泽东在无锡听取江苏、安徽两省委和南京军

---

[1] 中共青海省委：《调整农村人民公社基本核算单位试点工作初步总结》，1961年12月20日。
[2] 《中共山东省委批转省委调查组关于以生产队为基本核算单位问题的两个报告》，1962年1月15日。
[3] 《中共黑龙江省委关于农村人民公社基本核算单位问题的调查试点情况的报告》，1961年11月22日。

区负责人的汇报时指出：关于农村基本核算单位下放问题，贯彻要快一点，一传达下去可以调动积极性。有人认为这是倒退。这不是倒退，是前进。不是讲底子薄吗？主要是生产队底子薄，要使生产队由薄变厚，就要发展生产力，就要以生产队为基本核算单位。要肥料就要养猪，要把猪养好，把牛养好，也是生产队来管。要明确大队干什么，生产队干什么，不弄清楚，生产队的积极性起不来。

毛泽东同时认为，有了"农业六十条"，又有了基本核算单位下放到生产队一级，农村的问题就差不多可以解决了。在听取汇报的过程中，江渭清告诉他：今年农村粮食计划分配比去年少，但加上自留地、十边田生产的粮菜，估计70%的社员生活可以比上年好一些。毛泽东听后连连点头，并且说："久卧思起，现在是起床的时候了。到了谷底，就要上山了。"他认为，最困难的日子已经过去了，形势逐渐好起来了，下放基本核算单位到生产队，是农村政策的底线，不能再向后退了。[1]因此，在这次谈话中，他明确表示："包产到户这事，不可干。"

3天后，毛泽东在济南听取山东省委负责人的汇报。毛泽东在听取汇报中插话说："基本核算单位下放到生产队，牲口就不会死，农具破坏也不会那么严重。大平均主义六年没有解决，现在解决了。有人说，这是不是退步？是不是社会主义？这不是退步，按劳分配就是社会主义。照顾五保户、困难户，有共产主义因素。还有积累，还有征粮，有了前途。这是整个人民的利益。"[2]

---

[1]《七十年征程——江渭清回忆录》，江苏人民出版社1996年版，第461—462页。
[2]《毛泽东传（1949—1976）》（下），中央文献出版社2003年版，第1187页。

3. 以生产队为基本核算单位

为了让下放基本核算单位的决策变为全党全国实行的政策，毛泽东认为有必要起草一个文件，把这个问题交到全党面前进行研究，以取得共识。毛泽东把这个任务交给了田家英。

1961年10月下旬，田家英率领调查组到了山西，在同山西省委和长治地委商量后，选择了潞城县的魏家庄大队作为调查对象。

长治是革命老区，在抗日战争和解放战争时期属于太行解放区。1948年春，美国友人韩丁以观察员身份在潞城五区张庄村参加土地改革运动，将其亲历亲见写成《翻身》一书，对中国共产党领导的土地改革运动作了真实的记录。长治也是我国农村最早开展农业合作化运动的地区之一，1950年长治地委在山西省委的支持下，试办了10个农业合作社，为此山西省委和它的上级中共中央华北局之间，还就该不该办合作社的问题展开过争论。华北局认为合作社办早了，现在还不能动摇私有制，刘少奇也表示支持华北局的观点，还对山西省委提出批评，但毛泽东得知这件事后，明确表示支持山西省委的意见，由此拉开了我国农业合作化运动的序幕。

魏家庄大队有200多户，是长治地区一个基础较好的大队，但由于实行以大队为基本核算单位，生产队与生产队之间搞平均主义，生产队没有自主权，从而影响了生产队的积极性。魏家庄的调查结束后，田家英又选择了晋城县一个独立核算的生产队进行调查，这个生产队只有20多户，原来是一个初级社，高级社后到现在，一直是独立核算，自负盈亏。"由于生产和分配统一起来，社员直接看到集体生产的好坏同自己的利益息息相关，因而能够自觉地关心集体，参加管理，监督干部，干部的手脚比较干净，社员之间也便于互相监督，因而这个队生产比较稳定，社员生活也比较好。"[1]

通过对比调查，田家英为中共中央起草了《关于改变农村人民公社基本核算单位问题的指示》草案。

1962年1月11日至2月7日，中共中央在北京召开扩大的中央工作会议，即著名的七千人大会。会议主要讨论国际形势、国内形势、1962年的年度计划和长远计划、商业、改变农村基本核算单位、党的工作6个问题。

1961年11月16日，中共中央发出了《关于召开扩大的中央工作会议的通知》。通知指出：1958年以来，在中央和地方的工作中间"发生了一些缺点和错误"，并且产生了一些不正确的观点和作风，妨碍着克服困难，必须召开一次较大规模的会议来统一思想认识。

七千人大会于1961年1月11日正式开幕。会议的第一阶段，是讨论刘少奇代表中共中央提出的书面报告草稿。与以往不同的是，这个报告草稿写出来之后，没有经过政治局会议讨论，毛泽东便提议直接印发大会征求修改意见，以便更好地集思广益，将报告修改好。经过与会者反复地讨论和修改，最后形成了《在扩大的中央工作会议上的报告》的定稿，作为大会的正式文件。

报告分为三个部分：（一）目前形势和任务；（二）加强党的民主集中制，加强集中统一；（三）党的问题。在关于目前形势和任务部分中，刘少奇在总结了1958年以来社会主义建设取得的12项主要成绩之后，着重提出了几年来工作中发生的主要缺点和错误：第

---

[1] 董边等编：《毛泽东和他的秘书田家英》（增订本），中央文献出版社1996年版，第268页。

一，工农业生产的计划指标过高，基本建设战线过长，使国民经济各部门间、消费和积累间的比例关系严重不协调；第二，在农村人民公社的实际工作中混淆了集体与全民两种所有制的界限，急于过渡，违反按劳分配与等价交换原则，犯了刮"共产风"和其他平均主义错误；第三，不适当地要在全国范围内建立许多完整的工业体系，权力下放过多，分散主义倾向严重滋长；第四，对农业增产的速度估计过高，对建设事业发展要求过急，造成城市人口和职工人数增长过快，加重了城市供应和农村生产的困难。

在书面报告中，刘少奇还讲到了调查研究的重要性，他说：

"最近几年，有许多干部忘记了毛泽东同志一贯提倡的实事求是的作风。他们在决定问题的时候，不调查，不研究，以感想代替政策；在进行工作的时候，乱提高指标，说空话，瞎指挥，不同群众商量。这些同志都凭'想当然'办事，脱离实际，脱离群众，结果必然是把事情弄糟。"

"有些同志认真地做了调查研究，所以他们的工作就比较好。但是，有许多同志没有做，他们满足于听口头汇报和看书面汇报，而这些汇报，有许多是靠不住的。他们听了一些不确实的事情，如假典型、假'卫星'等，就以讹传讹，盲目推广；看了一些不可靠的材料，也不调查研究，就照样搬用。他们这样主观主义地做领导工作，怎么可能不犯错误呢？"[1]

按照原定的计划，报告由刘少奇在1月27日的大会上宣读。开会的前一天，毛泽东提议：既然报告已经印发，在大会上就不要念了，请少奇同志根据报告的精神在大会上放开讲一讲。这样，刘少奇连夜准

---

[1]《刘少奇选集》下卷，人民出版社1985年版，第396—397页。

备了一个提纲。第二天开会前，他在休息室里将提纲送给了毛泽东和其他中央常委作了传阅。经常委们同意后，他在大会上作了长篇讲话。

刘少奇的讲话同报告一样，也是三个部分，但比报告要分析得更为透彻。关于目前形势，刘少奇说："我们在经济方面是有相当大的困难的。""当前的困难主要表现在：人民吃的粮食不够，副食品不够，肉、油等东西不够；穿的也不够，布太少了；用的也不那么够。就是说，人民的吃、穿、用都不足。"

对于困难出现的原因，刘少奇指出，一条是天灾，连续三年的自然灾害，使农业和工业减产了；还有一条就是1958年以来"我们工作中的缺点和错误"。这两条原因，哪一条是主要的呢？刘少奇说，有的地方，减产的主要原因不是天灾，而是工作中的缺点和错误，正如湖南的农民所说的，是"三分天灾，七分人祸"。

对于工作中成绩与缺点的关系，刘少奇指出："过去我们经常把缺点、错误和成绩，比之于一个指头和九个指头的关系。现在恐怕不能到处这样套。有一部分地区还可以这样讲。在那些地方虽然也有缺点和错误，可能只是一个指头，而成绩是九个指头。可是，全国总起来讲，缺点和成绩的关系，就不能说是一个指头和九个指头的关系，恐怕是三个指头和七个指头的关系。还有些地区，缺点和错误不止是三个指头。如果说这些地方的缺点和错误只是三个指头，成绩还有七个指头，这是不符合实际情况的，是不能说服人的。"刘少奇甚至还说："全国有一部分地区可以说缺点和错误是主要的，成绩不是主要的。"[1]这就突破了长期以来将成绩与缺点比之为九个指

---

[1]《刘少奇选集》下卷，人民出版社1985年版，第418—421页。

头与一个指头的旧框框，使人们能够大胆地面对工作中遇到的困难和问题，从而找到解决的办法。

如何评价总路线、"大跃进"和人民公社这"三面红旗"，在当时是一个极为敏感的问题，1959年庐山会议时，彭德怀对"三面红旗"提出了一点自己的看法，且并未从根本上对其加以否定，结果被打成右倾机会主义，受到不公正待遇。自此之后，人们就只能对"三面红旗"大唱赞歌，而不能有半点不同的意见。囿于当时的历史条件，刘少奇在书面报告仍肯定"三面红旗"的基本方向和主要原则是正确的，但他在讲话中又指出："现在，有些问题还看得不那么清楚，但是再经过五年、十年以后，我们再来总结经验，那时候就可以进一步地得出结论。"[1] 这实际上把"三面红旗"正确与否的评价问题，留下了将来再作研究的可能。这同时也留下了后来党内斗争的阴影。

按照预定的计划，会议在 1 月 30 日或 31 日即可结束，31 日晚代表们便可以离京返回各地过春节。可是，到了 29 日下午，许多人反映，话还没有说完，还憋着一肚子气。有的组还反映，会上还有人压制民主，不让讲话。针对这种情况，毛泽东在同其他中央常委商量后，决定让与会者把要讲的话都讲出来，把"气"出完，将会期延长。

1 月 30 日，毛泽东在会上作了长篇讲话，中心是讲民主集中制问题，强调不论党内党外都要有充分的民主生活，让群众讲话。有了错误，一定要作自我批评，让人批评。他批评有些人有了错误自己不讲，又怕群众讲，越怕越有鬼。一讨论问题就压制群众的积极性，

---

[1]《刘少奇选集》下卷，人民出版社 1985 年版，第 426 页。

不许人家讲话,这种态度非常恶劣。他指出:没有民主,不可能有正确的集中。毛泽东说,去年6月12日,在中央北京工作会议的最后一天,我讲了自己的缺点错误。我请同志们传达到各省、各地方去。事后知道,许多地方没有传达。他说:我的错误也不能隐瞒。"凡是中央犯的错误,直接的归我负责,间接的我也有份。因为我是中央主席。"[1]

毛泽东在讲话中强调,对于社会主义建设,我们还缺乏经验,还有很大的盲目性。"社会主义经济,对我们来说,还有许多未被认识的必然王国。拿我来说,经济建设中间的许多问题,还不懂得。工业、商业,我就不大懂。对于农业,我懂得一点。但是也只是比较地懂得,还是懂得不多。"他提醒各级领导干部和全党同志,我们对于社会主义建设的知识非常不够,应当在今后一段时间内,积累经验,努力学习,在实践中间逐步加深对社会主义建设的认识,弄清它的规律。毛泽东再次讲到了调查研究的重要性,他要求各级干部特别是高级干部:

> 一定要下一番苦功,要切切实实地去调查它,研究它。要下去蹲点,到生产大队、生产队,到工厂,到商店,去蹲点。调查研究,我们从前做得比较好,可是进城以后,不认真做了。一九六一年我们又重新提倡,现在情况已经有所改变。但是,在领导干部中间,特别是在高级领导干部中间,有一些地方、部门和企业,至今还没有形成风气。有一些省委书记,到现

---

[1]《毛泽东文集》第八卷,人民出版社1999年版,第296页。

在还没有下去蹲过点。如果省委书记不去,怎么能叫地委书记、县委书记下去蹲点呢。这个现象不好,必须改变过来。[1]

1月12日至2月6日,会议开展了积极的批评与自我批评,各大组对省委、中央局、中央国家机关及其有关负责人几年来的工作,提出了许多批评,各省委的主要负责人都在大会上作了检讨,一些部委的负责干部对工作指导上出现的缺点错误作了自我批评。会议洋溢着浓郁的民主气息,与会者畅所欲言,会议的热烈气氛是近几年来所少见的。

七千人大会对《中共中央关于改变农村人民公社基本核算单位问题的指示》草案进行了讨论。讨论中一个重要意见是许多人提出,要规定将以生产队为基本核算单位40年不变。一位中央负责同志提议将"40年"改为"至少20年内",并要毛泽东斟酌。毛泽东亲笔将其改为"至少30年内"。他就此批示道:"以改为'至少30年'为宜。苏联现在43年了,农业还未过关,我们也可能需要几十年,才能过关。"[2]

经过七千人大会的讨论,又经过在此前后的试点,在此基础上,1962年2月23日,中共中央正式发出了《关于改变农村人民公社基本核算单位问题的指示》。指示指出:"1961年10月和11月,全国各地根据中央10月7日的指示,普遍地进行了关于农村人民公社基本核算单位问题的调查研究和试点工作。这些调查和试点的结果表明,中央和毛泽东同志所提出的以生产队为基本核算单位的意见,

---

[1]《毛泽东文集》第八卷,人民出版社1999年版,第302—303页。
[2]《建国以来毛泽东文稿》第十册,中央文献出版社1996年版,第48页。

完全符合广大农民和基层干部的要求,得到他们的拥护和欢迎。"

指示总结了以生产队为基本核算单位的诸多好处:(一)使生产队的生产和分配统一起来,能够比较彻底地克服生产队之间的平均主义;(二)生产队生产经营的独立性大为加强,改变了过去进行生产与安排、指挥生产不统一的状况,生产自主权有了很好的保障。(三)它使社员对自己的劳动成果,看得最直接、最清楚,更适合当前农民的觉悟程度。(四)它便于社员直接参加生产队的管理工作,便于监督干部,更有利于改善集体经济的经营管理。

同时,针对有些一些地方仍然愿意实行以大队为核算单位,党内有少数人不赞成甚至反对基本核算单位下放的情况,指示又提出:"在全国各地农村,绝大多数的人民公社,都宜于以生产队为基本核算单位。这一点,经过调查和试点,已经完全可以肯定了。但是,我国地面很大,农村情况很为复杂,不论经济条件,生产条件,居住条件,以及集体经济发展的历史,在许多地方都有许多的差别,所以,就整个农村来说,人民公社的体制,又不应当强求一律。"[1]

《指示》特别强调:"在我国绝大多数地区的农村人民公社,以生产队为基本核算单位,实行以生产队为基础的三级集体所有制,将不是短期内的事情,而是在一个长时期内,例如至少三十年,实行的根本制度。基本核算单位一经确定之后,就要稳定下来,不能任意变动"。[2]

---

[1]《农业集体化重要文件汇编(一九五八——一九八一)》,中共中央党校出版社1981年版,第545页。

[2]《建国以来重要文献选编》第十五册,中央文献出版社1997年版,第180页。

明确以生产队为基本核算单位，是1961年全党农村大调查的又一重要成果。至此，农村人民公社的体制基本稳定下来。虽然修订后的《农村人民公社工作条例》，在今天看来也有明显的不足，一方面，通过下放基本核算单位，解决了大队内部队与队之间的平均主义问题；另一方面，生产队内部社员间的平均主义仍然存在，并且还明确规定不许"包产到户"；它仍然强调人民公社实行政社合一、三级所有，事实上造成了公社、大队、生产队产权的不明晰，公社仍可以通过行政命令的方式搞强迫命令和对大队、生产队搞"一平二调"等。但是，它与公社建立之初农村工作的混乱局面相比，条例的制订明确了许多重大的政策界限，特别是吃饭不自由的公共食堂被解散，绝对平均主义的供给制被取消，社员的自留地和家庭副业得以恢复，社、队规模被缩小，此时的生产队的责、权、利实际上已相当于原来的初级社，所有这些，都是为广大农民所拥护所欢迎的，这也是在当时的历史条件下对农村政策最大限度的调整。随着"农业六十条"草案和修正草案的制定和实施，农村的形势逐渐好转，农民生活逐步得到改善，并由此带来了全国经济的复苏。

1961年是中国共产党历史上著名的调查研究之年，"农业六十条"是这次全党农村大调查所取得的最大成果。这个文件从酝酿、起草到修改，都与调查研究紧密相联。正是因为深入农村调查研究，才使全党对"大跃进"和人民公社化运动以来农业和农村所积累下的问题和严峻形势，对广大农民的生活状况和愿望要求，有了深入的了解、真切的感受和深刻的认识，并在调查研究中一定程度上解放了思想，从而下定决心全面调整党的农村政策，改善党和政府同农民的关系。可以说，没有此次全党农村大调查，就不可能出台"农业六十条"草案及其修正草案，就不会有农村政策如此大幅度的调查，农村形势的严峻局面就有可能还将延续一段时间。

主要参考文献

[1] 中华人民共和国国家农业委员会办公厅:《农业集体化重要文件汇编(一九五八——一九八一)》,中共中央党校出版社1981年版。

[2]《当代中国农业合作化》编辑室:《建国以来农业合作化史料汇编》,中共党史出版社1992年版。

[3] 中共中央文献研究室:《建国以来重要文献选编》第十一至十四册,中央文献出版社1992年以来历年版。

[4]《建国以来毛泽东文稿》第六至九册,中央文献出版社1991年以来历年版。

[5]《毛泽东文集》第七、八卷,人民出版社1999年版。

[6] 中共中央文献研究室:《毛泽东传(1949—1976)》,中央文献出版社2003年版。

[7] 薄一波:《若干重大决策与事件的回顾》下卷,中共中央党校出版社1993年版。

[8]《刘少奇选集》下卷,人民出版社1985年版。

[9] 中共中央文献研究室:《刘少奇论新中国经济建设》,中央

文献出版社1993年版。

［10］中共中央文献研究室:《刘少奇年谱》下卷，中央文献出版社1996年版。

［11］金冲及主编:《刘少奇传》(下)，中央文献出版社1998年版。

［12］《周恩来选集》下卷，人民出版社1984年版。

［13］金冲及主编:《周恩来传(1949—1976)》，中央文献出版社1998年版。

［14］中共中央文献研究室:《朱德年谱》(新编本)(下)，中央文献出版社2006年版。

［15］中共中央文献研究室:《毛泽东周恩来刘少奇朱德邓小平陈云论调查研究》，中央文献出版社2006年版。

［16］《邓子恢文集》，人民出版社1996年版。

［17］《回忆邓子恢》，人民出版社1996年版。

［18］《邓子恢传》，人民出版社1996年版。

［19］《张闻天选集》，人民出版社1985年版。

［20］《彭德怀自述》，人民出版社1981年版。

［21］《彭德怀传》，当代中国出版社1993年版。

［22］《邓小平文选》第二卷，人民出版社1994年版。

［23］中共中央文献研究室:《回忆邓小平》(上、中、下)，中央文献出版社1998年版。

［24］《陈云文选》第三卷，人民出版社1995年版。

［25］《缅怀陈云》，中央文献出版社2000年版。

［26］孙业礼、熊亮华:《共和国经济风云中的陈云》，中央文献出版社1996年版。

[27] 中共中央文献研究室:《陈云年谱》下卷,中央文献出版社 2000 年版。

[28] 中共中央文献研究室:《陈云传》,中央文献出版社 2005 年版。

[29]《彭真文选》,人民出版社 1991 年版。

[30]《缅怀彭真》,中央文献出版社 1998 年版。

[31]《杨尚昆日记》,中央文献出版社 2001 年版。

[32] 李锐:《"大跃进"亲历记》(上、下),南方出版社 1999 年版。

[33] 李锐;《庐山会议实录》,河南人民出版社 1994 年版。

[34] 董边等编:《毛泽东和他和秘书田家英》(增订本),中央文献出版社 1996 年版。

[35] 郭家宽编:《你所不知道的刘少奇》,河南人民出版社 2000 年版。

[36] 顾龙生:《毛泽东经济年谱》,中共中央党校出版社 1993 年版。

[37] 许全兴:《毛泽东晚年的理论与实践》,中国大百科全书出版社 1993 年版。

[38] 朱荣、郑重等主编:《当代中国的农业》,中国社会科学出版社 1992 年版。

[39] 吴冷西:《忆毛主席——我亲身经历的若干重大历史事件片断》,新华出版社 1995 年版。

[40]《山东农业合作化》编辑委员会:《山东省农业合作化史料汇集》(上、下),山东人民出版社 1989 年版。

[41] 林英海主编:《毛泽东在河南》,河南人民出版社 1993 年版。

［42］中共新乡市委党史研究室：《"大跃进"时期的新乡》，河南人民出版社1999年版。

［43］农业部计划司：《中国农村经济统计大全（1949—1986）》，农业出版社1989年版。

［44］卓康宁主编：《湖南农业合作化纪实》，湖南科学技术出版社1993年版。

［45］湖南省档案馆：《情系故乡——刘少奇回湘档案史料辑录》，中国档案出版社1998年版。

［46］中共邯郸市委党史研究室：《领袖莅临邯郸纪实》，中共党史出版社1994年版。

［47］中共河北省委党史研究室：《领袖在河北》，中共党史出版社1993年版。

［48］王祝光主编：《广西农业合作经济史料》（上册），广西人民出版社1988年版。

［49］赵发生主编：《当代中国的粮食工作》，中国社会科学出版社1988年版。

［50］中共嘉善县委党史研究室：《田家英嘉善调查与人民公社〈六十条〉的制订》，东方出版社1997年版。

［51］《七十年的征程——江渭清回忆录》，江苏人民出版社1996年版。

［52］黄峥：《王光美访谈录》，中央文献出版社2006年版。

［53］中共广州市委党史研究室：《1961年广州工作会议述论》，广州出版社2004年版。

［54］《人民日报》、《红旗》杂志、《新华半月刊》等相关报道。

[55] 河北、山东、四川、湖北、湖南、广东、吉林等省档案馆相关档案。

责任编辑：王世勇

图书在版编目(CIP)数据

问路:毛泽东与1961年全党农村大调查/罗平汉 著. —北京：
　人民出版社,2019.8(2023.4 重印)
ISBN 978－7－01－020310－2

Ⅰ.①问… Ⅱ.①罗… Ⅲ.①农村调查-研究-中国 Ⅳ.①F32

中国版本图书馆 CIP 数据核字(2019)第 006077 号

问　路
WENLU
——毛泽东与1961年全党农村大调查

罗平汉　著

人民出版社 出版发行
(100706　北京市东城区隆福寺街99号)

天津文林印务有限公司印刷　新华书店经销

2019 年 8 月第 1 版　2023 年 4 月北京第 2 次印刷
开本:710 毫米×1000 毫米 1/16　印张:22.5
字数:261 千字

ISBN 978－7－01－020310－2　定价:88.00 元

邮购地址 100706　北京市东城区隆福寺街99号
人民东方图书销售中心　电话 (010)65250042　65289539

版权所有·侵权必究
凡购买本社图书,如有印制质量问题,我社负责调换。
服务电话:(010)65250042